O fim dos bancos

JONATHAN MCMILLAN

O fim dos bancos
Moeda, crédito e a revolução digital

TRADUÇÃO
Afonso Celso da Cunha Serra

Copyright © 2014 by Jonathan McMillan
Todos os direitos reservados.

A Portfolio-Penguin é uma divisão da Editora Schwarcz S.A.

PORTFOLIO and the pictorial representation of the javelin thrower are trademarks of Penguin Group (USA) Inc. and are used under license. PENGUIN is a trademark of Penguin Books Limited and is used under license.

Grafia atualizada segundo o Acordo Ortográfico da Língua Portuguesa de 1990, que entrou em vigor no Brasil em 2009.

TÍTULO ORIGINAL The End of Banking: Money, Credit, and the Digital Revolution
CAPA André Kavakama
PROJETO GRÁFICO Tamires Cordeiro
PREPARAÇÃO Lígia Azevedo
TRADUÇÃO DO PREFÁCIO À ED. ALEMÃ Petê Rissatti
REVISÃO TÉCNICA André Massaro
REVISÃO Ana Maria Barbosa e Dan Duplat
ÍNDICE REMISSIVO Probo Poletti

Dados Internacionais de Catalogação na Publicação (CIP)
(Câmara Brasileira do Livro, SP, Brasil)

McMillan, Jonathan
    O fim dos bancos : moeda, crédito e a revolução digital / Jonathan McMillan ; tradução Afonso Celso da Cunha Serra. — 1ª ed. — São Paulo : Portfolio-Penguin, 2018.

    Título original: The End of Banking: Money, Credit, and the Digital Revolution.
    ISBN 978-85-8285-070-1

    1. Crise financeira global, 2008-2009 2. Bancos – História 3. Inovações tecnológicas 4. Política monetária 5. Sistema financeiro I. Título.

18-13510   CDD-330.9

Índice para catálogo sistemático:
1. Crise financeira global : Aspectos sociais : Economia : História 330.9

[2018]
Todos os direitos desta edição reservados à
EDITORA SCHWARCZ S.A.
Rua Bandeira Paulista, 702, cj. 32
04532-002 — São Paulo — SP
Telefone: (11) 3707-3500
www.portfolio-penguin.com.br
atendimentoaoleitor@portfolio-penguin.com.br

SUMÁRIO

Lista de imagens 7
Lista de abreviaturas 9
Prefácio do autor 11
Prefácio do autor à edição alemã 13
Introdução 17

PARTE 1: ATIVIDADES BANCÁRIAS NA ERA INDUSTRIAL

1. A necessidade de atividades bancárias 29
2. A mecânica das atividades bancárias tradicionais 35
3. Os problemas das atividades bancárias 49

PARTE 2: ATIVIDADES BANCÁRIAS NA ERA DIGITAL

4. A diferença entre atividades bancárias e bancos 65
5. A mecânica das atividades bancárias paralelas 76
6. A crise financeira de 2007-8 91
7. O sistema financeiro depois de 2008 105

PARTE 3: UM SISTEMA FINANCEIRO PARA A ERA DIGITAL

8. A superação das atividades bancárias 121
9. A contabilidade do futuro 141
10. O papel do setor público 170
11. O panorama geral 179

Conclusão 188
Notas 190
Referências bibliográficas 218
Índice remissivo 241

LISTA DE IMAGENS

Figura 2.1 Balanço patrimonial sintético.
Figura 2.2 Balanço patrimonial sintético de uma empresa tecnicamente insolvente.
Figura 2.3 Balanço patrimonial do negócio de Sarah.
Figura 2.4 Criação de moeda pelas atividades bancárias tradicionais: parte 1.
Figura 2.5 Criação de moeda pelas atividades bancárias tradicionais: parte 2.
Figura 2.6 Destruição de moeda pelas atividades bancárias tradicionais.

Figura 4.1 O passivo dos bancos e das instituições de atividades bancárias paralelas ao longo do tempo como porcentagem do PIB.

Figura 5.1 Cadeia de securitização.
Figura 5.2 Atividades bancárias paralelas: o canal de recompra.
Figura 5.3 Atividades bancárias paralelas: os canais de recompra e de ABCP.
Figura 5.4 Criação de moeda pelas atividades bancárias paralelas: parte 1.

Figura 5.5 Criação de moeda pelas atividades bancárias paralelas: parte 2.
Figura 5.6 Destruição de moeda pelas atividades bancárias paralelas.

Figura 9.1 Volumes de intermediações de crédito ponto-a-ponto em diversos países (em milhões de US$).
Figura 9.2 Balanço patrimonial de uma empresa seguindo e infringindo a norma de solvência atualizada.
Figura 9.3 Exemplos do conceito de pior situação financeira.

Figura 11.1 Sistema financeiro com atividades bancárias: parte 1.
Figura 11.2 Sistema financeiro sem atividades bancárias: parte 1.
Figura 11.3 Sistema financeiro com atividades bancárias: parte 2.
Figura 11.4 Sistema financeiro sem atividades bancárias: parte 2.

LISTA DE ABREVIATURAS

ABCP nota promissória comercial lastreada em ativos
ABS título lastreado em ativos
AIG American International Group
CDO obrigação de dívida garantida
CDS swap de crédito
ETF fundo de investimento em índice de mercado
FDIC Federal Deposit Insurance Corporation
FFA Federal Financial Authority
MBS título hipotecário
MMMF fundo de investimento em renda fixa
PIB Produto Interno Bruto
SEC Securities and Exchange Commission
SPE sociedade de propósito específico
Tarp Troubled Asset Relief Program

PREFÁCIO DO AUTOR

Muitos livros se dedicam a explicar os problemas das atividades bancárias; a maioria, porém, não alcança a essência do tema. Alguns autores interpretam a crise financeira de 2007-8 como uma história de banqueiros gananciosos roubando viúvas e órfãos. Histórias escandalosas podem render uma leitura divertida; no entanto, identificar aspectos imutáveis da natureza humana como as raízes de todos os males não fornece uma explicação satisfatória. Não evitará a próxima crise financeira. Tampouco contribuirão para esse propósito pequenos remendos regulatórios, que têm sido a resposta de muitos economistas e políticos. Os atuais problemas das atividades bancárias estão no cerne do próprio sistema financeiro. Mudanças fundamentais são necessárias, e alguns economistas retomaram propostas de reformas radicais desenvolvidas décadas atrás. Entretanto, embora as velhas teorias tenham muito a ensinar, acredito que as lições do passado não são mais capazes de resolver os problemas do presente no que se refere a essa questão.

Decepcionado com as atuais abordagens, decidi escrever este livro, tarefa que se revelou um enorme desafio, devido à multiformidade das atividades bancárias. Eles se apresentam sob diferentes formas e matizes. Ao generalizar a percepção de suas várias gradações, consegui identificar as técnicas financeiras básicas comuns a todas as formas de atividades bancárias — sejam prestadas por ourives de guildas medievais ou por operadores das mais sofisticadas instituições financeiras da atualidade. Concluímos que esses serviços foram uma solução inteligente para organizar o sistema financeiro na era industrial, mas que se tornaram ineficazes com o desenvolvimento da tecnologia da informação. A crise financeira de 2007-8 foi consequência inevitável da inadequação das atividades bancárias tradicionais à era digital.

Revelar as deficiências de hoje é apenas um primeiro passo. O principal propósito deste livro é mostrar como restaurar a funcionalidade do sistema financeiro. A maneira como ele se organiza é de extrema importância, a ponto de ser impossível superestimá-la. A organização do sistema financeiro afeta a estabilidade, a produtividade e a justiça distributiva da economia. Por isso, a maior parte deste livro trata de esboçar um sistema financeiro para a era digital.

Embora *O fim dos bancos* se destine basicamente a pessoas das áreas de economia e finanças, qualquer leitor interessado conseguirá acompanhar seus argumentos. Evito tanto quanto possível o jargão e explico tudo em linguagem não técnica. Mesmo assim, ler este livro é uma jornada intelectual, e aconselho a fazê-lo do começo ao fim, se não tiver formação em economia e finanças. Para os leitores familiarizados com a matéria, a primeira parte é em grande medida uma atualização, que pode ser pulada.

Este livro é resultado de uma deliberação cuidadosa, e escolhi seu título por uma boa razão. Depois de compreender o potencial transformador da revolução digital, as maneiras tradicionais de organizar o sistema financeiro não parecerem adequadas. Preconizar o fim das atividades bancárias talvez pareça presunçoso. Nas próximas páginas, espero convencer você de que é absolutamente necessário.

Agosto de 2014

PREFÁCIO DO AUTOR À EDIÇÃO ALEMÃ

O fim das atividades bancárias, anunciado hoje por um em cada dois jovens das fintechs, já era considerado arrojado quando abraçamos este projeto de livro há exatos sete anos. Mas como os tempos mudaram! O conceito de fintech, uma amálgama de "finanças" e "tecnologia", teve um rápido aumento nos últimos anos. Enquanto isso, os próprios bancos não querem mais ser exatamente bancos: criaram laboratórios de inovação, trabalham com blockchain e, em vez do clássico gerente bancário, cada vez mais empregam robôs para as decisões de investimento. É como se este livro já tivesse alcançado seu objetivo. Ledo engano.

Nossa crítica é hoje mais necessária que nunca. O mau uso de novas possibilidades que a revolução digital nos trouxe não causou apenas a crise financeira de 2007-8, mas também é a principal razão de ainda estarmos vivendo em modo "crise". Não se deixe enganar pela recente euforia fintech. Ela esconde grandes perigos, e paralelos com os acontecimentos da virada do século são imprevisíveis.

Já antes da crise financeira de 2007-8 especialistas em finanças apregoavam as bênçãos da tecnologia da informação, mas somente os conceitos se diferenciam: em vez de tecnologia em finanças, à época todos falávamos de inovação financeira. A primeira onda fintech, que carregou a marcha triunfal da tecnologia da informação para dentro da área de finanças, teve início nos anos 1970 e 1980 e terminou em 2008. Pouco antes da eclosão da crise, os especialistas em finanças prognosticaram uma era de ouro, pois o sistema financeiro, por meio de inovações financeiras, se tornaria mais estável, eficaz e transparente.

Sabemos hoje que os eventos ocorreram exatamente ao contrário. Todas essas inovações financeiras estavam oculta e estritamente entremeadas com os bancos tradicionais. Riscos financeiros não foram distribuídos sobre tantos ombros, mas se empilharam longe da vista das autoridades reguladoras no setor bancário. O milagre econômico dos anos 2000 revelou-se uma bolha, que veio a estourar em 2008. Somente graças a operações de resgate governamental de proporções sem precedentes o sistema financeiro conseguiu proteção contra o colapso total.

Pouco depois da crise financeira veio a segunda onda fintech. Graças à tecnologia da informação foi possível transmitir créditos diretamente. Intermediárias de crédito ponto-a-ponto (*peer-to-peer* ou P2P) entraram em cena. De novo a velha história de tornar o sistema financeiro mais estável, eficaz e transparente. Assim, muitas startups se refestelaram no papel de coveiras dos bancos, apenas para pouco tempo depois voltarem a se deparar com a dura realidade dos fatos.

A arquitetura financeira básica não sofreu alterações. Por isso esclarecemos, já na primeira edição em inglês, em 2014, que os problemas no sistema financeiro digitalizado não se resolveriam sozinhos. Nos anos anteriores, essa previsão infelizmente se confirmou. As ambiciosas startups fintech do passado transformaram-se, há muito, em prestadoras de serviços dos bancos tradicionais. Modelos de negócios radicalmente novos, como a intermediação direta de crédito, começam a ficar em segundo plano. Em vez disso, os prestadores desse tipo de serviços passam a se integrar cada vez mais a instituições financeiras estabelecidas.

Para esclarecer esse desenvolvimento, revisamos e atualizamos o capítulo 9 da edição alemã, no qual fica claro que essa onda fintech também não produzirá um sistema financeiro mais estável, eficaz e transparente.

No entanto, há alternativas. A digitalização abriga em seu âmago a possibilidade de modernizar o sistema financeiro de forma razoável. Porém é necessária uma mudança radical de curso. A digitalização enterrará ainda mais nossa arquitetura financeira se não executarmos um ajuste profundo no "sistema operacional de nossa economia". Essa é nossa tese central, que desde a primeira edição em inglês não perdeu nada de sua atualidade.

2018

INTRODUÇÃO

Um sistema financeiro sem atividades bancárias não só é desejável como também possível. Embora essas atividades já tenham sido úteis e exercessem funções econômicas essenciais, a revolução digital virou a mesa. Os atividades bancárias fugiram ao controle porque a tecnologia da informação tornou a regulação bancária ineficaz. A crise financeira de 2007-8 prenunciou uma nova era de descontrole. Mas os efeitos da revolução digital sobre os sistemas financeiros são duplos, de modo que tampouco precisamos das atividades bancárias. A tecnologia da informação oferece novas possibilidades que as tornam redundantes. Seu fim marcará o início de um novo sistema financeiro.

Alardear isso parece simplista demais para resolver os atuais problemas do sistema financeiro. Há quem rotule todas as atividades executadas pelos bancos como atividades bancárias. Também há quem considere atividades bancárias somente um conjunto de atividades financeiras, como gestão de ativos e emissão de títulos mobiliários. Adoto uma perspectiva macroeconômica e defino *atividades bancárias* como a criação de moeda por meio do crédito. Talvez essa afirmação soe um pouco estranha para pessoas não familiarizadas com a área. Fique tranquilo, porque explicarei detalhadamente do que se trata. Por ora, porém, é importante observar que as atividades bancárias não se limitam às instituições que denominamos bancos; além disso, nem todas as atividades executadas pelos bancos são atividades bancárias. Não se trata de um modelo de negócios, mas de uma maneira de organizar o sistema financeiro.

Moeda, crédito e preços

Toda economia moderna apresenta dois sistemas interdependentes: a economia real e o sistema financeiro. A *economia real* consiste em todos os recursos e atividades que se concentram na efetiva produção e distribuição de bens e serviços. O *sistema financeiro* é um sistema virtual cujos objetivos ficam claros depois que analisamos seus dois elementos: moeda e crédito.

A *moeda* é usada para efetuar pagamentos imediatos. O comércio com moeda é superior ao escambo primitivo, uma vez que não requer a dupla coincidência de necessidades: você não precisa encontrar alguém que ofereça exatamente aquilo de que necessita ao mesmo tempo que necessita exatamente daquilo que você oferece. A moeda libera as pessoas de produzir para a própria subsistência e lhes permite se especializar em produzir bens e serviços mais complexos. Como meio de troca, possibilita uma *economia descentralizada* — ou seja, a coordenação não centralizada de todas as atividades da economia real.[1]

O *crédito* é usado para efetuar pagamentos diferidos, adiados ou postergados. Por meio dele, o pagamento em moeda e a transferência de bens e serviços ocorrem em lugares e em momentos diferentes. O crédito possibilita a alocação eficiente ao longo do tempo e é fundamental para transpor o ciclo da produção intensiva em capital, do início do processo ao recebimento do pagamento pela entrega do bem ou serviço. Um agricultor, por exemplo, pode aumentar a produção com um trator. Dispondo de crédito e obtendo empréstimos, pode adquirir um trator mesmo sem contar com capital inicial. Depois de vender a primeira colheita, ele pode cumprir a obrigação decorrente do crédito, pagando os empréstimos. O crédito facilita a acumulação de capital, é essencial para a produção de bens e serviços e constrói os alicerces da *economia intensiva em capital*.

O propósito do sistema financeiro é sustentar uma economia descentralizada, intensiva em capital. Sem moeda e crédito — ou seja, sem meios para efetuar pagamentos imediatos e diferidos —, as pessoas teriam que se limitar à produção de subsistência e ao escambo. Além disso, o uso da moeda e do crédito possibilita a formação de preços.[2]

Os *preços* são a dobradiça entre o sistema financeiro e a economia real. Quando moeda e crédito são usados nas atividades econômicas, formam-se preços. Ao mesmo tempo, as atividades econômicas na economia real são orientadas pelos preços. Sem eles, a coordenação de uma economia descentralizada, intensiva em capital, seria difícil, se não impossível. Enquanto o crédito e a moeda podem ser interpretados como um espelho, os preços são o reflexo da economia real. Da mesma maneira que é impossível avaliar a própria aparência sem um espelho, uma economia descentralizada, intensiva em capital, só pode ser captada ou apreendida quando se observam os preços.[3]

A organização do sistema financeiro

A medida em que o sistema financeiro cumpre o objetivo de sustentar uma economia descentralizada, intensiva em capital, depende da organização de seus dois elementos. Se a moeda e o crédito são mal concebidos, os preços não serão uma boa diretriz para a atividade econômica — assim como o reflexo em um espelho distorcido é má referência da realidade. A coordenação das atividades descentralizadas fica prejudicada, o capital é mal alocado ou desperdiçado e algumas pessoas podem receber ganhos injustificados às custas de outras. É difícil exagerar a importância de acertar na organização do sistema financeiro. A maneira como organizamos a moeda e o crédito exerce grande impacto sobre a estabilidade, a produtividade e a equidade da economia.

Como um sistema virtual, o sistema financeiro só existe na imaginação humana. O que é aceitável como moeda, por exemplo, depende da prática ou da legislação. A organização do sistema financeiro é resultado da deliberação humana. Sempre foi uma questão de política, em todos os lugares.

A moeda é mais fácil de organizar que o crédito. Basta chegar a um consenso quanto ao que exerce sua função. Nela, a dimensão temporal é menos importante que no caso do crédito. Do ponto de vista individual, uma transação monetária, ou seja, por meio de moeda, envolve curto intervalo de tempo. As partes nem sempre precisam confiar umas nas outras. Depois que a sociedade chega a um acordo quanto ao que usa como moeda, os vendedores de bens e serviços podem ter razoável grau de certeza de que poderão usar a mesma moeda em outra transação. Até sociedades primitivas podem desenvolver um sistema financeiro com moeda.[4]

Em contraste, a organização do crédito é muito mais difícil. Os emprestadores precisam confiar nos tomadores durante anos ou até décadas. As dificuldades — mas também os benefícios — do crédito aumentam com o prazo de pagamento. Enquanto um mecânico pode pagar o empréstimo para a compra de uma ferramenta em alguns meses, uma empresa automobilística talvez amortize o financiamento para a construção de uma nova fábrica em alguns anos. A nova fábrica é muito mais produtiva — a produção diária de seus trabalhadores será muito maior e melhor do que a do mecânico em sua oficina. Que financiadores, porém, seriam tão confiantes ou tolerantes a ponto de oferecer capital a ser restituído, gradualmente, ao longo de dez anos ou mais?

Parte 1: Atividades bancárias na era industrial

As necessidades das pessoas que precisam recorrer ao crédito e das pessoas que podem oferecer crédito são diferentes. Esse conflito entre potenciais tomadores e emprestadores dificulta e marginaliza o crédito. O desenvolvimento da tecnologia contábil moderna — ou seja, o que ficou conhecido como *método das partidas dobradas* — e o estabelecimento do estado de direito — baseado na norma da lei — lançaram os fundamentos das atividades bancárias e marcaram a ascensão do crédito. As atividades bancárias conciliaram as necessidades dos tomadores e emprestadores. Foi um grande avanço na organização do sistema financeiro, que possibilitou o florescimento do crédito. A Parte 1 deste livro explica a necessidade de atividades bancárias na era industrial.

Defini atividades bancárias como a criação de moeda por meio do crédito. A maneira como isso acontece ficará clara quando explicarmos os mecanismos das atividades bancárias tradicionais. Eles são a forma mais simples de atividades bancárias e combinam a concessão de empréstimos com a guarda segura de moeda. De um lado, os bancos oferecem crédito; de outro, captam depósitos, que, para os depositantes, os verdadeiros emprestadores, parecem seguros e "tão bons quanto dinheiro".

As características dos depósitos bancários tornaram atraentes para os emprestadores oferecer crédito, o que, por sua vez, fomentou a acumulação de capital. Assim, as atividades bancárias facilitaram a execução de projetos industriais intensivos em capital que levaram décadas para amortizar seus investimentos iniciais.

A industrialização, caracterizada pelo aumento contínuo da intensidade de capital, foi possibilitada pelo sistema financeiro moderno. Embora o período de transição — a Revolução Industrial — tenha sido de dificuldades pessoais, a produtividade crescente de uma economia intensiva em capital atenuou a pobreza em escala sem precedentes na história da humanidade.

Lembre-se de que a economia consiste em dois sistemas inter-relacionados: a economia real e o sistema financeiro. A industrialização foi visível para todos na economia real, à medida que as fábricas com chaminés fumegantes despontavam por toda parte. Em consequência dessa visibilidade dos investimentos de capital houve quem denominasse o novo regime econômico de *capitalismo*. O termo se refere à economia real. Contudo, ela só se tornou intensiva em capital e se desenvolveu em ritmo tão acelerado em consequência das melhorias no sistema financeiro.[5]

Não obstante suas contribuições para a economia intensiva em capital, as atividades bancárias apresentam graves falhas. Com alguma frequência, eles entram em colapso. É o que chamamos de "corridas aos bancos", que afligem essas instituições desde seus primórdios. O pânico bancário prejudica a capacidade do sistema financeiro de coordenar as atividades econômicas. Distorce maciçamente os preços e acarreta recessões profundas na economia real.[6]

Duas situações de pânico extremamente agudas, em 1907 e em 1929, levaram o governo dos Estados Unidos a recorrer a uma rigorosa estrutura regulatória; as garantias do governo evitaram as corridas aos bancos, e a regulação cuidadosa, como os requisitos de capital mínimo, impediu que eles abusassem delas. A estrutura regulatória foi um sucesso na era industrial. A sociedade pôde desfrutar dos benefícios das atividades bancárias e a estrutura regulatória manteve os riscos sob controle.

Parte 2: Atividades bancárias na era digital

A Parte 2 deste livro é sobre como as atividades bancárias escaparam ao controle na era digital. Na década de 1970, a tecnologia da informação entrou em cena e marcou o início da revolução digital. Enquanto o crédito tinha de ser registrado em papel na era industrial, as instituições financeiras agora podiam adotar a escrituração eletrônica. Com o advento dos computadores e das redes de comunicação eletrônica, o crédito se desvinculou do balanço patrimonial dos bancos, gerando consequências extensas e profundas para a eficácia da regulação bancária.

Daí resultaram novas formas de atividades bancárias, e os bancos organizaram suas atividades de modo a contornar a regulação, para não mais se submeter às suas exigências. Instituições como fundos de investimento em renda fixa de curto prazo (MMMF, da sigla em inglês para *money market mutual fund*) começaram a prestar atividades bancárias por meio de uma rede complexa de balanços patrimoniais e fora do foco das autoridades reguladoras. As atividades bancárias não reguladas ou pouco reguladas geralmente são denominadas *atividades bancárias paralelas* (*shadow banking*). Em poucas décadas, tornaram-se mais importantes que as atividades bancárias tradicionais.

A ascensão das atividades bancárias paralelas salienta o fato de que as atividades bancárias não se limitam aos bancos. É muito mais difícil definir *atividades bancárias* que *bancos* com base na legislação. O problema de fronteira (entre atividades bancárias regulares e paralelas) da regulação financeira decorre dessa multiformidade deles. Por fim, a incapacidade dos reguladores de superar o problema de fronteira resultou em outro pânico bancário: a crise financeira de 2007-8.

O problema foi amplo e profundo, e exigiu ação decisiva do governo. Somente operações de resgate governamental em escala inédita evitaram o colapso total do sistema financeiro. Esse curso de ação, porém, envolveu altos custos.

Desde a crise financeira de 2007-8, as instituições financeiras "grandes demais para ir à falência" desfrutam de garantias implícitas do governo em relação a todos os seus passivos. Ao mesmo tempo, os reguladores são incapazes de regulá-las com eficácia. Em um mundo de inovações financeiras em ritmo acelerado, as instituições financeiras podem movimentar as atividades bancárias para qualquer lugar onde a regulação não se aplique. O problema de fronteira se tornou insuperável com a tecnologia da informação. Os reguladores estão participando de uma corrida em que certamente serão derrotados.

Na era digital, as atividades bancárias se tornaram incontroláveis. As garantias governamentais são cada vez mais amplas, mas a regulação perdeu a eficácia. O sistema bancário se converteu em uma parceria público-privada disfuncional. As instituições bancárias geram lucros desmesurados ao assumir riscos excessivos nos bons tempos, enquanto o governo assume as perdas nos tempos ruins.

Parte 3: Um sistema financeiro para a era digital

O surgimento da tecnologia da informação solapou a abordagem regulatória com que a sociedade controlava as atividades bancárias na era industrial. Embora seja conhecido por sacudir as instituições estabelecidas, o progresso tecnológico, em geral, abre novas possibilidades. Esse processo é conhecido como *destruição criativa*.[7] A tecnologia da informação não só destruiu a funcionalidade do sistema bancário como possibilitou uma nova organização de moeda e crédito. Na Parte 3 deste livro, voltamos a atenção para esse aspecto criativo da tecnologia da informação.

Nesse contexto, desenvolveram-se novas tecnologias, como os empréstimos ponto-a-ponto (*peer-to-peer lending* ou P2P), os mercados virtuais e as moedas digitais, que abriram novas possibilidades para satisfazer a demanda das famílias por oportunidades de aplicações financeiras líquidas e seguras, ao mesmo tempo que ofereceram aos tomadores financiamento no longo prazo para projetos arriscados. Ao analisar as novas oportunidades em sua totalidade, fica evidente que as atividades bancárias não são mais necessárias. A tecnologia da informação possibilita que o sistema financeiro apoie uma economia descentralizada e intensiva em capital sem recorrer a elas. Prescindir das atividades bancárias não compromete a conveniência das famílias e das empresas não financeiras de cuidar de seus assuntos. Na era digital, as atividades bancárias não só fugiram ao controle como perderam a razão de ser.

Embora já não sejam necessárias, elas continuarão a dominar o sistema financeiro. As novas possibilidades de gerenciar a moeda e o crédito não podem prevalecer enquanto as atividades bancárias descontroladas ainda forem possíveis. Com plenas garantias governamentais e sem regulação eficaz, elas continuarão lucrativas demais, sob uma perspectiva casuística e individual, apesar dos tremendos custos que impõem à sociedade. Por isso precisamos acabar com as atividades bancárias.

Não somos os primeiros a apregoar tal coisa. Na era industrial, houve quem sugerisse atividades bancárias restritas, e, recentemente, foi apresentada uma proposta de atividades bancárias com propósitos limitados. Embora nos dois casos o objetivo fosse acabar com as atividades bancárias tais como as conhecemos, não se conseguiu eliminar a multiformidade delas na era digital. O problema de fronteira da regulação financeira exige uma abordagem holista ou totalizante: temos de atacar as atividades bancárias no nível fundamental da contabilidade. Para tanto, proponho uma norma sistêmica de solvência que previna, com eficácia e eficiência, a geração de dinheiro através das atividades bancárias. Minha proposta abrange as duas anteriores, tanto a de atividades bancárias restritas quanto a de atividades bancárias com propósitos limitados, sem se enredar no problema de fronteira.

Acabar com as atividades bancárias exige a redefinição do papel do setor público na organização da moeda e do crédito. Por um lado, o setor público não precisa mais garantir as atividades bancárias. Podemos abandonar a sufocante estrutura regulatória imposta por força dessas garantias e confiar nas forças competitivas para organizar o crédito. Por outro, a política monetária precisa ser reconsiderada, uma vez que os bancos centrais de hoje atuam com base nas atividades bancárias. Analisamos dois novos instrumentos de política monetária que se prestam, em especial, a suportar um sistema de preços em funcionamento: a taxa de liquidez e a renda incondicional.

Olhando para o panorama geral, ao fim da Parte 3, percebemos como as funções da moeda e do crédito — fornecendo meios para pagamentos imediatos e diferidos — se interligam estreitamente com o sistema bancário. Além disso, vemos que as esferas do público e do privado tampouco estão segregadas. Essa promiscuidade ou combinação distorce os preços, resultando em alocações indevidas na economia real.

O fim das atividades bancárias restabelecerá a eficácia do sistema financeiro. Nesse caso, as funções da moeda e do crédito são segregadas e atribuídas aos âmbitos público e privado, respectivamente. Dessa maneira, o sistema financeiro é capaz de fornecer um sistema de preços funcional e de sustentar uma economia descentralizada, intensiva em capital. A estabilidade, a produtividade e a equidade da economia não serão mais comprometidas por uma organização ultrapassada.

O escopo deste livro

Antes de prosseguir, duas observações referentes à abrangência deste livro são oportunas. Primeiro: *O fim dos bancos* se refere à história econômica, aos detalhes institucionais e aos dados econômicos dos Estados Unidos. Escolhemos esse país para nossa exposição por se tratar da economia dominante a partir do século XX. Os insights decorrentes, no entanto, se aplicam a todas as economias modernas que dependem de atividades bancárias.

Segundo: não irei discorrer sobre a transição de um sistema bancário para um sistema financeiro sem atividades bancárias. Também me abstive de discutir questões internacionais e os efeitos de transbordamento que sempre surgem quando discutimos propostas de reforma. Antes de pensar em como desenvolver um sistema financeiro melhor, é preciso definir aonde ir. Esse é o objetivo deste livro: mostrar que um sistema financeiro sem atividades bancárias é desejável e possível.

PARTE 1

Atividades bancárias na era industrial

CAPÍTULO 1

A necessidade de atividades bancárias

Na era industrial, as atividades bancárias eram uma boa maneira de organizar os elementos fundamentais do sistema financeiro: moeda e crédito. Em especial, eram indispensáveis para o desenvolvimento do crédito. O termo *crédito* se refere à confiança necessária entre duas partes para executar transações comerciais e financeiras ao longo do tempo. Uma parte recebe bens, serviços ou dinheiro hoje, prometendo fornecer à outra parte bens, serviços ou dinheiro no futuro. Nessas condições, crédito é pagamento diferido.[1]

O crédito assume diferentes formas. A mais comum é o *empréstimo*, a transferência temporária de dinheiro. A pessoa que recebe o dinheiro primeiro e paga depois é chamada *tomador*. A pessoa que entrega dinheiro primeiro e recebe o pagamento depois é chamada *emprestador*. O preço que o tomador paga ao emprestador pelo uso do dinheiro é o *juro*. No caso de um empréstimo, a *taxa de juro* é medida como porcentagem do *valor nominal*, que é a quantia transferida de início.[2] O tomador paga ao emprestador o valor nominal até o *vencimento*, data final acordada entre as partes para pagamento do empréstimo. O tempo total decorrido entre a entrega do valor nominal e a data de vencimento é denominado *prazo de vencimento*.

Informações assimétricas

As pessoas emprestam dinheiro porque esperam receber todo o valor nominal, acrescido de juros, em data futura. A expectativa delas é estar em melhores condições no futuro, depois de conceder o empréstimo, do que estariam se mantivessem o dinheiro no bolso. Os tomadores pensam de maneira muito semelhante. Acham que será melhor para eles receber o dinheiro agora, embora tenham de devolvê-lo com juros algum tempo depois.

Se nos abstrairmos da dimensão temporal, o empréstimo nada mais é que uma troca mútua de dinheiro. A dimensão temporal é a característica definidora do crédito. O conceito de crédito envolve tempo e incerteza. Isso suscita todo um conjunto de problemas.

Imagine que você queira conceder um empréstimo. Primeiro, precisa encontrar alguém confiável e capaz de pagar todo o valor nominal, mais os juros. Em geral, você não sabe muito sobre o caráter e a capacidade do tomador. Os economistas denominam esse problema *conhecimento oculto*. Além disso, você nunca terá certeza de que o tomador potencial usará o dinheiro de maneira a possibilitar o pagamento do empréstimo mais tarde. Esse problema é chamado *ação oculta*. Na data de vencimento, pode surgir outro problema. O mundo pode ter mudado de maneira desfavorável durante o tempo decorrido e o tomador talvez não seja capaz de cumprir o cronograma de pagamento do empréstimo. Também é possível que ele finja não ser capaz de pagar apenas para ficar com o dinheiro. Se você acha que é o caso, um bom conselho seria investigar a situação financeira do tomador. Isso talvez envolva custos, razão por que os economistas falam, nesse contexto, em *verificação onerosa da situação*.

Em última instância, todos esses problemas decorrem de informações assimétricas. Em termos simples, *informações assimétricas* significa que o tomador sabe mais do que o emprestador. Esse conceito é muito intuitivo para qualquer pessoa que já tenha emprestado dinheiro. Ele se situa na raiz de todos os problemas de crédito. Explica, por exemplo, o *risco moral*, que surge quando alguém desfruta dos benefícios decorrentes de certo curso de ação enquanto repassa para outros algumas ou todas as consequências negativas. No caso do crédito, tomadores podem mentir a fim de obter empréstimos que os beneficiem, mas que não terão condições de pagar. Quem arca com as consequências negativas do não pagamento do empréstimo é o emprestador.[3]

Informações assimétricas geram *risco de crédito*, que é o risco de perda para o emprestador se o tomador não pagar o empréstimo, no todo ou em parte. Se não quiser perder muito dinheiro, você precisa manejar, de alguma maneira, esse risco. As atividades que atenuam o risco de crédito são resumidas sob o termo *monitoramento*.[4]

E como os emprestadores podem monitorar os tomadores? Primeiro, devem avaliar a fundo a confiabilidade dos potenciais tomadores. Os emprestadores reúnem informações relevantes sobre eles para avaliar o risco de crédito do empréstimo em análise. Com base nisso, concedem empréstimos em condições adequadas, ou se recusam a fazê-lo. Segundo, os emprestadores mantêm relacionamento estreito e contínuo com os tomadores durante o prazo de vigência do empréstimo. O propósito é verificar se estão cumprindo as regras do contrato — os "*covenants*".

Além disso, o emprestador geralmente pede ao tomador para oferecer um ativo em garantia do empréstimo. O ativo é denominado *garantia*, e a transação é denominada *empréstimo garantido*. A garantia assume várias formas. A hipoteca, por exemplo, é um empréstimo garantido por imóveis. Nos empréstimos garantidos, o risco de crédito é muito menor. Se o tomador não cumpre as cláusulas contratuais, o emprestador pode reivindicar e vender a garantia para compensar suas perdas.

Como vemos, emprestar com sucesso exige esforço para aumentar a confiança. Os emprestadores agem muito bem em gerenciar de maneira proativa e preventiva o relacionamento com os tomadores. Recorrendo a um provérbio russo, confie, mas confirme. Monitorar os tomadores pode prevenir ou resolver problemas decorrentes de informações assimétricas.

Embora os bancos monitorem os tomadores, essa atividade não é exclusiva deles. Muitas outras instituições financeiras se dedicam a atividades de monitoramento, como as agências de classificação de risco de crédito e os fundos de capital de risco. Os bancos são singulares sob outro aspecto: conciliam as necessidades conflitantes de emprestadores e tomadores.

Conciliando as necessidades de tomadores e emprestadores

O monitoramento fornece os fundamentos do crédito. No entanto, ele sozinho não é suficiente. Para o crédito prosperar, é preciso conciliar as necessidades dos emprestadores e dos tomadores.

Vou esclarecer esse ponto com um exemplo. Imagine que Sarah queira iniciar seu próprio negócio de torrefação de café. Isso exige que ela adquira equipamentos dispendiosos. A poupança de uma pessoa em geral não é suficiente para prover o capital inicial desse tipo de empreendimento. Além disso, o investimento só costuma retornar depois de muito tempo. Sarah terá de vender muitas xícaras de café torrado na hora até recuperar o investimento inicial.

Esse exemplo ilustra duas necessidades típicas dos tomadores. Primeiro, precisam de empréstimos vultosos — ou seja, empréstimos com grande valor nominal —, pois os custos das máquinas e ferramentas são muito altos. Segundo, preferem prazos de vencimento longos, pois precisam de tempo para gerar dinheiro suficiente para pagar o empréstimo.

As necessidades dos tomadores não coincidem com as dos emprestadores. Os emprestadores típicos — como famílias — tendem a dispor apenas de pequenas quantias para emprestar. Além disso, os emprestadores, em geral, têm aversão ao risco e relutam em se expor a riscos de crédito significativos. Para dispersar o risco, os emprestadores querem emprestar a cada tomador somente uma fração pequena de sua poupança disponível. Além disso, preferem ter acesso rápido à poupança em face da instabilidade típica da vida cotidiana. O emprestador pode ficar desempregado ou receber uma oferta de trabalho em outra cidade. Em ambos os casos, precisa de acesso imediato ao dinheiro emprestado para pagar as despesas decorrentes desses eventos inesperados.

Em resumo, tomadores em geral preferem empréstimos com valor nominal elevado e prazo de pagamento longo para investir em empreendimentos de risco. Já os emprestadores preferem empréstimos com valor nominal baixo e prazo de pagamento curto, de modo a se expor ao menor risco possível. Conciliar as necessidades de emprestadores e tomadores é a essência das atividades bancárias. Antes de explicar seus mecanismos, no próximo capítulo, vamos discutir uma terceira função das atividades bancárias.

Facilitando transações com serviços de pagamento

Considerando o papel importante dos bancos no tratamento de informações assimétricas e na conciliação das necessidades de emprestadores e tomadores, talvez você suponha que as atividades bancárias foram criadas por emprestadores pioneiros. No entanto, a realidade é que as atividades bancárias foram desenvolvidas pelos prestadores de serviços de pagamento. Os precursores dos bancos foram custodiantes que guardavam o ouro e as moedas de seus clientes para tal fim.[5]

Os custodiantes podem facilitar os pagamentos dos clientes, contribuindo para tornar a vida deles muito mais conveniente. Suponha que Sittah, o mercador, compre uma caravela de Nathan, proprietário de um estaleiro. Ambos possuem algumas moedas de ouro, que confiaram a um custodiante chamado Bonafides. Sittah e Nathan podem avisar a Bonafides para transferir moedas de ouro da conta de custódia de Sittah para a conta de custódia de Nathan. Para tanto, bastam duas mudanças, sob a forma de lançamentos contábeis, na escrituração de Bonafides. Primeiro, a quantia de ouro necessária para comprar a caravela é debitada da conta de Sittah. Segundo, a mesma quantia é creditada na conta de Nathan. Isso torna a transação muito mais fácil. Do contrário, Sittah teria de retirar suas moedas de ouro do cofre de Bonafides e entregá-las a Nathan, que as devolveria a Bonafides.

Esses serviços de pagamento são muito úteis e são oferecidos hoje pelos bancos. Eles operam um *sistema contábil de trocas*.[6] Seu empregador paga seu salário por meio de cheque ou de transferência bancária. Se esses serviços não existissem, todas as operações teriam de ser liquidadas em dinheiro. Não é difícil imaginar como seria trabalhoso, sobretudo se comprasse algo de alguém que morasse muito longe.

Embora o exemplo acima mostre que o custodiante pode oferecer serviços de pagamento, não é evidente que os bancos tenham a mesma capacidade. O contrato de guarda de valores dos custodiantes é essencialmente diferente do contrato de depósito dos bancos. O banco não é custodiante. Mas ele tem a intenção de emprestar o dinheiro que lhe é confiado. Como depositante, você *empresta* dinheiro ao banco: você é o emprestador e o banco é o tomador. Ele pode usar o dinheiro que você depositou para qualquer propósito que considere adequado, como conceder empréstimos a empresas.

Evidentemente, para você, como depositante, esse acordo parece menos seguro do que a situação em que o banqueiro apenas guarda suas moedas de ouro no cofre. Por que preferiria um contrato de depósito a um contrato de guarda segura? Os depósitos oferecem uma grande vantagem: em vez de pagar pelos serviços de guarda segura, você, geralmente, recebe juros sobre seu depósito. Isso explica por que os contratos de depósito são tão atraentes e por que custodiantes acabaram se transformando em bancos.

Embora bancos não se limitem a guardar com segurança o dinheiro dos depositantes, eles oferecem serviços de pagamento como se fossem puros custodiantes. De um lado, os depositantes emprestam dinheiro e recebem juros sobre os depósitos. De outro, eles ainda têm acesso imediato ao dinheiro. Por que será que o empréstimo ao banco (isto é, o depósito) parece "tão bom quanto dinheiro"? Esse é o milagre das atividades bancárias.

CAPÍTULO 2

A mecânica das atividades bancárias tradicionais

Defini atividades bancárias como a criação de moeda por meio do crédito. No contexto das *atividades bancárias tradicionais*, as instituições depositárias, que em geral são denominadas apenas bancos, criam moeda mediante a oferta de crédito. Portanto, a definição de atividades bancárias permeia muitas definições. Quase sempre se usa o termo para denotar todos os tipos de atividades executadas pelos bancos. Em nosso contexto, contudo, somente as atividades que se relacionam com a criação de moeda por meio do crédito se enquadram nele. Nem todas as atividades executadas pelos bancos constituem atividades bancárias. Tampouco são as atividades bancárias executadas apenas por bancos.

Com base nessa definição, conclui-se que nem a concessão de empréstimos nem a guarda segura em si constituem isoladamente as atividades bancárias. Elas são mais sofisticadas. Combinam ambas as atividades de maneira singular e peculiar. Essa combinação envolve o uso de balanços patrimoniais. O negócio bilateral de atividades bancárias exige o método contábil das partidas dobradas. Em contraste, a concessão de empréstimos e a guarda segura podem ser executadas mediante a escrituração por entrada simples.

O método das partidas dobradas: requisito das atividades bancárias

O método das partidas dobradas surgiu na Itália, por volta do século xiv.[1] Difere da escrituração por entrada simples pela característica de que cada uma e todas as transações são registradas duas vezes.[2] Esse método tem várias vantagens. Uma é que o registro duplo das transações aumenta a exatidão da contabilidade, porque o contador registra e confirma todas as transações duas vezes.

Além disso, o método das partidas dobradas facilita o rastreamento e a avaliação dos resultados econômicos de cada investimento numa empresa. Também contribui para o raciocínio abstrato sobre os processos de negócios e a eficiência econômica.[3] Com esse método, as empresas não só registram seus ativos em estoque, mas também mapeiam como são financiados. As empresas que o usam demonstram seus haveres e deveres, ou seus ativos e passivos, por meio de uma ferramenta denominada balanço patrimonial.[4]

O *balanço patrimonial* apresenta a situação financeira da empresa em determinado momento no tempo, dividido em dois lados: o do *ativo* e o do *passivo*. Quanto aos itens listados no balanço patrimonial, podemos distingui-los, em termos amplos, entre ativo, passivo e patrimônio líquido (capital próprio). A Figura 2.1 ilustra um balanço patrimonial sintético.

ATIVO			PASSIVO
100	Ativos (por exemplo, caixa, empréstimos concedidos, imóveis)	Passivos (por exemplo, empréstimos contraídos)	60
		Patrimônio líquido	40
100	Total	Total	100

Figura 2.1. Balanço patrimonial sintético.

Ativo são todos os recursos tangíveis, intangíveis e financeiros que a empresa mantém sob controle, ou seja, tudo o que possui. *Passivo* são todas as obrigações que assumiu no passado, ou seja, tudo o que deve. Os itens do passivo são sempre alguma forma de crédito — por exemplo, um empréstimo tomado no passado. *Patrimônio líquido* (capital próprio) são os recursos próprios da empresa, não uma forma de crédito. Seus itens não são exigíveis por terceiros, não têm prazo de vencimento, não têm valor nominal e não pagam juros. No entanto, o patrimônio líquido é registrado no lado do passivo do balanço patrimonial. O motivo se torna claro quando consideramos como é calculado o valor do capital próprio.

O *valor contábil* do patrimônio líquido corresponde ao valor líquido da empresa. É calculado subtraindo do valor total do ativo o valor total do passivo, ou seja, ativo menos passivo.[5] Se o valor do capital próprio for positivo, a empresa é *tecnicamente solvente* (a Figura 2.1 mostra o balanço patrimonial de uma empresa tecnicamente solvente). Se o valor for negativo, a empresa é *tecnicamente insolvente* (ver Figura 2.2).[6]

ATIVO		PASSIVO	
100	Ativos (por exemplo, caixa, empréstimos concedidos, imóveis)	Passivos (por exemplo, empréstimos contraídos)	130
		Patrimônio líquido	−30
100	Total	Total	100

Figura 2.2. Balanço patrimonial sintético de uma empresa tecnicamente insolvente.

A transformação do ativo: emprestadores e tomadores

As características dos ativos e passivos no balanço patrimonial diferem em três dimensões importantes. Primeiro, no valor nominal. A empresa pode obter poucos empréstimos grandes e financiar ampla variedade de ativos pequenos. No caso de Sarah, do cap. 1, ela poderia conseguir um empréstimo de 60 mil dólares, complementar esse valor com 40 mil de recursos próprios (poupança) e investir o total de 100 mil em seu negócio. Vamos supor que ela compre uma torrefadora por 70 mil, um recipiente para armazenar grãos de café por 6 mil, um desumidificador de ar por 3 mil e um notebook para se comunicar com os clientes por mil. O resto ela mantém em caixa para pagar despesas operacionais. A Figura 2.3 mostra o balanço patrimonial da empresa de Sarah.

Uma empresa também pode possuir ativos que geram lucro ao longo de décadas, mas que são financiados por empréstimos com prazos de vencimento mais curtos. No exemplo acima, o empréstimo contraído por Sarah pode ter um prazo de vencimento de cinco anos. A torrefadora, por outro lado, pode continuar em operação por mais de dez.

ATIVO		PASSIVO	
20	Caixa	Passivos	60
1	Notebook	(por exemplo,	
6	Recipiente	empréstimos	
3	Desumidificador	contraídos)	
70	Torrefadora		
100	Total		
		Patrimônio líquido	40
100	Total	Total	100

Figura 2.3. Balanço patrimonial do negócio de Sarah (em milhares).

Finalmente, os *perfis de risco* dos ativos e passivos podem diferir. Diferentes ativos apresentam diferentes riscos. No caso de Sarah, a probabilidade de que seu notebook trave e precise ir para o conserto é muito mais alta do que as chances de sua torrefadora parar de funcionar. Alguns riscos de ativos são correlatos, enquanto outros são díspares. O risco de o notebook quebrar não se relaciona com o risco de o recipiente ser roubado. No entanto, se este for roubado, Sarah também perderá o desumidificador que instalou nele. É possível diversificar reunindo ativos cujos riscos não são perfeitamente correlatos.

Além disso, os riscos dos ativos se distribuem de maneira desigual entre o patrimônio líquido e os itens do passivo. Se Sarah precisar substituir o notebook, o custo comerá parte de seu capital próprio. Os empréstimos, em contraste, não serão prejudicados. Em geral, os acionistas ou sócios correm mais riscos do que os credores. Em nosso exemplo, Sarah é a única dona do negócio, detentora do patrimônio líquido; os emprestadores são os credores, que concederam empréstimos a ela.

Quando os ativos diferem dos passivos em valores nominais, prazos de vencimento e perfil de risco, falamos em *transformação de ativo*. Ela não ocorre apenas no balanço patrimonial do negócio de Sarah, mas também no dos bancos. Em contraste com as empresas não financeiras, os bancos quase não mantêm ativos reais, como máquinas, concentrando-se nos ativos financeiros, como empréstimos. Eles transformam valores nominais, prazos de vencimento e riscos de ativos financeiros.

Como funciona a transformação de ativos nos bancos? Primeiro, eles transformam as dimensões nominais, concedendo grandes empréstimos lastreados em pequenos depósitos. Assim, são capazes de conceder empréstimos maiores do que jamais seria possível para os depositantes individuais. Essa atividade é denominada *agregação*; agrega-se em grandes transações as pequenas quantias dos depositantes.

Os bancos transformam riscos, principalmente mediante a diversificação e a estruturação de seus balanços patrimoniais. Para tanto, *diversificam* o portfólio de empréstimos, emprestando a centenas de tomadores, nos mais diversos setores, o que torna as perdas do portfólio total menos voláteis e mais previsíveis. Além disso, os donos dos bancos em si arriscam parte de seus recursos próprios absorvendo os prejuízos com os empréstimos — ou seja, os bancos operam com patrimônio líquido positivo. Em caso de perda de ativos pelos bancos, os acionistas são os primeiros a arcar com os prejuízos, o que torna os depósitos menos arriscados que os ativos dos bancos.

Por fim, eles transformam prazos de vencimento. Embora a maioria dos empréstimos seja de longo prazo, estendendo-se por vários anos, os bancos oferecem *liquidez contratual*: eles garantem que os depósitos podem ser sacados a qualquer momento, ou seja, têm prazo de vencimento zero. Para atender aos pedidos de retirada dos depositantes, os bancos mantêm uma *reserva de liquidez* — por exemplo, na forma de dinheiro em caixa — no lado do ativo do balanço patrimonial. Como a reserva de liquidez corresponde a apenas uma fração de todos os depósitos, as atividades bancárias de hoje também são chamadas de *atividades bancárias com reserva fracionada*.[7]

Lembre-se de como o conflito entre tomadores e emprestadores inibe o crédito. Os tomadores preferem empréstimos com valor nominal elevado e prazo de vencimento longo, para investir em empreendimentos arriscados. Os emprestadores preferem empréstimos com valor nominal baixo e prazo de vencimento curto, para preservar a flexibilidade e reduzir a exposição ao risco de crédito e de liquidez tanto quanto possível. Os bancos conciliam essas preferências conflitantes por meio da transformação de ativos.

Com efeito, eles são tão eficazes na transformação de ativos que os depositantes não se preocupam mais com questões referentes a crédito. Quase todos nos esquecemos de que, como depositantes, somos os emprestadores em última instância. Emprestamos dinheiro ao banco, mas nem nos lembramos dos problemas de crédito. Não perdemos o sono por causa de informações assimétricas, riscos de crédito ou crises de liquidez. Raramente questionamos a promessa dos bancos de converter nosso depósito em dinheiro, a qualquer hora, sem aviso prévio. Em outras palavras, chamamos nossos depósitos de "dinheiro".

Ao nos convencer de que nossos depósitos são tão bons quanto dinheiro, os bancos nos convencem a participar do crédito. Desse modo, ampliaram a disponibilidade de crédito para empresas e facilitaram o desenvolvimento de uma economia intensiva em capital. Daí resultaram, em última análise, enormes ganhos em bem-estar econômico para a sociedade. Nada mais natural, porém, que as atividades bancárias tenham não só ampliado o crédito, mas afetado a moeda. O aumento da disponibilidade de crédito é somente um lado da história. O outro é a criação de moeda.

Atividades bancárias: criação de moeda por meio do crédito

O que explicamos acima é percebido por muita gente como a própria essência dos bancos: eles coletam dinheiro dos depositantes e concedem empréstimo aos tomadores com ele. Essa visão, porém, é incompleta. Os bancos podem conceder empréstimos sem antes ter recebido dinheiro dos depositantes. Assim, criam moeda ao oferecer crédito.

Para muitas pessoas, a criação de moeda pelos bancos se choca com a ideia de que o governo detém o monopólio da emissão de moeda. Convém deixar claro que os bancos não emitem moeda, ou seja, não imprimem dinheiro. Essa é uma função exclusiva do governo.

Vou discorrer um pouco sobre a emissão de moeda, em papel ou metal. A moeda hoje é organizada sob o *regime monetário fiduciário*. A moeda fiduciária, em geral, é moeda por força de lei. O governo determina sua produção, estabelece os impostos e serviços públicos a ser pagos com ela, e liquida, com ela, suas próprias dívidas. A característica distintiva da moeda fiduciária é não ter valor intrínseco. A nota de dinheiro que você tem no bolso é útil apenas como moeda, e ninguém promete convertê-la em bens ou serviços a uma taxa fixa.

Nessas condições, serve para comprar bens ou serviços a preços de mercado.[8]

A moeda emitida pelo governo geralmente é denominada *moeda externa*, porque é criada fora do sistema bancário. Além do dinheiro em si, as reservas do Banco Central também são moeda externa — uma moeda eletrônica criada por ele e mantida pelos bancos, que a usam como meio de troca, ou seja, para propósitos de compensação, em transações interbancárias ou como reserva de valor de alta liquidez e segurança.

Em contraste, a *moeda interna* é criada *dentro* do sistema bancário. Embora não venha do governo, mas de instituições privadas, ela atende aos mesmos propósitos da moeda externa. Pode ser usada como meio de troca ou como reserva de valor, e tem a mesma unidade de conta.[9]

Os depósitos são a forma mais conhecida de moeda interna. A maioria das pessoas não distingue entre dinheiro (moeda externa) e depósito (moeda interna). Ambas as formas podem ser usadas para fazer pagamentos numa loja, seja entregando uma nota, seja emitindo um cheque ou digitando a senha do cartão de débito.

E como os bancos criam moeda interna? Na verdade, já expliquei isso. Ao transformar ativos, os bancos podem oferecer depósitos que são tão bons quanto moeda. Vejamos um exemplo de criação de moeda interna para esclarecer. Suponha que bancos não existem e que Alex quer ser o primeiro banqueiro da história. Para constituir um banco, ele consegue uma carta patente que lhe confere autorização legal para oferecer depósitos. Além disso, ele entra com oitenta em moeda externa como recursos próprios. Seu banco é constituído com um balanço patrimonial inicial de oitenta em dinheiro, no lado do ativo, e oitenta de patrimônio líquido, no lado do passivo.

O primeiro cliente do banco, Sarah, consegue um empréstimo de sessenta para comprar uma torrefadora. O banco de Alex concede o empréstimo, simplesmente expandindo o balanço patrimonial: no lado do ativo, registra o empréstimo a Sarah; no lado do passivo, abre um depósito de sessenta em nome dela. O banco criou crédito a partir do nada; lançou dois contratos de crédito do mesmo tamanho, um depósito e um empréstimo de sessenta, em ambos os lados do balanço patrimonial. Para simplificar, vamos assumir que os juros tanto sobre o empréstimo quanto sobre o depósito sejam zero.

Em seguida, Sarah compra a torrefadora de Ryan por sessenta dólares. Ela poderia fazer isso sacando o dinheiro de sua conta. Como Ryan, porém, abriu recentemente uma conta no banco de Alex, ele sugere que Sarah transfira o dinheiro para ele. Por que Ryan prefere essa forma de pagamento? Primeiro, o banco de Alex de fato tem reservas de alta liquidez, o que o leva a acreditar que será capaz de sacar a moeda externa, a qualquer momento, se precisar. Segundo, o grande colchão de patrimônio líquido aumenta a confiança de Ryan no fato de que ele próprio não sofrerá prejuízos se o banco incorrer em perdas em seus ativos — por exemplo, se Sarah não conseguir pagar o empréstimo. Terceiro, o pagamento via banco, por transferência de fundos, é mais conveniente que o pagamento em dinheiro.

Por sua vez, Sarah paga a torrefadora com um cheque. Assim, ocorre uma transação na economia real, mas nenhuma moeda externa troca de mãos. Em vez disso, transferem-se depósitos, e o balanço patrimonial do banco atua como sistema de troca contábil. O banco transformou o crédito que criou a partir do nada em moeda interna.

A Figura 2.4 ilustra as diferentes escriturações no balanço patrimonial do banco. No primeiro passo, Sarah obteve um empréstimo do banco. Ao concedê-lo, o banco expandiu seu ativo em sessenta. Ao mesmo tempo, também expandiu o passivo em sessenta, com o depósito de Sarah. No segundo passo, Sarah compra a torrefadora de Ryan. Os sessenta vão do depósito de Sarah para o de Ryan. Os depósitos bancários são usados como meio de troca, ou seja, atuam como moeda interna.

O banco provavelmente concederá outros empréstimos, se encontrar tomadores confiáveis. Suponha que Julia se inclua nessa condição. Ela também consegue um empréstimo de sessenta, e o banco abre uma conta de depósito em seu nome. O balanço patrimonial e a oferta de moeda interna se expandem ainda mais. Depois da concessão do empréstimo a Julia, a oferta total de moeda interna e de moeda externa foi multiplicada por um fator de 2,5, em relação à quantia inicial de oitenta em moeda externa. Vamos supor que Julia também abra uma cafeteria e compre outra torrefadora de Ryan. A Figura 2.5 ilustra os efeitos desses eventos no balanço patrimonial do banco.

Suponha que Ryan compre café recém-torrado de Sarah por sessenta. Dessa maneira, sessenta do depósito de Ryan retornam para o depósito de Sarah. Ela poderia usar essa quantia para comprar outras coisas necessárias para seu negócio. Imagine, porém, que o empréstimo de Sarah esteja prestes a vencer. Quando ela o paga, o balanço patrimonial do banco diminui. O banco cancela o empréstimo em aberto de Sarah, no lado do ativo, com seu depósito no lado do passivo. A quantia de moeda interna na economia se reduz. O balanço patrimonial depois desses acontecimentos está na Figura 2.6.

1. Alex constitui o banco.

ATIVO		PASSIVO	
80	Caixa		
		Patrimônio líquido de Alex	80
80	Total	Total	80

2. Sarah consegue um empréstimo do banco.

ATIVO		PASSIVO	
80	Caixa	Depósito de Sarah	60
60	Empréstimo de Sarah		
		Patrimônio líquido de Alex	80
140	Total	Total	140

3. Sarah compra uma torrefadora de Ryan.

ATIVO		PASSIVO	
80	Caixa	Depósito de Sarah	0
60	Empréstimo de Sarah	Depósito de Ryan	60
		Patrimônio líquido de Alex	80
140	Total	Total	140

Figura 2.4. Criação de moeda pelas atividades bancárias tradicionais: parte 1.

Em nosso exemplo sintético, nem o banco nem outros agentes da economia precisariam de moeda externa como meio de troca. Os depósitos bancários atuam como único meio de troca. O sistema de troca contábil do banco foi suficiente para facilitar o comércio. Depois que Alex entrou com oitenta dólares para constituir o banco, a moeda externa não desempenhou nenhum papel nas transações. Observe, porém, que tanto a reserva de liquidez quanto o colchão de patrimônio líquido de oitenta contribuíram para o reforço da confiança — para enfrentar o risco de liquidez e de crédito. Tanto que Ryan se dispôs a aceitar o depósito de Sarah como meio de pagamento.

ATIVO		PASSIVO	
80	Caixa	Depósito de Sarah	0
60	Empréstimo de Sarah	Depósito de Ryan	60
		Patrimônio líquido de Alex	80
140	Total	Total	140

4. Julia consegue um empréstimo do banco.

ATIVO		PASSIVO	
80	Caixa	Depósito de Sarah	0
60	Empréstimo de Sarah	Depósito de Ryan	60
60	Empréstimo de Julia	Depósito de Julia	60
		Patrimônio líquido de Alex	80
200	Total	Total	200

5. Julia compra uma torrefadora de Ryan.

ATIVO		PASSIVO	
80	Caixa	Depósito de Sarah	0
60	Empréstimo de Sarah	Depósito de Ryan	120
60	Empréstimo de Julia	Depósito de Julia	0
		Patrimônio líquido de Alex	80
200	Total	Total	200

Figura 2.5. Criação de moeda pelas atividades bancárias tradicionais: parte 2.

Com as atividades bancárias exercendo efeito tão importante sobre a moeda e o crédito, faz sentido chamar de *sistema bancário* o atual sistema financeiro. Nele, a moeda é, primeiro e acima de tudo, interna. Os bancos são capazes de multiplicar, e efetivamente multiplicam várias vezes, o valor inicial em moeda externa nos seus balanços patrimoniais.[10]

ATIVO		PASSIVO	
80	Caixa	Depósito de Sarah	0
60	Empréstimo de Sarah	Depósito de Ryan	120
60	Empréstimo de Julia	Depósito de Julia	0
		Patrimônio líquido de Alex	80
200	Total	Total	200

6. Ryan compra café de Sarah.

ATIVO		PASSIVO	
80	Caixa	Depósito de Sarah	60
60	Empréstimo de Sarah	Depósito de Ryan	60
60	Empréstimo de Julia	Depósito de Julia	0
		Patrimônio líquido de Alex	80
200	Total	Total	200

7. Sarah paga o empréstimo.

ATIVO		PASSIVO	
80	Caixa	Depósito de Sarah	0
0	Empréstimo de Sarah	Depósito de Ryan	60
60	Empréstimo de Julia	Depósito de Julia	0
		Patrimônio líquido de Alex	80
140	Total	Total	140

Figura 2.6. Destruição de moeda pelas atividades bancárias tradicionais.

Os bancos decidem quanta moeda interna — ou seja, depósitos — criarão, com base em sua avaliação do grau de credibilidade de novos projetos na economia.[11] À medida que concedem mais empréstimos, expandem seus balanços patrimoniais. Os bancos criam moeda interna ao conceder novos empréstimos e a destroem ao não substituir os empréstimos pagos com a concessão de novos. Endogenamente, eles determinam a oferta total de moeda na economia ao ampliar o crédito. Embora haja quem enalteça a oferta endógena da moeda no sistema bancário, sua criação por meio do crédito produz graves efeitos colaterais.

CAPÍTULO 3

Os problemas das atividades bancárias

Os bancos parecem mágicos, na medida em que reconciliam duas relações financeiras mutuamente excludentes ou incompatíveis. No lado do ativo do balanço patrimonial, concedem empréstimos que os tomadores devem pagar apenas depois de vários anos. No lado do passivo, prometem aos depositantes que seus depósitos poderão ser retirados a qualquer momento. Ao transformar crédito em moeda, os banqueiros parecem ter encontrado a pedra filosofal. Infelizmente, as atividades bancárias impõem um alto preço.

Corridas aos bancos: o calcanhar de aquiles das atividades bancárias

As forças mais poderosas geralmente envolvem as mais graves debilidades. Ao conciliar as necessidades de tomadores e emprestadores, os bancos geram riscos de liquidez. Eles concedem empréstimos de longo prazo e emitem moeda interna, acarretando a possibilidade de não serem capazes de atender às retiradas dos depositantes. O risco de liquidez fragiliza as atividades bancárias.

Na maioria das situações, esse risco não se converte em realidade.

Como mencionei, os bancos mantêm reservas de liquidez na forma de moeda externa para atender a eventuais retiradas dos depositantes. Em circunstâncias comuns, as reservas dos bancos são suficientes. Em conjunturas adversas, no entanto, os bancos podem ser forçados a usar o total de suas reservas de liquidez para atender às retiradas dos depositantes. Nesses casos, diz-se que os bancos estão sem liquidez.

A situação mais grave que acarreta a falta de liquidez é a *corrida aos bancos*, a situação em que muitos depositantes querem retirar dinheiro ao mesmo tempo. Os bancos só dispõem de recursos para atender a determinado montante de retirada em determinado período de tempo. O limite é estabelecido pelo valor das reservas de liquidez disponíveis. Se os depositantes quiserem retirar mais, os bancos ficam sem liquidez.

Quando isso acontece, o banco precisa vender outros ativos, como empréstimos de longo prazo que concedeu no passado. Essa venda é difícil. Os compradores potenciais não sabem muito sobre a qualidade do empréstimo. A incerteza os leva a exigir grandes descontos. Assim, os bancos são forçados a vender seus empréstimos com prejuízo. Um banco nunca é capaz de conseguir moeda externa suficiente para atender aos pedidos de retirada de todos os depositantes de uma vez. Se muitos retirarem o dinheiro ao mesmo tempo, ele quebra. Essa fragilidade é o lado negativo das atividades bancárias.

Os depositantes "correm" aos bancos porque somente os primeiros serão capazes de sacar seus recursos. Quem chegar tarde demais ao guichê do caixa corre o risco de perder o depósito. Quando os depositantes ouvem rumores de que o banco está em dificuldade, apressam-se em retirar seu dinheiro. Se os rumores forem falsos, poderão depositá-lo de novo. Se estiverem certos, conseguiram salvar seu dinheiro.

Até mesmo rumores de início infundados podem desencadear corridas aos bancos e se realizar, pois a incapacidade de atender a todos os depositantes é inerente à sua natureza. Os depositantes nem sempre o fazem porque um banco é mal gerenciado ou sofreu prejuízos. Mesmo um banco bem gerenciado pode ser alvo de corridas. Essa é a debilidade intrínseca às atividades bancárias.[1]

As corridas aos bancos são uma ameaça constante para eles e têm sido um fenômeno frequente ao longo da história das atividades bancárias. Nas economias avançadas, contudo, muita gente não sabia do que se tratava até setembro de 2007, quando o fenômeno voltou a ocorrer com o banco inglês Northern Rock.[2]

Você talvez esteja pensando: "Por que tanto barulho em relação às corridas aos bancos? São só alguns depositantes perdendo o dinheiro que emprestaram. Em geral, quando qualquer outra empresa pede falência e seus credores perdem dinheiro, a economia não sofre. Afinal, a falência é resultado da economia de mercado, no qual qualquer um pode entrar, sem restrições".

As atividades bancárias, porém, não são só um modelo de negócios; também envolvem a criação de moeda por meio do crédito. Por força de sua natureza autorrealizável, as corridas aos bancos tendem a ser contagiosas. Se elas ocorrem em diferentes bancos ao mesmo tempo, falamos de *pânico bancário*.

Nesse caso, as pessoas perdem a confiança no sistema bancário. Os depositantes retiram seu dinheiro de vários bancos, inclusive dos mais saudáveis. Como já discutimos, isso leva à falta de liquidez, mesmo que os bancos sejam bem gerenciados. A consequência é o desencadeamento de numerosas falências bancárias. Pânicos desse tipo ocorreram em 1929 e 1933, quando 9 mil bancos suspenderam suas operações.[3]

Nos pânicos bancários, a oferta de crédito total despenca. Os bancos que entram em processo de falência não podem mais conceder empréstimos. Os bancos ainda em operação param de emprestar dinheiro, tanto para outros bancos quanto para empresas, a fim de manter reservas suficientes para atender aos pedidos de retirada dos depositantes. O sistema bancário não é capaz de oferecer o mesmo volume de crédito de antes. Esse efeito geralmente é denominado *aperto de crédito*. As empresas que perdem acesso ao crédito já não conseguem financiar suas operações e, assim, pedem falência também. A produção é paralisada, funcionários perdem o emprego e a receita tributária do governo cai.

Além disso, como os bancos criam moeda interna, as falências bancárias afetam o nível de preços. Os depósitos de bancos insolventes ou sem liquidez deixam de ser moeda. Como vimos, os bancos ainda em operação param de conceder empréstimos para aumentar suas reservas, e, assim, destroem a moeda interna. A economia passa a dispor de menos moeda e os preços caem. Esse fenômeno monetário é denominado *deflação*. No caso do pânico bancário, trata-se de uma distorção de preços induzida por determinada característica organizacional do sistema financeiro — a criação de moeda por meio do crédito. Os preços em queda deprimem ainda mais a atividade econômica na economia real, e o círculo vicioso de destruição de crédito e de moeda se acelera.[4]

Uma única corrida aos bancos, portanto, pode disparar uma reação em cadeia que, em última instância, solapa o funcionamento do sistema financeiro. Primeiro, afeta outros bancos; depois, a oferta total de moeda e de crédito na economia. No pior caso, o pânico bancário pode levar a um colapso total do sistema financeiro, empurrando a economia para uma espiral deflacionária e uma grave recessão. É o papel axial das atividades bancárias em nosso sistema financeiro que torna as corridas aos bancos tão desastrosas. Elas são o calcanhar de aquiles das atividades bancárias.

Garantias do governo podem evitar as corridas aos bancos...

Corridas aos bancos são inerentes a todos os sistemas bancários. Elas têm sido analisadas pela teoria econômica e experiências foram feitas.[5] Não surpreende, portanto, que há muito tempo se pense em maneiras de evitá-las. Os instrumentos mais comuns são os seguros de depósito e as políticas de emprestador de última instância.

Seguro de depósito

Como o termo sugere, o seguro de depósito assegura o dinheiro mantido pelos depositantes nos bancos. O governo ou um grupo de bancos garante todos os depósitos, em geral até determinada quantia.[6] A confiança no seguro elimina a necessidade de que os depositantes corram aos bancos, apesar de rumores de falência bancária. O depositante segurado não perderá dinheiro mesmo que esses rumores se confirmem e o banco acabe falindo. Portanto, o simples anúncio de um seguro de depósito confiável pode evitar corridas aos bancos.[7]

Essa é uma característica interessante que explica a rápida difusão do conceito. O seguro de depósito foi adotado pela primeira vez nos Estados Unidos, como reação à Grande Depressão, na década de 1930.[8] Desde então, muitos países criaram algum tipo de seguro de depósito.[9]

Bancos centrais: emprestadores de última instância

Os bancos centrais são anteriores ao seguro de depósito. Nos Estados Unidos, por exemplo, o Federal Reserve System, mais conhecido como Fed, foi constituído em 1912, como reação ao grave pânico bancário de 1907.[10] Os bancos centrais não só agem como emprestadores de última instância como conduzem a política monetária. Nessas condições, gerenciam a *oferta de moeda*, que é a quantidade total de moeda interna e externa na economia. Compreender como exercem essa função é importante para compreender seu papel nas corridas aos bancos e nos pânicos bancários.

Vamos analisar, sucintamente, como o Fed conduz a política monetária nos Estados Unidos em tempos normais, ou seja, na ausência de corridas aos bancos e de pânicos bancários.[11] Lembre-se de que os sistemas monetários da atualidade se baseiam em moeda fiduciária, que não tem valor intrínseco. Você pode imaginar que o Fed simplesmente imprime moeda e gasta dinheiro, mas não é bem assim. O Fed não percorre as ruas gastando dinheiro. Ele percorre Wall Street, o centro financeiro de Nova York, emprestando dinheiro. A política monetária sempre envolve bancos.

As *operações de mercado aberto* são as ferramentas mais importantes do Fed para influenciar a oferta de moeda. Elas podem envolver a venda ou a compra direta de ativos financeiros aos bancos e dos bancos. Ao comprar ativos financeiros como títulos públicos, o Fed aumenta a quantidade de moeda externa na economia. As operações de mercado aberto também podem envolver acordos de recompra — que daqui para a frente chamarei de *repos*, uma abreviação de *repurchase* — com os bancos. O repo é semelhante a um empréstimo garantido de curto prazo. Com ele, o Fed também aumenta a quantidade de moeda na economia.[12]

Gastar dinheiro à maneira dos bancos centrais tende a ser lucrativo. Ao emprestar dinheiro via repos, o Fed geralmente recebe juros. O mesmo ocorre quando mantém ativos financeiros adquiridos por meio de suas operações de mercado aberto. Os lucros auferidos com a criação de moeda são denominados *senhoriagem*. Grande parte desses resultados vai para o governo, ou seja, para o Tesouro.[13]

O objetivo final dos bancos centrais, entretanto, não é gerar lucro. A senhoriagem pode ser considerada um subproduto da política monetária. A intenção é preservar a estabilidade dos preços e promover o emprego.

Como vimos, o pânico bancário exerce efeitos devastadores tanto sobre o sistema de preços quanto sobre o emprego. Atuar como emprestador de última instância, portanto, se enquadra no papel dos bancos centrais. Assim, eles emprestam diretamente a bancos em dificuldade durante o pânico bancário. Esses bancos, então, podem atender aos pedidos de retirada de seus depositantes. Desse modo, os bancos centrais podem restaurar a confiança no sistema bancário. O Fed, por exemplo, tem feito isso reiteradamente ao longo de sua história.[14]

... mas às custas de risco moral

Parece que encontramos uma maneira de salvaguardar as atividades bancárias e evitar o pânico bancário. Ambas as políticas, do seguro de depósito e do emprestador de última instância, lidam com o caráter de profecia autorrealizável das corridas aos bancos, e o fazem combatendo o medo dos depositantes de perder dinheiro.

Aliviar os depositantes do medo altera seu comportamento. A maioria de nós é depositante; portanto, você talvez se indague de que mudança de comportamento estou falando. Na verdade, não a percebemos, uma vez que vem ocorrendo há quase um século. Embora as pessoas que viveram na primeira metade do século XX estivessem bem conscientes de que os depósitos bancários envolvem alguns riscos, as gerações posteriores cresceram acreditando que eles são absolutamente seguros. Aqui é preciso distinguir entre tempos normais e tempos de crise. Os depósitos bancários têm sido percebidos como bastante seguros durante tempos normais. Hoje, contudo, não temos consciência do risco nem em tempos de crise, por causa do seguro de depósito e da atuação dos bancos centrais.

A maioria das pessoas não sente diferença entre guardar dinheiro em espécie em casa e manter contas em bancos. Em consequência, o risco é desconsiderado quando se abre uma conta. Para a maioria das pessoas, tarifas bancárias, taxas de juros e localização das agências são fatores decisivos na escolha dos bancos. O risco, quando muito, é preocupação secundária.[15]

A mudança no comportamento dos depositantes é resultado tanto do seguro de depósito quanto da política de emprestador de última instância, e tem consequências de longo alcance. Cientes de que os depositantes não se importam com os perfis de risco dos bancos, essas instituições assumem mais riscos em suas decisões de investimento. Portanto, os medicamentos poderosos para evitar o pânico bancário produzem o efeito colateral adverso do risco moral, na forma de negligência em relação ao risco por parte dos bancos.[16]

Para compreender por que os bancos assumem excesso de risco, precisamos discutir a *responsabilidade limitada*, conceito extraído da legislação comercial. O termo é autoexplicativo: os proprietários de uma empresa desse tipo são responsáveis até determinado limite — em geral, o valor de seu investimento inicial — pelas obrigações em aberto do negócio. A responsabilidade limitada se justifica porque encoraja o empreendedorismo e facilita o financiamento de grandes projetos empresariais. Hoje, a maioria dos bancos dos EUA, em especial os de maior porte, é constituída como empresa de responsabilidade limitada.

Embora ofereça vantagens, a responsabilidade limitada também muda os incentivos para os donos de empresas. Como as perdas são limitadas e os lucros, ilimitados, configura-se uma situação que pode estimular a *tomada de riscos excessivos*. O dono de uma empresa de responsabilidade limitada talvez seja induzido a assumir mais riscos. Vamos supor que você tenha condições de escolher entre dois projetos com diferentes riscos e perfis de retorno:

Projeto 1: retorno de 10%. Você acaba com 110% do valor investido, ou seja, o retorno esperado do projeto é de 10%.

Projeto 2: retorno incerto, ficando entre +60% ou −60%. Você acaba com 160% ou com 40% do valor investido, com a mesma probabilidade. Como resultado, o retorno esperado desse projeto é 0%.

Podendo escolher entre esses dois projetos, o mais recomendável seria optar pelo Projeto 1, com melhor retorno esperado que o Projeto 2. Se sua empresa não for de responsabilidade limitada, o lucro esperado é igual ao retorno esperado. Tendo dois dólares disponíveis, por exemplo, você ia investi-los no Projeto 1.

Vamos imaginar, agora, que você constitua uma empresa de responsabilidade limitada com os seus dois dólares e tome um empréstimo de oito. No lado do ativo do balanço patrimonial da empresa, você tem dez em caixa. No lado do passivo, tem oito em dívida e dois em patrimônio líquido. Para simplificar, vamos assumir que os juros sobre a dívida sejam zero.

Você é o dono da empresa e tem de escolher entre o Projeto 1 e o Projeto 2. Seu passivo está limitado ao capital próprio com que entrou; ou seja, seu prejuízo em uma situação ruim está restrito a dois dólares.

Se você escolher o Projeto 1, garante um lucro certo de um dólar. O que acontece se escolher o Projeto 2? Se as coisas derem errado, você perde seu patrimônio líquido, uma vez que o retorno foi de menos dois. Você pode repassar o restante das perdas de quatro aos credores. No melhor cenário, porém, gera um lucro de seis. Em consequência, o lucro esperado para você, como dono do capital próprio, é de dois. Você prefere o Projeto 2 ao Projeto 1, mesmo que seu retorno esperado total seja pior. Ao operar com uma empresa de responsabilidade limitada, o lucro esperado pode diferir do retorno esperado.

Os proprietários de uma empresa de responsabilidade limitada não assumem todo o risco negativo de suas decisões. Eles podem tomar riscos excessivos às custas dos emprestadores, os quais ficam com parte do prejuízo no caso de resultados negativos, ao mesmo tempo que, se as coisas correrem bem, seu retorno estará limitado aos juros predeterminados.

Para desencorajar os proprietários da empresa de assumir riscos excessivos, os emprestadores querem que os donos do negócio também "arrisquem a própria pele". A pele, em geral, assume a forma de capital próprio. Desde que a razão ou a proporção do patrimônio líquido sobre os ativos totais (a partir deste ponto, índice de capitalização) seja bastante alto, os proprietários têm muito em jogo e evitarão assumir riscos excessivos. No exemplo acima, na condição de dono, você não assumiria riscos excessivos e escolheria o Projeto 1 se o índice de capitalização fosse superior a 40% — ou seja, se seu capital próprio fosse superior a quatro dólares.

Compreensivelmente, os emprestadores precisam considerar com cuidado o índice de capitalização — a razão ou proporção do patrimônio líquido sobre os ativos totais — de seus tomadores. Num sistema bancário, os bancos são emprestadores importantes e concedem empréstimos a empresas. Eles têm plena consciência de que seus tomadores podem assumir riscos excessivos em consequência da responsabilidade limitada. Por isso, são mais rigorosos na concessão de empréstimos se o tomador, como pessoa física ou jurídica, apresentar índice de capitalização muito baixo, situação em que é considerado endividado demais. A tomada de riscos excessivos é parte da questão do risco moral associada ao crédito, conforme já vimos. Os bancos reduzem essa questão, monitorando adequadamente as empresas (entre outras ações). Além disso, podem incluir cláusulas de garantia em seus contratos de empréstimo. Se os tomadores estiverem sujeitos a perder a garantia, na hipótese de nem tudo correr bem, estarão menos propensos a assumir riscos excessivos.[17] Afinal, embora ninguém seja incumbido por lei de evitar riscos excessivos, em consequência da responsabilidade limitada, os emprestadores, em geral, e os bancos, em especial, analisam cuidadosamente a situação dos tomadores.

Uma vez que os bancos também têm uma estrutura de capital composta de capital de terceiros (dívidas) e de capital próprio (patrimônio líquido), surge o problema clássico de "quem vigia o vigia". Evidentemente, também os bancos devem ser demovidos de reduzir demais seu índice de capitalização por seus emprestadores, ou seja, seus depositantes. Em face das garantias do governo, porém, os depositantes sabem que seu dinheiro está seguro independentemente das circunstâncias. Eles não têm incentivos para interferir se o banco assumir riscos excessivos. Sabendo disso, os bancos, de fato, assumem riscos excessivos.[18]

Risco moral e regulação bancária

Os governos, de novo, estão sob pressão. Eles precisam adotar medidas para restringir a tomada de riscos excessivos. Incluímos todas as medidas destinadas a limitar o risco moral dos bancos — como a tomada de riscos excessivos — sob o nome genérico de *regulação bancária*. À primeira vista, até poderíamos presumir que impor aos bancos a observância de um índice de capitalização mínimo seria suficiente para conter o risco moral. Como veremos a seguir, porém, não é tão simples assim, motivo pelo qual a regulação bancária se concentra mais em outras medidas.

Primórdios da regulação bancária

Nos Estados Unidos, tanto o Fed quanto a Federal Deposit Insurance Corporation (FDIC) desempenham papel importante na supervisão dos bancos. Este é o órgão do governo incumbido de gerenciar o seguro de depósito. Compete-lhe garantir que os depositantes recebam seu depósito em caso de falência do banco. Evidentemente, os agentes do Fed e da FDIC sabem que o apetite dos bancos pelo risco aumenta com o seguro de depósito. Portanto, observam com cuidado os bancos segurados.[19]

A FDIC entrou em operação quando se instituiu o seguro de depósito durante a Grande Depressão. A nova agência passou a supervisionar atentamente os bancos e a impor normas rigorosas para restringir a amplitude das atividades que podiam exercer.[20] Essas restrições foram muito eficazes. Depois da Segunda Guerra Mundial, a tomada de riscos pelos bancos parecia sob controle. As atividades bancárias estavam sujeitas a intensa regulação, o que as tornava tediosas, mas também estáveis.[21]

A calmaria, contudo, era ilusória. Desde a criação do Fed, o índice de capitalização dos bancos americanos passou a apresentar tendência declinante contínua. Ele, que era superior a 30% na década de 1870, caiu para cerca de 5% nos anos 1970.[22]

Com proporções tão baixas de capital próprio, a tomada de riscos excessivos é atraente. E, com efeito, os bancos começaram a mudar seu comportamento na década de 1970, passando a assumir mais riscos.[23] Essa não era a única dor de cabeça dos reguladores, no entanto. Eles também enfrentavam um setor bancário que se tornava cada vez mais globalizado.[24]

Regulação bancária moderna: o Acordo de Basileia

Até a década de 1980, os reguladores dependiam de uma estrutura nacional para a regulação bancária. A falência em 1974 do banco Herstatt, com sede em Colônia, Alemanha, que acarretou grandes prejuízos para bancos fora do país, disparou a iniciativa política de combater a proporção cada vez mais baixa de capital próprio dos bancos, em nível internacional.[25] A regulação bancária tinha de seguir a tendência das atividades bancárias e se globalizar.[26] Os países do G10 constituíram o Comitê de Supervisão Bancária de Basileia para lidar com as atividades bancárias globalizadas.

Esse Comitê promulgou o Acordo de Capital de Basileia, norma internacional sobre requisitos de capital mínimo dos bancos, mais conhecida como Basileia I.[27] Os *requisitos de capital* impõem aos bancos a observância de determinados índices de capitalização. Embora também pudessem ser denominados "requisitos de patrimônio líquido", é comum chamar o patrimônio líquido dos bancos de "capital".[28]

Como já mencionamos, talvez se suponha, à primeira vista, que impor requisitos de capital não seja assim tão difícil. Parece que os reguladores só precisam concordar quanto a um índice de capitalização suficientemente alto e obrigar os bancos a cumprir a nova determinação. Infelizmente, instituir requisitos de capital mínimos que restrinjam a tomada de riscos excessivos não é tarefa fácil.

Para ter eficácia, os requisitos de capital precisam considerar o grau de risco dos ativos dos bancos. Para concluir que requisitos de capital genéricos são inadequados, basta considerar como os bancos se comportam como emprestadores. Quando avaliam se um tomador é confiável e saudável do ponto de vista financeiro, precisam considerar não só o índice de capitalização, mas outros fatores, como o setor de atividade do tomador. Além disso, os bancos, em geral, incluem cláusulas em seus contratos de empréstimo que vão além de simples requisitos de capital. Esses dispositivos podem proibir, por exemplo, o uso do empréstimo para investimentos especulativos no mercado de ações. Ao conceder empréstimos, os bancos não se limitam a impor índices de capitalização.

Do mesmo modo, impor aos bancos requisitos de capital que simplesmente determinem certo índice de capitalização é simplista demais. Esses requisitos não levam em conta as dimensões do risco dos ativos do banco. Lembre-se de nosso exemplo, neste capítulo, da tomada de riscos excessivos. Se você fosse obrigado a cumprir um índice de capitalização de 40%, evitaria tomar riscos excessivos. Suponha, contudo, que pudesse escolher outro projeto — o Projeto 3 — que acenasse com retornos de +100% ou −100%. Considerando essa nova opção, um índice de capitalização de 40% já não seria suficiente. Agora, o índice de capitalização mínimo deveria ser de pelo menos 80% para desencorajar a tomada de riscos excessivos.[29]

Os elaboradores do Basileia I consideraram essa dificuldade ao introduzir o conceito de risco ponderado. *Requisitos de capital ponderados pelo risco* significam que é preciso aumentar o capital próprio se seus ativos são mais arriscados. Portanto, em nosso exemplo, os bancos seriam obrigados a ter mais capital próprio se a empresa tomadora do empréstimo escolhesse o Projeto 3 em vez do 2. Na hipótese de escolha do Projeto 1, a exigência de capital seria menor.[30]

Requisitos de capital ponderados pelo risco exigem regulação bancária demasiado complexa. O mundo real oferece mais de três projetos com riscos bem definidos. Os bancos podem investir em milhões de ativos diferentes. É muito difícil para o regulador atribuir pesos razoáveis a todos eles. Aplicar em âmbito internacional requisitos de capital ponderados pelo risco não é, de modo algum, tarefa fácil.[31]

Infelizmente, os esforços dos reguladores não produziram os resultados esperados. O Basileia I não contribuiu para um novo período de estabilidade bancária. A frequência e a gravidade das crises financeiras continuaram a aumentar.[32] Algo aconteceu que solapou os esforços dos reguladores: a revolução digital.

PARTE 2

Atividades bancárias na era digital

CAPÍTULO 4

A diferença entre atividades bancárias e bancos

Começamos a Parte 1 demonstrando a necessidade de atividades bancárias na era industrial. Elas conciliam as necessidades de tomadores e emprestadores, possibilitando o desenvolvimento do crédito. Ao explicar os mecanismos das atividades bancárias tradicionais, mostramos que os bancos aproximam tomadores e emprestadores, criando moeda interna na forma de depósitos. Analisamos, então, os problemas decorrentes das atividades bancárias tradicionais e discutimos as várias medidas adotadas para controlar esses problemas.

Por enquanto, propor o fim das atividades bancárias parece infundado. Elas sustentam as economias intensivas em capital, as garantias dos governos evitam pânico bancário, e a regulação bancária pode atenuar os efeitos colaterais indesejáveis delas. Na verdade, as atividades bancárias foram uma maneira sensata de organizar o sistema financeiro na era industrial.

Porém a mesa está virando, com a entrada em cena da tecnologia da informação moderna. A Parte 2 deste livro é sobre como a revolução digital desestruturou o equilíbrio delicado entre atividades bancárias, garantias do governo e regulação bancária, e como as atividades bancárias acabaram fugindo ao controle. O que fazer, considerando a situação na era digital, é o objeto da Parte 3.

Lembre-se dos mecanismos das atividades bancárias tradicionais. Os bancos concedem empréstimos e geram depósitos. Todas as transações são registradas em um único balanço patrimonial. Os elementos-chave são empréstimo, reserva de liquidez, depósito e patrimônio líquido. Um único balanço patrimonial é suficiente para operar as atividades bancárias tradicionais. Além do conhecimento do método das partidas dobradas, você só precisa de papel e lápis.

Na era industrial, os bancos relutavam em complicar seu modelo de negócios. As relações financeiras tinham de ser registradas e reconciliadas no papel. Todas as transações tinham de ser confirmadas com a contraparte, por meio de telefonemas e cartas físicas. Transferir um contrato de crédito de um balanço patrimonial para outro era dispendioso; exigia esforço manual e gerava muita papelada. O crédito era imóvel na era industrial, e os bancos operavam voluntariamente em configurações simples e confinadas.

Considerando que a tecnologia disponível limitava em grande parte as atividades bancárias aos balanços patrimoniais dos bancos, os governos conseguiam controlar os problemas das atividades bancárias. Por um lado, garantiam os depósitos, de modo que os bancos não mais precisassem conviver com a ameaça constante de corridas dos depositantes para sacar seus depósitos. Por outro, os governos regulavam rigorosamente tudo o que acontecia no balanço patrimonial dos bancos. Eles de fato conseguiam evitar que os bancos abusassem das garantias tomando riscos excessivos.

A era digital e o surgimento das atividades bancárias paralelas

O desenvolvimento da tecnologia da informação, na década de 1970, marcou o início da revolução digital. Os computadores substituíram as máquinas de escrever, e a transmissão de informações migrou dos canais analógicos para os digitais. Por sua vez, as instituições financeiras passaram a registrar créditos em contas eletrônicas e a gerenciar pagamentos em sistemas eletrônicos. Também automatizaram suas operações de apoio e começaram a promover suas atividades comerciais com ferramentas eletrônicas. Os bancos agora eram capazes de manejar estruturas financeiras mais complexas e dinâmicas, com múltiplas camadas de balanços patrimoniais. A revolução digital mobilizou o crédito.[1]

O advento da revolução digital significou que as atividades bancárias não mais estavam restritas à maneira tradicional de registrar e gerenciar moeda e crédito. A tecnologia da informação oferece muito mais opções que simplesmente manter os empréstimos no balanço patrimonial até o vencimento. Os bancos se tornaram capazes de fatiar, picar e redistribuir o crédito, através de uma cadeia de balanços patrimoniais, a custos desprezíveis.

E, assim, os bancos exploraram ao máximo as novas oportunidades. O começo da revolução digital foi acompanhado pela ascensão das *atividades bancárias paralelas*. Esse termo é usado, sem muita consistência, para descrever uma ampla variedade de instituições e redes financeiras. Neste livro, eu o adoto exclusivamente para denotar a criação de moeda por meio do crédito, fora do setor bancário tradicional.[2] O adjetivo "paralelo", aqui, refere-se a atividades bancárias executadas na sombra, ou seja, fora dos holofotes dos reguladores bancários. A Figura 4.1 mostra o volume de passivos das atividades bancárias tradicionais e paralelas entre a década de 1950 e 2010. Antes de 1970, as atividades bancárias paralelas quase não existiam. No começo da crise financeira de 2007-8, já eram mais importantes que as tradicionais.

A revolução digital possibilitou sua ascensão, mas não explica por que são tão atraentes a ponto de acabar superando o modelo das atividades bancárias tradicionais ao longo de três décadas. Afinal, os bancos que persistissem no modelo anterior também iam se beneficiar com a substituição das máquinas de escrever pelos computadores. Então o que explica a ascensão vertiginosa das atividades bancárias paralelas?

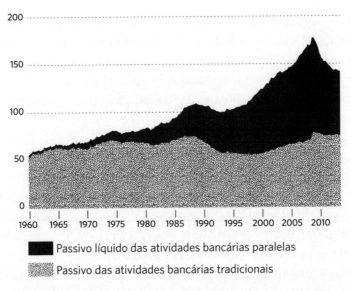

■ Passivo líquido das atividades bancárias paralelas
▨ Passivo das atividades bancárias tradicionais

Fonte: Adrian, Covitz e Nellie (2014) e Federal Reserve Flow of Funds. Observe que as atividades bancárias paralelas são executadas através de diferentes balanços patrimoniais. A figura deve ser interpretada apenas como uma aproximação do verdadeiro tamanho das atividades bancárias paralelas. Para uma análise dos dados usados, ver Pozsar et al. (2010, pp. 7-9).

Figura 4.1. O passivo dos bancos e das instituições de atividades bancárias paralelas ao longo do tempo como porcentagem do PIB.

O problema de fronteira da regulação financeira

As origens das atividades bancárias paralelas na década de 1970 sugerem os motivos da migração das atividades bancárias para a sombra. Naquela época, os bancos tradicionais estavam sujeitos a um teto nas taxas de juros que podiam oferecer aos depositantes, denominado *regulação Q*. Isso era inconveniente para os bancos, uma vez que os impedia de atrair depósitos dos clientes, sobretudo em períodos de alta inflação.

Na época, surgiu uma nova forma de instituição financeira, que oferecia algo muito semelhante aos depósitos bancários: os fundos de investimento em renda fixa (MMMF). Eles emitiam contratos semelhantes a depósitos no lado do passivo e mantinham contratos de crédito de baixo risco e de curto prazo no lado do ativo do balanço patrimonial. Como os MMMF *não emitiam depósitos, no sentido legal, não eram considerados bancos*. Desse modo, não estavam sujeitos ao teto de taxa de juros, podendo oferecer retornos mais elevados que os bancos.[3]

Os MMMF eram uma alternativa atraente, porque não estavam sujeitos à regulação bancária. Mas eles *são apenas uma parte* das atividades bancárias paralelas. Na década de 1970, surgiram novas instituições financeiras que, em conjunto, prestavam atividades bancárias — criando moeda por meio do crédito — sem estar sujeitas à regulação bancária. Ao mesmo tempo, as atividades bancárias paralelas possibilitavam que os bancos contornassem a regulação bancária.

Requisitos de capital do tipo Basileia I fracassaram porque regulavam os bancos, não as atividades bancárias. Os bancos transferiam ativos para balanços patrimoniais remotos, ao mesmo tempo que mantinham o risco econômico. Também desenvolviam as relações com os balanços patrimoniais remotos, de modo que os requisitos de capital não se aplicassem aos ativos lá mantidos. Em consequência, contornavam os requisitos de capital e aumentavam a tomada de riscos, sem arriscar a própria pele. Esse comportamento é denominado *arbitragem do capital regulatório*.[4]

Um documento de trabalho do Comitê de Supervisão Bancária de Basileia explicou que "o volume de arbitragem do capital regulatório é grande e está aumentando rapidamente, sobretudo entre os maiores bancos [...] há indícios de que, em muitos casos, o efeito [das securitizações] é aumentar o índice de capitalização aparente dos bancos, em relação ao seu efetivo grau de risco".[5] Em outras palavras, para evadir os requisitos de capital, os bancos se asseguram de que os riscos, à primeira vista, desapareçam de seus balanços patrimoniais. O estudo conclui que "com o passar do tempo, os bancos aprenderam a explorar a natureza superficial e perfunctória dos requisitos [...] para alguns, essa característica provavelmente começou a solapar o significado e o propósito dos requisitos".[6] O documento de trabalho citado deixa claro que até mesmo os elaboradores do Basileia I tinham plena consciência de que seus esforços para regular os bancos haviam fracassado.

A capacidade dos bancos de contornar as restrições constitui o *problema de fronteira da regulação financeira*.[7] Esse é um conceito que se aplica a todo setor regulado. Sempre que uma empresa é obrigada a cumprir certas restrições regulatórias que envolvem custos, ela se sente tentada a contornar as restrições.

Os donos de uma empresa química, por exemplo, talvez não gostem de certas normas ambientais que reduzem seus lucros. Assim, procurarão maneiras de contornar a regulação, como fazem os bancos. No entanto, contornar regulações na economia real é dispendioso, pois as empresas lidam com objetos físicos. Uma empresa química provavelmente terá de fechar a fábrica e remontá-la em outro lugar, para circum-navegar as normas indesejáveis.

Os impedimentos físicos para contornar a regulação se aplicam em extensão muito menor aos bancos. As atividades bancárias ocorrem dentro do sistema financeiro, que é virtual. Atividades bancárias fora dos bancos — e o problema de fronteira da regulação financeira — sempre existiram.[8] Antes da ascensão da regulação financeira, porém, os bancos ainda enfrentavam obstáculos técnicos ao transferir seus negócios para outros lugares. Movimentar contratos financeiros através de balanços patrimoniais era dispendioso e exigia esforço manual.

A revolução digital removeu esses obstáculos. Com a tecnologia da informação em mãos, os contratos financeiros podem ser transferidos de uma entidade para outra apenas com alguns cliques no mouse ou uns poucos toques no teclado. Os bancos podem ajustar com rapidez a estrutura de seu balanço patrimonial e deslocar ativos financeiros entre balanços patrimoniais. A tecnologia da informação ofereceu a eles ampla variedade de ferramentas para substituir as atividades reguladas por não reguladas, que atendam aos mesmos propósitos econômicos.[9]

As técnicas financeiras das atividades bancárias

Para compreender a crise financeira de 2007-8 é preciso entender a mecânica básica das atividades bancárias paralelas. Com essa finalidade, devemos ampliar nosso entendimento das atividades bancárias, além do âmbito das atividades bancárias tradicionais.

Lembre-se de que a criação de moeda interna na forma de depósitos bancários constitui as atividades bancárias tradicionais. Quando os analisei, chamei a atenção para as três características de como os depósitos bancários constituem moeda interna. Primeiro, eles apresentam a mesma divisibilidade da moeda externa, ou seja, têm a mesma denominação da moeda externa, ou dinheiro corrente. Segundo, são percebidos como livres de risco. Terceiro, têm a mesma liquidez da moeda externa.

As características dos depósitos bancários indicam as condições necessárias para a execução das atividades bancárias em geral. Se o crédito é transformado a ponto de apresentar as três características dos depósitos bancários descritas, ele se torna moeda interna. Essas características definem se um ativo financeiro é moeda interna. O rótulo é irrelevante. Não importa que chamemos de "depósitos", "cotas de MMMF" ou de qualquer outro nome. Se um ativo financeiro é percebido como livre de risco, divisível e líquido, como a moeda externa, ele é moeda interna. Assim, podemos distinguir três tipos de transformações necessárias para a execução de atividades bancárias: as transformações do valor nominal, do risco de crédito e do vencimento.[10]

A transformação do valor nominal por agregação

O valor nominal é transformado por *agregação*. Ela ocorre quando ativos com valores nominais grandes são financiados por passivos com valores nominais pequenos. As instituições bancárias mantêm ativos financeiros com valores nominais grandes no lado do ativo, e então emitem direitos financeiros com valores nominais pequenos no lado do passivo. No caso das atividades bancárias tradicionais, por exemplo, os bancos mantêm os empréstimos no lado do ativo e os depósitos no lado do passivo de seus balanços patrimoniais.

Transformação do risco de crédito

Antes de analisar como o risco de crédito pode ser transformado, observe que o monitoramento, que analisamos na Parte 1, não transforma o risco de crédito, apenas o mitiga. Lembre-se de que ele decorre da possibilidade de que o tomador não tenha condições de pagar o empréstimo (em parte ou no todo). Ele é induzido pela probabilidade de o tomador se tornar inadimplente e pela perda financeira do emprestador se o empréstimo não for pago. Pelo monitoramento, é possível reduzir o risco total na economia, mas não eliminá-lo de todo; o crédito sempre envolve tempo e incerteza, e, portanto, risco.

Ao contrário do monitoramento, as técnicas de transformação não mudam o risco de crédito total, mas redistribuem o existente.[11] As instituições financeiras as usam para distribuir o risco entre diferentes partes interessadas. Na essência, as atividades bancárias removem o risco de crédito dos passivos, que acabam se convertendo em moeda interna. Analisemos em detalhes as quatro diferentes técnicas de transformação do risco de crédito.

Por diversificação

A diversificação é uma técnica financeira elementar. Embora agregação e diversificação sejam conceitualmente diferentes, a agregação é, em geral, um pré-requisito para que os emprestadores diversifiquem o risco de crédito.[12] As instituições financeiras diversificam seus ativos, por exemplo, ao conceder empréstimos a vários tomadores, de modo que as perdas de crédito no portfólio total se tornem menos extremas e mais previsíveis.

Por estruturação

Se uma empresa é totalmente financiada por capital próprio, não há estruturação. Todo o risco no lado do ativo é assumido integralmente pelos proprietários. A partir do momento em que uma empresa financia seus ativos com alguma forma de crédito, dá-se a *estruturação*. Nesse caso, o lado do passivo da empresa compõe-se de dívidas e capital próprio.

O risco inerente aos ativos se distribui de maneira não uniforme entre emprestadores e proprietários. Os proprietários sofrem as perdas primeiro; eles assumem mais riscos que os emprestadores ou credores. Os emprestadores só começam a perder dinheiro depois que o capital próprio se esgota.

A estruturação redistribui o risco de crédito dos emprestadores para os proprietários. Como veremos adiante, o lado do passivo pode ser reestruturado ainda mais — mediante a emissão de dívidas com diferentes preferências de recebimento. Da mesma maneira como os proprietários, os chamados credores quirografários, ou comuns, servem como amortecedor, sofrendo perdas antes dos credores preferenciais, ou privilegiados. Estes últimos são protegidos de algumas perdas pelos proprietários e pelos credores quirografários.[13]

Por oferta de garantia

Lembre-se de que o emprestador pode pedir ao tomador que ofereça garantias. Se o tomador não conseguir pagar integralmente o empréstimo, a garantia pode ser executada, vendida e usada para cobrir as perdas com o empréstimo. Uma vez que o ativo oferecido como garantia era, a princípio, de propriedade do tomador, ele corre o risco de perder o ativo na hipótese de não pagar o empréstimo. A oferta de garantia transfere o risco do emprestador para o tomador.

Por seguro

As instituições financeiras podem obter seguro financeiro de terceiros para os passivos ou o capital próprio que emitem. O terceiro promete compensar ou indenizar as perdas potenciais dos direitos segurados. O seguro transfere o risco de crédito dos detentores dos direitos segurados para o terceiro.

As garantias do governo — na forma da política de emprestador de última instância ou de seguro de depósito — se incluem nessa categoria. Num regime monetário fiduciário, o banco central pode emitir tanta moeda externa quanto for necessária para manter as garantias bancárias. Os detentores de direitos segurados pelo governo podem antecipar o recebimento de todo o valor nominal prometido.[14]

Diversificação, estruturação, garantia e seguro podem criar passivos e ações ou cotas de capital próprio muito seguros. Não podem, entretanto, erradicar o risco. Em um mundo incerto, a diversificação do risco às vezes é ineficaz, em consequência de correlações inesperadas; a estruturação pode ser insuficiente para proteger contra perdas os créditos preferenciais ou privilegiados, as garantias podem perder valor, e as instituições seguradoras podem falir. O risco residual sempre subsiste. Em tempos de tranquilidade financeira, entretanto, as instituições financeiras podem criar créditos que, em geral, são percebidos como livres de risco.[15]

A transformação do vencimento pela oferta de liquidez contratual

A transformação do tamanho do crédito e a remoção de grande parte do risco de crédito não são suficientes para criar moeda interna. Para converter-se em moeda interna, o crédito precisa se tornar tão líquido quanto a moeda. A moeda interna deve ser conversível em moeda externa ao par e a qualquer momento. Para tanto, a técnica financeira da transformação do vencimento precisa ser aplicada até o ponto em que o crédito apresente *liquidez contratual*. Com isso referimo-nos à promessa das instituições financeiras de resgatar o crédito instantaneamente a pedido do emprestador.[16]

Liquidez contratual é conceitualmente diferente de *liquidez de mercado*. Por esta última entende-se a liquidez de um ativo negociado em um mercado. Por que é assim? Os ativos negociados em mercado são vendidos ao preço de mercado, que flutua, dependendo da oferta e da demanda. A liquidez de mercado é o resultado da interação entre os participantes do mercado, que são livres para comprar e vender ativos a qualquer preço que considerem adequado. Em contraste, os créditos que apresentam liquidez contratual podem ser "vendidos" de volta ao tomador, a qualquer momento, a um preço fixo. A liquidez contratual decorre de uma obrigação contratual.[17]

Ao aplicar as seis técnicas financeiras das atividades bancárias — agregação, diversificação, estruturação, garantia, seguro e liquidez contratual —, qualquer empresa com um balanço patrimonial pode criar moeda por meio do crédito. As técnicas não precisam ser aplicadas em um único balanço patrimonial. A tecnologia da informação permite a execução de atividades bancárias através de uma série de balanços patrimoniais interligados. É nisso que consistem as atividades bancárias paralelas.

CAPÍTULO 5

A mecânica das atividades bancárias paralelas

Na virada do milênio, as atividades bancárias paralelas nos Estados Unidos criavam moeda interna numa série de passos, por meio de numerosos balanços patrimoniais. Uma explicação abrangente vai além do escopo deste livro. Por isso foco em dois canais das atividades bancárias paralelas que desempenharam papel importante na crise financeira de 2007-8.[1]

Até nossa breve introdução, porém, é um pouco técnica. Tanto os aspectos técnicos básicos quanto algumas notações são indispensáveis para compreender a crise de 2007-8. Fornecemos um exemplo sintético, no fim do capítulo, que ajuda a compreender os mecanismos envolvidos.

A base das atividades bancárias paralelas é a concessão de empréstimos. Para criar moeda interna, primeiro é preciso oferecer crédito. As atividades bancárias, paralelas e tradicionais, não divergem nisto. Os empréstimos que atuam como "matéria-prima" nas atividades bancárias paralelas foram concedidos por bancos tradicionais ou por outras instituições financeiras. Um empréstimo isolado é, em geral, um tanto arriscado, e a securitização trata dessa questão.

Securitização

A securitização combina três técnicas financeiras de atividades bancárias: agregação, diversificação e estruturação. No primeiro passo, bancos ou outras instituições financeiras estabelecem — em termos financeiros, *patrocinam* — uma empresa de responsabilidade limitada. Nesse contexto, essa empresa é denominada *sociedade de propósito específico* (SPE). Uma SPE é uma entidade legal que não produz nada, não oferece serviço nem emprega ninguém. É apenas um balanço patrimonial remoto que compra um portfólio diversificado de empréstimos sem liquidez da instituição patrocinadora. O lado do ativo do balanço patrimonial da SPE não difere muito do lado do ativo do balanço patrimonial de um banco.

O lado do passivo da SPE, contudo, é diferente do lado do passivo de um banco. A SPE não emite depósitos bancários. Se o fizesse, seria um banco e, em consequência, estaria sujeita à regulação bancária. Em vez disso, a SPE emite dívida na forma de *títulos lastreados em ativos* (ABS, da sigla em inglês para *asset-backed security*), cujo lastro é um portfólio diversificado de empréstimos no lado do ativo.

A instituição financeira que concedeu os empréstimos transformou com sucesso o valor nominal de seus empréstimos sem liquidez; ela os agregou no lado do ativo de uma SPE e emitiu ABS com valor nominal padronizado. Vamos supor que essa instituição financeira queira vender os ABS para levantar dinheiro.[2] Não sabendo muito sobre a qualidade dos empréstimos subjacentes, um comprador potencial talvez relute em comprar os títulos. Ocorre aqui um problema de informação assimétrica entre a instituição patrocinadora que vende os ABS e o potencial comprador.

A instituição patrocinadora enfrenta esse problema com outra técnica financeira. Ela estrutura o lado do passivo da SPE. A instituição patrocinadora tipicamente mantém uma tranche (ou parcela de patrimônio líquido) e, portanto, sofre as primeiras perdas se a qualidade do empréstimo for ruim. O lado do passivo da SPE pode ser estruturado ainda mais mediante a emissão de ABS com diferentes graus de preferência ou privilégio. Em termos financeiros, isso é denominado *trancheamento*, parcelamento ou fatiamento. A tranche com mais alta preferência ou privilégio é atendida primeiro; depois, a com o segundo nível de preferência, e assim por diante.[3] Finalmente, as diferentes tranches de ABS são avaliadas por uma agência de classificação de risco de crédito, para oferecer uma avaliação independente de que a transformação foi bem-sucedida.

Embora a securitização remova os empréstimos do balanço patrimonial da instituição patrocinadora, boa parte da exposição de um ABS ao risco de crédito dos empréstimos continua com a mesma instituição. A instituição patrocinadora geralmente mantém o patrimônio líquido e as tranches com menos preferência; portanto, sofre as primeiras perdas. Nessas condições, a primeira motivação dos bancos ao praticar a securitização não é remover o risco de seus balanços patrimoniais, e sim a arbitragem do capital regulatório. Aí está o problema de fronteira em ação. Contornar os requisitos de capital tem sido um importante incentivo para os bancos tradicionais securitizarem seus empréstimos.[4]

Securitização é o processo de agregação de vários ativos em uma SPE e a emissão de títulos com risco de crédito diferente. Acabei de explicar esse processo com empréstimos no lado do ativo de uma SPE. As instituições financeiras criativas, porém, não se limitam a isso. Todo o processo também funciona com ABS como ativos. As instituições financeiras patrocinam SPEs que agregam vários ABS no lado do ativo. Essas SPEs, então, emitem outro título mobiliário de três letras, denominado *obrigação de dívida garantida* (CDO, da sigla em inglês para *collateralized debt obligation*), no lado do passivo. Enquanto os ABS se lastreiam em empréstimos, as CDO se lastreiam em ABS.

Em geral, tranches mais arriscadas de ABS que, do contrário, teriam permanecido no balanço patrimonial das instituições patrocinadoras são agregadas em CDO. Assim agindo, os bancos podem otimizar ainda mais os requisitos de capital. A securitização pode ser aplicada mais uma vez sobre as CDO. As de alto risco podem ser agregadas a outra SPE. Depois de mais essa rodada de securitização, o novo produto é denominado CDO ao quadrado (CDO²). Repetindo o processo, acaba-se com uma CDO ao cubo (CDO³). A Figura 5.1 ilustra a cadeia de securitização dos empréstimos até o nível CDO².

Não entraremos em mais detalhes aqui.[5] A principal conclusão é que os empréstimos podem ser securitizados. Sejam ABS, CDO, CDO², ou CDO³, sempre se começa com empréstimos para famílias ou empresas. A securitização — agregação, diversificação e estruturação em balanços patrimoniais de SPEs — transforma, então, esses empréstimos em ativos (aparentemente) seguros, enquanto concentra o risco de crédito no patrimônio líquido e nas tranches quirografárias ou comuns (sem privilégios) que são mantidas pelas instituições patrocinadoras (em geral, bancos).

A securitização não costuma transformar vencimentos. Ou seja, ABS e CDO são de longo prazo, assim como empréstimos subjacentes. Ela é apenas o primeiro passo da criação de moeda por meio do crédito; o passo seguinte é a transformação do vencimento.

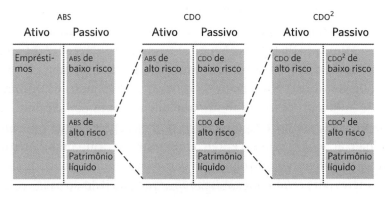

Figura 5.1. Cadeia de securitização.

Acordos de recompra

Falamos pela primeira vez em acordos de recompra (repos) ao analisar os bancos centrais. Os repos são usados não só como instrumento de política monetária, mas também em operações de empréstimos de curto prazo pelas instituições financeiras. Um repo é semelhante a um empréstimo garantido. Há, contudo, uma importante diferença legal: o repo é a venda de um ativo combinada com a compra subsequente do mesmo ativo. Essa diferença aparentemente pequena decorre da regulação da falência. Se um devedor se torna inadimplente, o credor do repo assume imediatamente a propriedade da garantia, sem precisar reivindicá-la no processo de falência. O credor do repo pode vender a garantia instantaneamente no mercado para recuperar sua perda. Já o credor de um empréstimo garantido deve entrar no processo de falência do devedor. A ausência de incertezas legais torna atraentes as operações de repo.

O repo, em geral, é garantido por ativos financeiros de alta liquidez de mercado.[6] Se o devedor se torna inadimplente, o credor do repo pode vender a garantia rápido, sem se preocupar com as condições do mercado. Portanto, o credor do repo exigirá como garantia um título que seja considerado muito seguro, como do Tesouro ou ABS e CDO com alta classificação de risco de crédito.

No entanto, até títulos mobiliários relativamente seguros e líquidos podem perder valor se as condições do mercado se deteriorarem. Nesse caso, a garantia não mais protegerá o credor do repo do risco de crédito. Costuma-se compensar esse problema com o excesso de garantias. Os credores de repo exigem garantias com valor de mercado superior ao nominal do empréstimo. A diferença é denominada *haircut* e é expressa em pontos percentuais. Com *haircut* de 10% e garantia com preço de mercado de cem, o valor efetivo do repo é de noventa.

Ao considerar os repos sob a perspectiva das atividades bancárias paralelas, vemos que têm duas funções. Primeiro, ao aplicar margem de avaliação ao ABS ou à CDO usados como garantia, os repos transformam o risco de crédito. Emprestar via repo com um ABS como garantia é mais seguro que manter o ABS em si. O risco de crédito é quase todo eliminado em tempos de tranquilidade financeira. Segundo, os repos transformam o vencimento. Muitos vencem de um dia para o outro (overnight) e são prorrogados automaticamente por mais um dia, se assim quiser o emprestador. Esse esquema é uma forma de liquidez contratual. Quando os emprestadores decidem retirar o dinheiro, basta parar de prorrogar os repos. Esses empréstimos são muito seguros e apresentam liquidez contratual; o repo dá a sensação de ser quase tão bom quanto dinheiro para o emprestador.[7]

Recapitulemos. Empréstimos sem liquidez são securitizados como ABS e CDO, que podem ser usados como garantia em repos. Ampliando o olhar e observando o panorama geral, constatamos que empréstimos arriscados de longo prazo são financiados por créditos praticamente sem risco, apresentando liquidez contratual. Parece que estamos muito perto de criar moeda por meio do crédito.

Fundo de investimento em renda fixa (MMMF)

Grandes empresas não financeiras, fundos de pensão e pessoas físicas ricas não confiam exclusivamente em depósitos bancários. Além disso, quase nunca participam de repos. Esses investidores compram cotas de fundos de investimento em renda fixa. Os MMMF anunciam suas cotas como livres de risco e resgatáveis a qualquer momento; ou seja, oferecem liquidez contratual. Elas constituem moeda interna. São os contratos de depósito das atividades bancárias paralelas, o que é salientado pelo fato de muitos MMMF oferecerem serviços de pagamento.[8]

Os MMMF são importantes emprestadores via repo.[9] Se alguns investidores quiserem resgatar suas cotas, o gestor do MMMF simplesmente não prorroga alguns repos. Com esse procedimento, o gestor honra o compromisso de liquidez contratual.

Ao contrário dos bancos tradicionais, um MMMF não empresta diretamente, porque isso enfraqueceria sua promessa de vencimento imediato e ausência de risco, além de poder atrair a atenção dos reguladores bancários. Indiretamente, contudo, as cotas de MMMF financiam empréstimos por meio de dois canais, um dos quais acabei de analisar. Na Figura 5.2, visualizamos o primeiro canal das atividades bancárias paralelas.

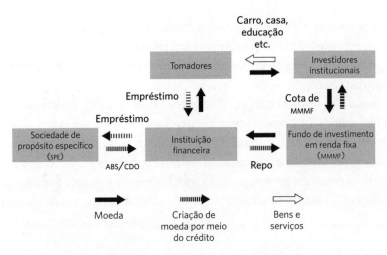

Figura 5.2. Atividades bancárias paralelas: o canal de recompra.

Vejamos agora o segundo canal. Os MMMF investem em outros ativos, além dos repos. Os repos são seguros e têm vencimento curto, mas oferecem retorno baixo. Se os MMMF investissem somente em repos, teriam dificuldade em atrair demanda suficiente por parte dos investidores. Como os bancos, que não esperam que os depositantes retirem o dinheiro ao mesmo tempo, os MMMF não esperam que suas cotas sejam resgatadas ao mesmo tempo. Em consequência, investem parte significativa de seus recursos em ativos um pouco mais arriscados e com prazos um pouco mais longos, como *notas promissórias comerciais lastreadas em ativos* (ABCP, da sigla em inglês para *asset-backed commercial paper*).[10]

Nota promissória comercial lastreada em ativos (ABCP)

Os *canais de ABCP* agregam ABS no lado do ativo e emitem ABCP no lado do passivo de seus balanços patrimoniais.[11] Os ABCP geralmente são avaliados por agências de classificação de risco de crédito. Os canais de ABCP são SPEs, e à primeira vista um canal de ABCP pode ser confundido com uma SPE que emite CDO.

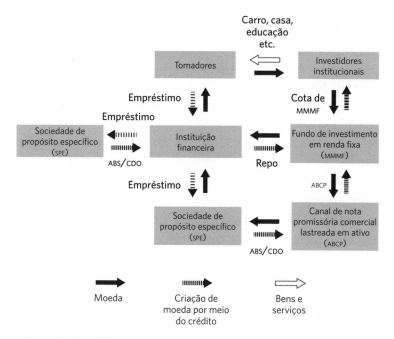

Figura 5.3. Atividades bancárias paralelas: os canais de recompra e de ABCP.

No entanto, as ABCP e as CDO apresentam algumas diferenças fundamentais. Primeiro, as ABCP têm denominações (valores nominais) muito altas.[12] Segundo, muitas ABCP são lastreadas por garantias de crédito implícitas ou explícitas; ou seja, os canais de ABCP são segurados pelas instituições patrocinadoras contra perdas.[13] Terceiro, os canais de ABCP transformam os vencimentos. No fim das contas, eles parecem bancos tradicionais que oferecem depósitos com grandes valores nominais.

A transformação dos vencimentos impõe risco de liquidez. A maioria das ABCP tem vencimento de poucos dias. Em consequência, os canais de ABCP precisam prorrogar continuamente as ABCP para financiar os ativos subjacentes. Para reduzir o risco de liquidez, a instituição patrocinadora fornece garantias de liquidez, além de garantias de crédito. Se o canal não conseguir encontrar novos compradores para suas ABCP, a patrocinadora entra em cena. Desde que as garantias de crédito e de liquidez sejam confiáveis, os MMMF percebem as ABCP como livres de risco e, portanto, como investimentos adequados e atraentes. A Figura 5.3 mostra o segundo canal das atividades bancárias paralelas.

Embora os canais de ABCP removam os ABS do balanço patrimonial dos bancos, as instituições patrocinadoras ainda carregam a principal parcela dos riscos de crédito e de liquidez existentes. Os canais de ABCP, porém, foram legalmente constituídos de modo que os bancos que os patrocinam possam otimizar seu capital regulatório. Os requisitos de capital para fornecer garantias de liquidez e de crédito aos canais de ABCP são mais baixos do que os necessários para manter os respectivos ABS. Mais uma vez, vemos o problema de fronteira da regulação financeira em atuação.[14]

Exemplo sintético de atividades bancárias paralelas

Em comparação com as atividades bancárias tradicionais, as atividades bancárias paralelas são obscuras e complexas. Tive de recorrer a uma sopa de letrinhas para explicar os dois principais canais de atividades bancárias paralelas. É difícil compreender todos os detalhes de imediato. Apresento a seguir um exemplo simples e sintético das atividades bancárias paralelas. Espero que ajude a desbravar sua complexidade.

Lembre-se do exemplo que usamos para explicar as atividades bancárias tradicionais na Parte 1. Vamos considerar a mesma configuração num contexto das atividades bancárias paralelas, com securitização, repos e MMMF. De novo, Alex constitui um banco, investindo oitenta em moeda externa como patrimônio líquido, e Sarah consegue um empréstimo de sessenta.

Na era digital, Sarah não deixa o dinheiro num depósito bancário. Ela tem uma conta num MMMF operado por Michelle e compra sessenta cotas com o valor nominal de um. Michelle promete a Sarah que recomprará as cotas a qualquer momento por um. Para Sarah, as cotas de MMMF parecem tão boas quanto dinheiro.

Mais uma vez, Sarah compra a torrefadora de Ryan. Ele também

1. Sarah obtém um empréstimo e deposita o dinheiro em sua conta de MMMF.

ATIVO	MMMF	PASSIVO		ATIVO	BANCO	PASSIVO	
60	Caixa	Cotas de Sarah	60	20	Caixa		
				60	Empréstimo a Sarah		
						Patrimônio líquido de Alex	80
60	Total	Total	60	80	Total	Total	80

2. Sarah compra a torrefadora de Ryan, usando os serviços de pagamento do MMMF.

ATIVO	MMMF	PASSIVO		ATIVO	BANCO	PASSIVO	
60	Caixa	Cotas de Sarah	0	20	Caixa		
		Cotas de Ryan	60	60	Empréstimo a Sarah		
						Patrimônio líquido de Alex	80
60	Total	Total	60	80	Total	Total	80

3. Alex securitiza o empréstimo de Sarah.

ATIVO	MMMF	PASSIVO		ATIVO	BANCO	PASSIVO	
60	Caixa	Cotas de Sarah	0	20	Caixa		
		Cotas de Ryan	60	54	ABS de Sarah		
				6	Patrimônio líquido da SPE		
						Patrimônio líquido de Alex	80
60	Total	Total	60	80	Total	Total	80

4. Alex toma dinheiro emprestado do MMMF com um repo.

ATIVO	MMMF	PASSIVO		ATIVO	BANCO	PASSIVO	
11	Caixa	Cotas de Sarah	0	69	Caixa	Repo	49
49	Repo	Cotas de Ryan	60	54	ABS de Sarah		
				6	Patrimônio líquido da SPE	Patrimônio líquido de Alex	80
60	Total	Total	60	129	Total	Total	129

Figura 5.4. Criação de moeda pelas atividades bancárias paralelas: parte 1.

tem uma conta no MMMF de Michelle. Sarah e Ryan acham incômodo vender as cotas, trocar dinheiro físico e então comprar cotas de novo. Em vez disso, eles simplesmente pedem a Michelle para transferir a propriedade de sessenta cotas de Sarah para Ryan.

Nesse meio-tempo, Julia informa a Alex que gostaria de um empréstimo de sessenta para expandir sua cafeteria. Embora Alex queira concedê-lo, ele não tem caixa suficiente para atender ao pedido. Em consequência, securitiza o empréstimo de Sarah: patrocina uma SPE e transfere o empréstimo para o lado do ativo da SPE. Ele então estrutura o lado do passivo da SPE em seis de patrimônio líquido e um ABS no valor de 54. Tanto a tranche de patrimônio líquido como o ABS são transferidos para o balanço patrimonial do seu banco.

Alex estruturou a SPE para transformar o risco do empréstimo de Sarah. Protegido pelo colchão de patrimônio líquido, o ABS tem risco de crédito mais baixo que o empréstimo de Sarah. Alex, então, tem o risco de crédito certificado por uma agência. Com uma boa classificação, indicando baixo risco de crédito, o ABS pode ser usado como garantia numa repo para levantar caixa.

Alex liga para Michelle para propor uma transação de repo. Michelle aceita de bom grado, pois tem sessenta ociosos no lado do ativo do balanço patrimonial de seu MMMF. Ambos concordam quanto ao ABS como garantia e quanto ao vencimento overnight. Para Michele, o repo lhe permite investir o dinheiro e ainda cumprir a promessa que fez aos cotistas. Se quiserem resgatar as cotas, ela simplesmente para de prorrogar o repo.

Michelle, porém, está um pouco preocupada. Se Alex der o calote, o ABS perde o valor e ela não recupera suas perdas. Por isso, impõe uma margem de avaliação de 10%, ou seja, empresta só 49 a Alex, usando um ABS com o valor de 54 como garantia. A Figura 5.4 ilustra o que acontece nos balanços patrimoniais do banco de Alex e do MMMF de Michelle.

Na economia do nosso exemplo, agora temos sessenta de moeda interna na forma de cotas de MMMF. Como demonstramos, essas cotas podem ser usadas para fazer pagamentos. Além disso, o banco de Alex tem 69 disponíveis. Ele agora pode conceder o empréstimo

5. Julia obtém um empréstimo e o deposita no MMMF.

ATIVO	MMMF	PASSIVO		ATIVO	BANCO	PASSIVO	
71	Caixa	Cotas de Sarah	0	9	Caixa	Repo	49
49	Repo	Cotas de Julia	60	54	ABS de Sarah		
		Cotas de Ryan	60	60	Empréstimo a Julia		
				6	Patrimônio líquido da SPE	Patrimônio líquido de Alex	80
120	Total	Total	120	129	Total	Total	129

6. Julia compra a torrefadora Ryan, usando os serviços de pagamento do MMMF.

ATIVO	MMMF	PASSIVO		ATIVO	BANCO	PASSIVO	
71	Caixa	Cotas de Sarah	0	9	Caixa	Repo	49
49	Repo	Cotas de Ryan	120	54	ABS de Sarah		
		Cotas de Julia	0	60	Empréstimo a Julia		
				6	Patrimônio líquido da SPE	Patrimônio líquido de Alex	80
120	Total	Total	120	129	Total	Total	129

7. Alex securitiza o empréstimo de Julia.

ATIVO	MMMF	PASSIVO		ATIVO	BANCO	PASSIVO	
71	Caixa	Cotas de Sarah	0	9	Caixa	Repo	49
49	Repo	Cotas de Ryan	120	54	ABS de Sarah		
		Cotas de Julia	0	54	ABS de Julia		
				12	Patrimônio líquido da SPE	Patrimônio líquido de Alex	80
120	Total	Total	120	129	Total	Total	129

8. Alex toma dinheiro emprestado do MMMF com um repo.

ATIVO	MMMF	PASSIVO		ATIVO	BANCO	PASSIVO	
22	Caixa	Cotas de Sarah	0	58	Caixa	Repo	98
98	Repo	Cotas de Ryan	120	54	ABS de Sarah		
		Cotas de Julia	0	54	ABS de Julia		
				12	Patrimônio líquido da SPE	Patrimônio líquido de Alex	80
120	Total	Total	120	178	Total	Total	178

Figura 5.5. Criação de moeda pelas atividades bancárias paralelas: parte 2.

a Julia, que também compra cotas do MMMF de Michelle. Julia liga então para Ryan e compra a torrefadora, transferindo cotas de seu MMMF.

Alex gostaria de conceder ainda mais empréstimos. Ele securitiza o empréstimo de Julia, como fez com o de Sarah. Então transfere o empréstimo de Julia para a SPE e cria um ABS lastreado nele, protegido pelo colchão de patrimônio líquido. Ele obtém uma avaliação de risco de crédito e usa o ABS para tomar mais dinheiro emprestado de Michelle, via repo, com as mesmas condições de antes. A Figura 5.5 torna mais fácil a visualização dos eventos.

Podemos ver que a quantidade de moeda interna aumentou. Depois de duas rodadas, as atividades bancárias paralelas criaram 120 de moeda interna, na forma de cotas de MMMF. Suponha que Valerie seja outra empreendedora que gostaria de obter um empréstimo de sessenta. Depois da segunda rodada de securitização, Alex já não tem condições de concedê-lo. A criação de moeda interna pelas atividades bancárias paralelas não pode prosseguir indefinidamente.

Ao contrário da atual criação de moeda pelos bancos, nenhuma restrição legal, como reservas ou requisitos de capital, limita a criação de moeda interna. As percepções de risco de crédito pelos participantes do mercado determinam o tamanho da fatia de patrimônio líquido na securitização e de margem de avaliação nas transações de repo. É isso que restringe a quantidade de moeda que pode ser criada pelas atividades bancárias paralelas. Quando os colchões de patrimônio líquido e as margens de avaliação são mais baixas, as atividades bancárias paralelas podem criar mais moeda interna.

Como nas atividades bancárias tradicionais, o processo de criação de moeda interna pode se reverter. Vamos assumir que Ryan compre café torrado fresco de Sarah por sessenta. Para tanto, ele transfere sessenta cotas do MMMF de Michelle para Sarah. Ao mesmo tempo, o empréstimo de Sarah vence, e ela pede a Michelle que resgate suas cotas. Michelle para de prorrogar um dos repos que tem em aberto com Alex e levanta 49 em dinheiro. Juntando a essa quantia sua reserva de caixa anterior, ela pode comprar as sessenta cotas de Sarah, ao preço prometido de um. Como Michelle encerrou

9. Ryan compra café recém-torrado de Sarah.

ATIVO	MMMF	PASSIVO		ATIVO	BANCO	PASSIVO	
22	Caixa	Cotas de Sarah	60	58	Caixa	Repo	98
98	Repo	Cotas de Ryan	60	54	ABS de Sarah		
		Cotas de Julia	0	54	ABS de Julia		
				12	Patrimônio líquido da SPE	Patrimônio líquido de Alex	80
120	Total	Total	120	178	Total	Total	178

10. O repo com o ABS de Sarah não é prorrogado.

ATIVO	MMMF	PASSIVO		ATIVO	BANCO	PASSIVO	
71	Caixa	Cotas de Sarah	60	9	Caixa	Repo	49
49	Repo	Cotas de Ryan	60	54	ABS de Sarah		
		Cotas de Julia	0	54	ABS de Julia		
				12	Patrimônio líquido da SPE	Patrimônio líquido de Alex	80
120	Total	Total	120	129	Total	Total	129

11. Alex reverte a securitização e põe o empréstimo de Sarah de volta em seu balanço patrimonial.

ATIVO	MMMF	PASSIVO		ATIVO	BANCO	PASSIVO	
71	Caixa	Cotas de Sarah	60	9	Caixa	Repo	49
49	Repo	Cotas de Ryan	60	60	ABS de Sarah		
		Cotas de Julia	0	54	ABS de Julia		
				6	Patrimônio líquido da SPE	Patrimônio líquido de Alex	80
120	Total	Total	120	129	Total	Total	129

12. Sarah resgata suas cotas de MMMF e paga o empréstimo.

ATIVO	MMMF	PASSIVO		ATIVO	BANCO	PASSIVO	
11	Caixa	Cotas de Sarah	0	69	Caixa	Repo	49
49	Repo	Cotas de Ryan	60	0	ABS de Sarah		
		Cotas de Julia	0	54	ABS de Julia		
				6	Patrimônio líquido da SPE	Patrimônio líquido de Alex	80
60	Total	Total	60	129	Total	Total	129

Figura 5.6. Destruição de moeda pelas atividades bancárias paralelas.

o repo, Alex tem agora o respectivo ABS sob sua custódia. Como o empréstimo venceu, ele reverte a securitização. Sarah paga o empréstimo, e a quantidade de moeda interna diminui. A Figura 5.6 mostra os passos de destruição de moeda.

Nosso exemplo salienta dois aspectos das atividades bancárias paralelas que são inerentes a todas as formas de sistemas bancários. O primeiro é a atuação de um multiplicador de moeda que depende da percepção do risco de crédito pelos participantes do mercado financeiro. No caso do primeiro canal das atividades bancárias paralelas, as percepções de risco se materializam no tamanho do colchão de patrimônio líquido necessário para a securitização e no tamanho da margem de avaliação aplicada pelos emprestadores via repo. Durante os anos de prosperidade anteriores à crise financeira de 2007-8, as margens de avaliação de ABS às vezes caíam a 0%, e tranches de ABS mais arriscadas eram securitizadas em CDO que também podiam ser usadas em transações de repo. Esses níveis baixos de proteção permitem rápida expansão do crédito e da moeda interna. Em nosso exemplo, Alex não estaria sujeito a restrições de caixa depois de ter concedido empréstimos a Sarah e a Julia. Valerie poderia ter obtido um empréstimo do banco de Alex, e mais moeda interna teria sido criada.

Segundo, o círculo virtuoso de criação de moeda pode se tornar vicioso. As atividades bancárias paralelas apresentam as mesmas debilidades das atividades bancárias tradicionais. Se muitos cotistas de MMMF e emprestadores via repo "sacarem" ou retirarem seu dinheiro de uma vez, pode haver pânico nas atividades bancárias paralelas. Afinal, a fraqueza fundamental das atividades bancárias é a mesma. Todas as atividades bancárias estão sujeitas a corridas a bancos e a pânicos bancários. Sem garantias do governo, era apenas uma questão de tempo para que ocorresse um desequilíbrio nas atividades bancárias paralelas: a crise financeira de 2007-8.

CAPÍTULO 6

A crise financeira de 2007-8

Os mecanismos das atividades bancárias paralelas são opacos e herméticos. Não admira que os reguladores não tenham percebido a ameaça do pânico bancário. Sua negligência explica em parte por que a estrutura regulatória vigente às vésperas da crise financeira de 2007-8 não foi adequada para prevenir o pânico nas atividades bancárias paralelas.

A estrutura regulatória

Os reguladores não viram nenhuma necessidade de regulação das atividades bancárias paralelas antes da crise. Argumentavam que, sem garantias bancárias explícitas, a ameaça de falência imporia "disciplina de mercado" suficiente às instituições financeiras que operavam fora do setor bancário regulado. Na medida em que a securitização e os canais de ABCP aparentemente afastavam o risco de crédito dos bancos, a inovação financeira era percebida como um fator de estabilização do sistema financeiro e da economia.[1]

Entretanto, até os reguladores mais otimistas reconheciam que as exigências de capital do Basileia I perderam boa parte de sua eficácia.[2] Os bancos removiam ativos de seus balanços patrimoniais, mas mantinham grandes parcelas do risco. Os reguladores tentaram atualizar os requisitos de capital para responder à maneira como os bancos tradicionais operavam na era digital. Esses esforços resultaram no segundo Acordo de Capital de Basileia, denominado Basileia II.[3]

O princípio norteador do Basileia II era que os requisitos de capital dos bancos deveriam depender dos "verdadeiros" riscos operacionais, de mercado e de crédito. O Comitê de Supervisão Bancária de Basileia introduziu várias mudanças na metodologia de ponderação do risco para alcançar esse resultado. Primeiro, induziu os bancos a desenvolver sistemas internos sofisticados para controle de riscos. Segundo, refinou os requisitos de capital para ajustá-los à securitização e às garantias fornecidas ao setor de atividades bancárias paralelas. Finalmente, atribuiu mais poder às agências de classificação de risco de crédito.

O texto original do Basileia II contém mais de trezentas páginas. Várias atualizações, emendas e diretrizes nacionais foram acrescentadas ao documento inicial — milhares de páginas ao todo. A complexidade da regulação bancária explodiu. A implantação e a supervisão de normas altamente sofisticadas exigiram enormes esforços por parte de funcionários altamente qualificados em ambos os lados — bancos e reguladores.[4]

Observe que, embora o Basileia II tenha entrado em vigência somente pouco antes da crise financeira de 2007-8, os bancos começaram a aplicá-lo mais cedo. Muitas das medidas sugeridas pelo Basileia II já estavam sendo observadas no começo da crise, mas não foi possível evitar o curso dos eventos devastadores. Além disso, o Basileia II produziu algumas consequências não intencionais que afetaram o desenrolar da crise.

"Pescoços" insuficientes em risco

Como mencionamos, o Basileia II estimulou os bancos a desenvolver sistemas sofisticados de gestão de riscos. Permitir que usassem as próprias ferramentas para determinar seus requisitos de capital, porém, revelou-se quase equivalente a deixar que os bancos decidissem por si próprios seus níveis de capital. A regulação bancária não pode se basear na colaboração de bancos que desfrutam de garantias do governo, uma vez que, nessas condições, eles tendem a assumir tanto risco quanto possível. O então presidente da FDIC descreveu assim a situação: "Seria como um jogo em que cada um segue suas próprias regras. Há fortes razões para acreditar que, deixados por conta própria, os bancos manteriam menos capital, e não mais, do que seria prudente".[5]

Não admira que o Basileia II tenha reduzido a eficácia dos requisitos de capital dos bancos, em comparação com o Basileia I. Em 2006, o Banco de Compensações Internacionais publicou um estudo de impacto quantitativo. Ficou claro que o Basileia II acarretara reduções nos requisitos de capital: "Os resultados do estudo de impacto quantitativo para os países do G10 mostram que os requisitos de capital mínimo sob o Basileia II [...] diminuiriam em comparação com os do acordo vigente".[6] Um estudo do FDIC previu "grandes reduções percentuais nos requisitos de capital baseados no risco" se o Basileia II fosse adotado na íntegra pelos bancos dos Estados Unidos.[7] O Basileia II obviamente não alcançou seu principal objetivo; os bancos passaram a manter ainda menos patrimônio líquido. Infelizmente, transferir parte da gestão de riscos às agências de classificação tampouco surtiu os efeitos almejados.

Falhas na classificação de risco de crédito

Na era industrial, as agências de classificação de risco de crédito forneciam avaliações independentes de países e empresas. Isso é oneroso, e alguém deve pagar a conta. Até a década de 1970, o investidor pagava. O progresso tecnológico, entre outros fatores, forçou as agências a mudar seu modelo de negócios, de modo que o emitente passou a pagar.[8]

Isso implica um conflito de interesses. Quem paga o serviço de classificação de risco de crédito está mais interessado em uma avaliação otimista que em uma exata. O conflito de interesses é mitigado pelo efeito da reputação, um ativo valioso para as agências de classificação de risco de crédito. Se elas sempre apresentarem avaliações otimistas, perdem a confiança dos investidores. Suas avaliações deixam de ser percebidas como úteis, e os emitentes de títulos deixam de pagar por seus serviços.

Dependendo da solução de compromisso entre os lucros de curto prazo de agradar um emitente e os custos de longo prazo dos danos à reputação, a melhor escolha para as agências de classificação de risco de crédito é persistir na avaliação exata e proteger a sua reputação. As agências aplicaram o modelo em que o emitente paga durante muito tempo, e ele funcionou bem para a avaliação de empresas e países.[9]

No entanto, as avaliações dos produtos de atividades bancárias paralelas — como ABS e CDO — se revelaram gravemente deficientes e ineficazes. As avaliações de países e empresas são mais fáceis de compreender que as avaliações de produtos das atividades bancárias paralelas. Se uma agência de classificação de risco de crédito atribui alta avaliação a uma empresa endividada, com um modelo de negócios inadequado, os concorrentes e outros investidores esclarecidos logo descobrirão que ela é inaceitável.

A complexidade dos produtos de atividades bancárias paralelas dificulta para os investidores avaliar com independência a qualidade da classificação do risco de crédito. Como acabamos de ver, os mecanismos subjacentes são de difícil apreensão. Apenas poucos profissionais da área sabiam o que os produtos de atividades bancárias paralelas envolviam. Era difícil para os leigos julgar a qualidade das avaliações, razão por que as pessoas demoraram muito para descobrir que algumas delas tinham sido seriamente infladas ou estavam otimistas demais.[10]

Quando chegou a hora dos produtos de atividades bancárias paralelas, o trade-off entre lucro de curto prazo e reputação de longo prazo pendeu para os ganhos imediatos. As agências de classificação de risco de crédito se mostraram dispostas a arriscar sua reputação para aumentar a receita com avaliações generosas no mercado lucrativo de produtos das atividades bancárias paralelas.[11] O risco moral abriu caminho até esse negócio.

A Securities and Exchange Commission (SEC), dos Estados Unidos, investigou o papel das agências de classificação de risco de crédito na crise financeira de 2007-8. Ela revelou que as agências avaliaram produtos complexos das atividades bancárias paralelas sabendo que essa prática ia além de seu pessoal técnico e de sua capacidade intelectual. As agências também estavam bem conscientes de que os modelos de avaliação não incorporavam todos os parâmetros relevantes.[12]

O risco moral na avaliação dos produtos de atividades bancárias paralelas resultou em avaliações quase sempre muito generosas. Os emitentes sabiam das deficiências das agências e as exploravam sistematicamente ao conceber novos produtos de atividades bancárias paralelas. Assim, conseguiram obter as avaliações mais altas possível, apesar dos riscos elevados.[13] As agências não avaliavam os verdadeiros riscos econômicos dos produtos.[14]

As agências de classificação de risco de crédito enfatizam que suas avaliações são meras opiniões.[15] Com a entrada em vigor do Basileia II, contudo, essas opiniões se tornaram determinantes oficiais dos requisitos de capital dos bancos. Quanto mais alta fosse a avaliação da segurança de um ativo, menor seria seu peso para a determinação do requisito de capital, e vice-versa.

Quando a crise financeira de 2007-8 estourou, o valor dos produtos das atividades bancárias paralelas caiu com muito mais rapidez do que seria de esperar, com base nas respectivas avaliações. O patrimônio líquido destacado pelos bancos para compensar essas perdas foi insuficiente. A situação levou muitos bancos à beira da falência, ameaçando derrubar todo o sistema financeiro.

Da mesma maneira que estimular sistemas sofisticados de gestão de riscos para determinar os requisitos de capital, integrar as agências de classificação de risco de crédito à regulação bancária se revelou uma má ideia. Para piorar as coisas, o Basileia II gerou ainda mais consequências não intencionais. Talvez a mais problemática de todas tenha sido o impulso ao surgimento de enormes bancos globais.

Benefícios dos grandes bancos com as novas normas

O tamanho dos grandes bancos aumentou drasticamente nos últimos anos, e o setor bancário se tornou mais concentrado do que nunca. O número de bancos dos Estados Unidos foi reduzido quase à metade, de mais de 12 mil em 1990 para cerca de 7 mil em 2009. A participação dos quatro maiores nos ativos totais dos bancos aumentou de cerca de 14% para mais de 40%, de 1992 a 2009.[16] Hoje, poucos atores dominam o sistema financeiro global. Duas medidas regulatórias encorajaram esse desenvolvimento: o seguro de depósito e o Basileia II.

O efeito do seguro de depósito sobre a concentração do mercado de bancos é indireto. Em negócios, como na vida cotidiana, alguns projetos dão certo e outros não. Em consequência, alguns bancos quebram por várias razões. Se fossem empresas não bancárias, pediriam falência e a vida prosseguiria. Para os bancos com depósitos segurados, contudo, as coisas são diferentes.

Para minimizar os custos de lidar com falências bancárias, a FDIC às vezes incorpora bancos falidos a bancos financeiramente saudáveis. Parece boa ideia, uma vez que desdobrar todas as posições de um banco é um processo dispendioso e, não raro, litigioso, podendo se estender durante anos. A incorporação pelo banco estável atenua esses custos.[17] Se, porém, incorpora-se reiteradamente bancos falidos a bancos saudáveis, é inevitável que se acabe com menos bancos cada vez maiores e em menor número.

Enquanto o seguro de depósito levou à consolidação bancária e, em consequência, a bancos cada vez maiores e em menor número, o Basileia II criou uma vantagem competitiva para os grandes bancos. Apenas eles eram capazes de criar e manter sistemas internos de gestão de riscos. Centenas de pessoas qualificadas, como advogados, contadores e gestores de risco quantitativo, são necessárias para calcular os requisitos de capital, com base na abordagem de avaliação interna. O Basileia II ainda permitia que os bancos usassem a abordagem padronizada, que não exigia sistemas internos de gestão de riscos. A abordagem padronizada, contudo, resultava em maiores requisitos de capital.[18] Nessas condições, o Basileia II impunha restrições mais rigorosas a bancos menores, em comparação com as aplicadas a bancos maiores.

Além disso, incentivava grandes bancos a crescer ainda mais, uma vez que os sistemas internos de gestão de riscos geram custos fixos altos. Qualquer que seja a quantidade de ativos, o banco sempre tem que cobrir esses custos. Se adota um sistema de gestão de riscos que efetivamente reduz o capital regulatório, todos os demais ativos adquiridos se beneficiam com a iniciativa. Em termos simples, quando se consegue explorar algumas lacunas regulatórias, fica fácil repetir o truque com todos os itens do balanço patrimonial.

Ampliação dos ciclos de negócios

Mais um item deve ser adicionado à lista de consequências não intencionais do Basileia II. Ele considerou os bancos sob uma perspectiva microeconômica. Os reguladores focaram no banco isolado. A ideia subjacente era que se cada banco estivesse em boas condições o sistema como um todo também estaria. Essa abordagem microeconômica, contudo, acabou por ampliar os ciclos de negócios e solapar a estabilidade do sistema financeiro em sua totalidade.[19]

Os modelos internos de gestão de riscos que foram promovidos pelo Basileia II usam métodos estatísticos para determinar os requisitos de capital. São vários os parâmetros de entrada adotados para ponderar o risco de determinado ativo. Os principais são probabilidade de inadimplência ou calote, perda em caso de inadimplência, exposição à inadimplência e vencimento efetivo. Quanto mais altos forem esses parâmetros, mais elevado será o risco de crédito e, em consequência, mais rigorosos serão os requisitos de capital.[20]

Tipicamente, os modelos internos de gestão de riscos não avaliam a probabilidade de inadimplência nem a perda em caso de inadimplência durante todo o ciclo de negócios, mas em determinado momento. Nos períodos de prosperidade, o modelo indica pouca probabilidade de inadimplência; nos períodos de crise, maior probabilidade de inadimplência. Em consequência, os requisitos de capital são baixos nos bons tempos e altos nos tempos ruins.[21]

No pico de um período de prosperidade, pouco antes que a economia entre em um período de recessão, quando se torna necessário aumentar o colchão de capital para absorver perdas, o requisito de capital atinge seu ponto mais baixo. Em consequência, bancos podem conceder crédito em termos generosos e expandir ainda mais seus balanços patrimoniais. A maior disponibilidade de crédito e de moeda interna amplia o período de prosperidade.

Quando a crise se instala, no entanto, os parâmetros de entrada começam a indicar riscos de crédito mais altos, e os requisitos de capital se tornam mais rigorosos. Os bancos reduzem o endividamento para enfrentar requisitos de capital mais rigorosos. O sistema bancário diminui a oferta de crédito e de moeda interna. A recessão se agrava, e os parâmetros de entrada indicam risco de crédito ainda pior. O círculo virtuoso anterior se converte em círculo vicioso.

Uma cronologia dos eventos

Confirmando o ditado "o que os olhos não veem o coração não sente", alguns especialistas já estavam chamando o longo período de desenvolvimento econômico estável que se iniciara na década de 1980 de *grande moderação*. As atividades bancárias paralelas, porém, estão sujeitas a pânico tanto quanto as tradicionais. O que aconteceu com as atividades bancárias tradicionais em 1907 e na década de 1930 acabaria acontecendo com as paralelas. Mas não vamos nos adiantar. A história da crise financeira de 2007-8 começou com um surto de prosperidade insustentável, provocado pelas atividades bancárias paralelas não reguladas.

O surto de prosperidade das atividades bancárias paralelas

Lembre-se de que as atividades bancárias paralelas transformam crédito arriscado, de longo prazo, em moeda interna. Depois de concedidos, os empréstimos são securitizados em produtos de atividades bancárias paralelas, como ABS e CDO. Eles são então usados em transações repo, ou como lastro na emissão de ABCP. Finalmente, os MMMF compram as ABCP ou se envolvem em repos, e emitem cotas que constituem moeda interna.

As atividades bancárias paralelas — e as atividades bancárias não reguladas em geral — são altamente procíclicas. Nos bons tempos, os preços dos seus produtos são estáveis. Alguém sempre está disposto a comprar ABS e CDO, e também é possível usar esses títulos como garantia em repo, para conseguir liquidez, sempre que for necessário. A estabilidade dos preços deixa os emprestadores via repo à vontade para pedir margem de avaliação mais baixa. De fato, a de muitos títulos caiu a 0% durante o surto de prosperidade das atividades bancárias paralelas. Já observamos que a margem de avaliação no setor de atividades bancárias paralelas desempenha papel semelhante ao dos requisitos de reserva nas atividades bancárias tradicionais. Margem de segurança mais baixa possibilita a criação de mais moeda interna, que, no fim das contas, impulsiona ainda mais o surto de prosperidade econômica.

Como já analisamos, sob o Basileia II, os requisitos de capital se tornam menos restritivos nos surtos de prosperidade econômica. A estabilidade dos preços dos produtos de atividades bancárias paralelas, por exemplo, leva os sistemas internos de gestão de riscos dos bancos a indicar risco de crédito mais baixo. Os bancos, então, podem conceder mais crédito com a mesma quantidade de patrimônio líquido.

Uma vez que os tomadores confiáveis já obtiveram empréstimos, os bancos reduzem seus padrões de concessão com o objetivo de encontrar novos tomadores.[22] Ao embalar esses empréstimos em títulos opacos, de atividades bancárias paralelas, como CDO e CDO^2, que são superavaliados sistematicamente pelas agências de classificação de risco de crédito, as atividades bancárias paralelas conseguem transformar até empréstimos de alto risco em moeda interna.[23]

Enquanto a moeda interna se expande e o crédito é concedido em níveis generosos, a economia real prospera. Quem quiser comprar uma casa, um carro ou adquirir um empréstimo estudantil consegue. E muita gente quer. As pessoas compram imóveis não só para morar, mas também para especular, apostando na alta dos preços. A demanda especulativa impulsiona ainda mais os preços, e as propriedades são usadas como garantia nos financiamentos hipotecários, indicando risco de crédito mais baixo nos sistemas internos de gestão de riscos dos bancos. Além disso, os preços crescentes dos imóveis afetam positivamente a avaliação de crédito dos títulos hipotecários (MBS, da sigla em inglês para *mortgage-backed security*), subconjunto de ABS lastreados em financiamentos hipotecários. Como já sabemos, ambos os efeitos possibilitam a criação de mais moeda interna.

O pânico semeado

Toda bolha financeira acaba estourando. A bolha imobiliária estourou em 2007 nos Estados Unidos, quando os tomadores hipotecários com baixa classificação de risco de crédito, ou subprime, começaram a não pagar seus empréstimos.[24] Se os tomadores cujos financiamentos hipotecários foram estruturados em MBS dão calote, os preços desses títulos caem. O mesmo acontece com os preços de todas as estruturas de CDO que estão ligadas a tomadores inadimplentes. Taxas de inadimplência crescentes acarretaram a queda dos preços de MBS, e de CDO de MBS, e de CDO^2 de CDO de MBS, e de CDO^3 de CDO^2 de CDO de MBS.

Taxas de inadimplência crescentes nos financiamentos hipotecários geraram picos nas taxas de execuções de hipotecas e aumentos na quantidade de imóveis vagos. Por sua vez, o excesso de oferta no mercado imobiliário derrubou os preços. Uma vez que os imóveis são usados como garantia nos financiamentos hipotecários, o declínio nos preços levou muitos deles, até então com garantia integral, a ficar parcialmente sem garantia. Em consequência, os preços dos MBS afundaram ainda mais, na medida em que as garantias já não eram suficientes para proteger os investidores contra o risco de crédito.[25]

Os emprestadores via repo começaram a perceber que os MBS eram mais arriscados do que pareciam durante o surto de prosperidade das atividades bancárias paralelas. Por sua vez, aumentaram os *haircuts* (a diferença entre o valor do imóvel e o valor da garantia). Os tomadores via repo recebiam menos dinheiro ao oferecer MBS como garantia. Para compensar a perda de fundos, tiveram de vender MBS, acelerando ainda mais a queda nos preços. A espiral descendente, caracterizada por preços de garantias decrescentes, *haircuts* crescentes e vendas de imóveis a preços de liquidação, começou a acelerar.[26]

Durante os primeiros dias da crise financeira de 2007-8, muitos especialistas mantiveram a confiança em que só o mercado hipotecário subprime seria afetado.[27] Mas estavam errados. A crise degenerou em pânico, que se espalhou por todo o sistema financeiro. Instituições que perderam as fontes de financiamento de curto prazo tiveram de vender ativos em grande escala. A espiral descendente de preços transbordou para os ABS que nada tinham a ver com os financiamentos hipotecários subprime. Na segunda metade de 2007, o pânico já havia contaminado grande parte do setor de atividades bancárias paralelas. De repente, as instituições financeiras tentaram descartar todo tipo de produtos de atividades bancárias paralelas.[28]

Por fim, os bancos tradicionais também passaram a enfrentar sérios problemas. O financiamento via repo era um importante canal para financiar seus ativos. Quando secou, em consequência dos *haircuts* crescentes e dos preços de garantia decrescentes, os bancos passaram a ter dificuldade em encontrar fontes de financiamento alternativas.

Para piorar as coisas, os bancos tradicionais começaram a enfrentar sérios problemas. O repo era um importante canal para os bancos financiarem seus ativos. Lembre-se de que eles forneciam garantias de crédito e de liquidez aos canais de ABCP, cujos lastros eram ABS. Em face da deterioração das condições do mercado para ABS, os investidores perderam a confiança em ABCP e começaram a vender esses papéis. Os bancos patrocinadores foram forçados a injetar grandes quantias nos respectivos canais de ABCP para cumprir suas promessas de seguro.[29]

Pela primeira vez na era digital, as atividades bancárias entraram a todo o vapor em modo de pânico. A crise financeira de 2007-8 é chamada, às vezes, de *corrida silenciosa aos bancos*.[30] Em contraste com os pânicos bancários anteriores, ninguém fez fila diante dos bancos. O pânico se difundiu entre os participantes do mercado financeiro, em especial bancos, MMMF, hedge funds e grandes investidores. Como os emprestadores via repo ou os compradores de ABCP, também sacaram o dinheiro por meios eletrônicos, deixando de prorrogar o crédito de curto prazo.

As consequências do pânico nas atividades bancárias paralelas, contudo, foram idênticas às tradicionais. Seguiu-se um aperto de crédito, na medida em que as empresas não mais conseguiam obter empréstimos.[31] A moeda interna foi destruída em grande escala, gerando forte contração monetária e ameaça de deflação iminente.[32]

A gigantesca operação de resgate governamental

Com o pânico começando a ameaçar a funcionalidade do sistema financeiro, o Fed entrou em cena como emprestador de última instância. Ele substituiu a liquidez ressecada, até então fornecida pelas atividades bancárias paralelas. Para começar, reduziu sua meta de taxa para os fundos federais.[33] Além disso, começou a emprestar diretamente às instituições financeiras do setor de atividades bancárias paralelas, em especial para corretoras e distribuidoras, como bancos de investimento. Também estendeu o prazo de seus empréstimos: os bancos agora tinham até noventa dias. Os padrões de garantia para esses empréstimos foram atenuados.[34]

Essas medidas se destinavam a resolver os problemas de liquidez nas atividades bancárias tradicionais e paralelas, mas o pânico já tinha ido além da pura crise de liquidez. A rápida queda nos preços dos ABS, MBS e CDO atingiu em cheio os bancos, na medida em que mantiveram em seus livros as tranches mais vulneráveis desses títulos. As perdas foram surpreendentes.[35] Dessa vez, os bancos estavam operando com colchões de patrimônio líquido muito precários, uma vez que estavam minimizando os requisitos de capital do Basileia II. De repente, a ameaça de insolvência pairava sobre muitos bancos. O Bear Stearns foi um dos primeiros grandes a falir, e os reguladores promoveram sua incorporação pelo J. P. Morgan para evitar maior escalada do pânico.[36]

Logo depois que o problema com o Bear Stearns foi "resolvido", outro grande banco começou a tropeçar: o Lehman Brothers. Ao contrário do Bear Stearns, os reguladores o deixaram ir à falência — uma guinada histórica. Antes, era inimaginável que um grande banco de investimento não tivesse condições de cumprir suas obrigações contratuais. Com isso, as pessoas de repente perderam a confiança em todos os bancos.[37]

Houve consequências de longo alcance para as atividades bancárias paralelas, na medida em que os bancos tinham patrocinado muitas entidades e haviam emitido garantias de crédito e de liquidez para os canais de ABCP. Os MMMF logo atraíram a atenção, uma vez que alguns mantinham ABCP com garantias de crédito e de liquidez do Lehman. Ninguém sabia exatamente que MMMF estavam expostos ao Lehman. Em consequência, os investidores do mercado financeiro entraram em pânico e fugiram dos MMMF.

O governo, por sua vez, tinha de garantir todos os passivos dos MMMF, como medida de emergência, embora os MMMF tivessem sido excluídos explicitamente do seguro de depósito. O Fed injetou ainda mais liquidez no sistema financeiro, para conter as corridas aos bancos. As garantias bancárias começaram a se expandir para as atividades bancárias paralelas: instituições financeiras, além de bancos, tiveram acesso ao emprestador de última instância, e as cotas de MMMF — os depósitos das atividades bancárias paralelas — receberam garantias integrais do governo.[38]

Por causa dos eventos catastróficos deflagrados pela falência do

Lehman Brothers, os reguladores não ousaram permitir a falência de nenhum outro grande banco. O governo dos Estados Unidos lançou o programa Troubled Asset Relief Program (Tarp). Ele permitiu que o Tesouro dos Estados Unidos comprasse não só capital próprio dos bancos, mas também produtos de atividades bancárias paralelas. Com a compra direta de ABS e MBS, os preços se estabilizaram e o pânico das atividades bancárias paralelas finalmente foi controlado.[39]

As medidas de política regulatória adotadas durante a crise financeira de 2007-8 foram necessárias. Elas evitaram o colapso total do sistema financeiro, que teria sido um desastre. Apesar dessas ações, no entanto, a crise financeira ainda provocou uma grave recessão, que hoje é chamada de *Grande Recessão*. A renda caiu e o desemprego aumentou dramaticamente.

Além disso, as medidas políticas em si envolveram altos custos. A dívida pública, por exemplo, disparou. Esses custos diretos já foram analisados com muitos detalhes. Os indiretos, porém, são os mais onerosos. A expansão maciça das garantias do governo provavelmente moldará nosso sistema financeiro por décadas vindouras.

CAPÍTULO 7

O sistema financeiro depois de 2008

A gigantesca operação de resgate governamental agravou o estado já disfuncional do sistema financeiro. A mudança regulatória mais perturbadora foi a expansão das garantias do governo sem uma regulação eficaz correspondente. Historicamente, as garantias só se aplicavam aos depósitos dos bancos; a crise financeira de 2007-8, contudo, forçou os reguladores a assumir um papel muito mais amplo.

Atividades bancárias fora de controle

Os governos e os bancos centrais expandiram o escopo das garantias bancárias em duas dimensões. Primeiro, as garantias foram estendidas às instituições financeiras do setor de atividades bancárias paralelas. Da mesma maneira como os governos garantiam a moeda interna criada pelas atividades bancárias tradicionais na primeira metade do século xx, eles agora garantem a moeda interna criada pelas atividades bancárias paralelas. Segundo, as garantias se tornaram totais para os grandes bancos, que desfrutam de plena proteção contra a insolvência. Depois do Lehman, a falência de outra grande instituição financeira se tornou inconcebível. Essas instituições são consideradas, em geral, "grandes demais para ir à falência".[1]

Instituições "grandes demais para ir à falência"

A expressão "grande demais para ir à falência", ou *"too big to fail"*, se tornou amplamente conhecida depois que o FDIC resgatou o Continental Illinois National Bank and Trust Company, em 1984.[2] Trata-se de instituições financeiras que, se quebrarem, deflagarão tumulto maciço nos mercados financeiros. A ameaça dissuade os reguladores de forçar a falência de uma instituição do tipo. Mais de vinte anos depois do resgate do Continental Illinois, a falência do Lehman Brothers confirmou enfaticamente a relevância da questão.

Uma instituição "grande demais para ir à falência" desfruta de garantias para todos os seus passivos, não apenas depósitos. Os participantes do mercado, portanto, se dispõem a emprestar dinheiro com prêmios de risco mais baixos. Eles sabem que seus investimentos, em última instância, estão garantidos pelo governo. Prêmios de risco mais baixos se traduzem em custos de financiamento mais baixos, que por sua vez significam lucros mais altos. Devemos encarar essas garantias como o que realmente são: subsídio para grandes bancos.

Já analisamos como a regulação vigente favorece grandes bancos. Esse subsídio fornece ainda mais incentivos para os bancos crescerem. Já se estimou um subsídio implícito de 700 bilhões de dólares por ano para os 29 bancos mais importantes do mundo, do ponto de vista sistêmico.[3] Para pôr esse número em perspectiva: cada ser humano entrega cem dólares por ano a esses grandes bancos.

Estender as garantias governamentais a todas as instituições desse tipo exacerba os problemas de risco moral.[4] Abastecidos com financiamentos baratos, não importam quais, os emprestadores não têm incentivos para monitorar essas instituições e para evitar que assumam riscos excessivos. Quanto mais tempo convivermos com elas, mais nos acostumaremos com a ideia de que todos os seus passivos são garantidos pelo governo. É uma situação análoga à do seguro de depósito, já analisada. Da mesma maneira como hoje percebemos os depósitos como livres de risco, também perceberemos todas as formas de dívida com instituições "grandes demais para ir à falência" como livres de risco (de contraparte).

Reguladores coniventes

Ao se defrontar com essa situação, os reguladores fizeram o que já tinham feito: começaram a conceber e a aplicar mais regulação bancária. Mais uma vez, eles escolheram os requisitos de capital como ferramenta regulatória preferida. Atualizaram os requisitos de capital na esperança de dissuadir essas instituições de assumir riscos excessivos.

O novo esforço internacional para ajustar a regulação bancária é denominado Basileia III e está tão condenado a fracassar quanto seus antecessores. O Basileia III não chega a enfrentar nenhum dos problemas fundamentais que já identificamos. Ainda se baseia em modelos internos de gestão de riscos, para a ponderação do risco.[5] Os requisitos de capital permanecem ridiculamente baixos.[6] Além disso, o Basileia III aumenta a complexidade da regulação bancária.[7] Finalmente, as atividades bancárias paralelas continuam, em grande parte, incólumes; as regras ainda focam nos bancos, não nas atividades bancárias.

Alguns economistas que estão decepcionados com o Basileia III insistem no aumento radical dos requisitos de capital. Admati e Hellwig atraíram muita atenção com uma defesa retumbante de aumentos drásticos nos requisitos de capital. Eles propõem que se abandonem medidas sofisticadas de ponderação do risco e se adotem requisitos de capital de 20% a 30%. Os índices de capitalização dos bancos eram dessa ordem antes da adoção de políticas de emprestador de última instância e da implantação de esquemas de seguro de depósito.[8]

Infelizmente, Admati e Hellwig não diferenciam "bancos" e "atividades bancárias". Tampouco oferecem soluções convincentes para os problemas de fronteira. Os bancos reagirão a requisitos de capital mais altos, como já o fizeram. Transferirão as atividades bancárias para a sombra, ou seja, para o paralelo. Além disso, surgirão novas instituições financeiras que criarão moeda interna de maneira obscura, para evitar os altos requisitos de capital propostos por Admati e Hellwig.[9]

A crise financeira de 2007-8 comprovou que um setor de atividades bancárias não regulados pode, em pouco tempo, criar moeda interna suficiente para se tornar sistemicamente relevante. Com a relevância sistêmica, vêm as garantias implícitas do governo e, em consequência, custos financeiros mais baixos. Dessa maneira, as instituições financeiras não reguladas ganham forte vantagem competitiva em relação aos bancos, que precisam cumprir os elevados requisitos de capital propostos por Admati e Hellwig. Ao mesmo tempo, a relevância sistêmica tornará o resgate necessário, caso as coisas não deem certo. Acabaremos exatamente onde estamos agora.

Os requisitos de capital têm sido a resposta-padrão de muitos economistas e políticos. Eles ainda querem sujeitar a recompensa das garantias do governo ao jugo dos requisitos de capital. Ao longo dos últimos quarenta anos, porém, a tecnologia da informação transformou o jugo em tirania. Os requisitos de capital não funcionam na era digital.

As instituições cujos passivos são garantidos pelo governo sempre encontrarão maneiras de contornar a regulação, como requisitos de capital. É lucrativo demais assumir riscos excessivos quando as perdas são limitadas. Eis um exemplo de tomada de riscos excessivos que foi impulsionada pelas garantias generalizadas oferecidas às instituições "grandes demais para ir à falência": derivativos.

Tomada de riscos excessivos

Os derivativos são tão antigos quanto os mercados financeiros, e muito deles se prestam a propósitos úteis. A característica definidora de um *derivativo* é derivar, extrair, auferir seu valor de um ativo subjacente. Contratos futuros de milho, por exemplo, derivam seu valor do preço do milho.[10] Não pretendo entrar numa discussão extensa sobre derivativos. Em vez disso, vou salientar a relação crucial entre derivativos e instituições "grandes demais para ir à falência".

Essas instituições podem usar derivativos para perseguir *estratégias de risco de cauda*. *Risco de cauda* é aquele muito improvável, ou seja, que se situa na cauda da distribuição de probabilidade. Essas estratégias geram retorno positivo em tempos normais, às custas de enormes perdas no caso de ocorrência do evento.[11]

Com estratégias de risco de cauda e a certeza de garantias do governo, operadores, gestores e banqueiros recebem os retornos positivos, enquanto o governo entra em cena se necessário. Em consequência, os contribuintes acabam assumindo enormes perdas se o improvável vier a ocorrer. As estratégias de risco de cauda com derivativos contribuíram para o lucro estratosférico dos bancos durante a "era de ouro das finanças", entre 1990 e 2007.[12]

A American International Group (AIG), uma grande seguradora, é um exemplo bem conhecido de empresa que adotava a estratégia de risco de cauda com derivativos. Ela vendia um derivativo chamado swap de crédito (CDS, sigla em inglês de *credit default swap*). Os CDS emitidos pela AIG seguravam os detentores de CDO, principalmente cujos títulos subjacentes eram MBS. Esses CDS pagavam as perdas resultantes em caso de calote do CDO subjacente. Lembre-se de que o CDO é, em si, derivativo de MBS, que, por sua vez, incluem inúmeros financiamentos hipotecários. Em suma, os CDS emitidos pela AIG derivavam seu valor, em última instância, da capacidade de milhares de proprietários de casa própria de pagar seus financiamentos hipotecários.

A AIG segurou um valor nominal superior a 500 bilhões de dólares em títulos hipotecários subprime na esteira da crise financeira de 2007-8. A estratégia de risco de cauda era muito simples: vender seguros e torcer para nunca precisar cumprir a promessa. Quando o evento de cauda ocorreu — a crise financeira de 2007-8 —, a empresa foi à falência em um ano. Seu patrimônio líquido foi insuficiente para cobrir todas as perdas. Depois da experiência com o colapso do Lehman, o governo interveio e resgatou a AIG com injeção de liquidez, para evitar estresse ainda maior no mercado financeiro. A AIG recebeu quase 200 bilhões de apoio temporário do governo.[13]

Esse exemplo demonstra os princípios básicos das estratégias de risco de cauda com derivativos. A AIG só foi capaz de cumprir sua promessa porque o governo dos Estados Unidos ajudou. Os compradores adquiriram derivativos da AIG sabendo que o governo entraria em cena se a empresa viesse a enfrentar graves problemas. As garantias implícitas permitiram que os participantes do mercado de derivativos ignorassem em grande escala o risco de contraparte.[14]

Risco de contraparte é a possibilidade de que a contraparte de um contrato vá à falência e não seja capaz de cumprir sua obrigação; é uma forma de risco de crédito. A maioria dos derivativos envolve risco de contraparte. Se o vendedor de um derivativo vai à falência, o derivativo perde o valor.[15]

Para atenuar o risco de contraparte, os compradores pedem garantias aos vendedores. O comprador e o vendedor concordam quanto ao valor do contrato de derivativo em bases correntes. Então o vendedor — por exemplo, a AIG — oferece a garantia correspondente. Se o vendedor dá calote, a transação de derivativo é desfeita pelo valor acertado, e o comprador pode vender a garantia para receber o dinheiro.[16]

Dessa maneira, parece que o risco de contraparte não é muito significativo em operações com derivativos e que as garantias do governo não são tão relevantes. Não é bem assim. Mesmo calculando diariamente o valor de mercado e ajustando, em conformidade, as garantias, o comprador nunca pode eliminar completamente o risco de contraparte.

Um exemplo esclarece a questão. Suponha que você tenha uma CDO. Para se segurar contra perdas, você compra um CDS sobre o CDO. Esse CDS é garantido por algum título. Suponha que o vendedor de sua proteção em CDS dê calote. Nesse momento, você recebe a garantia, mas ainda tem a CDO original. Como desde o começo queria ter proteção, você não fica satisfeito com a garantia em seu lugar.

Então procura outro vendedor de CDS. Como o primeiro emitente de CDS era decerto uma grande instituição financeira, sua falência gerará estresse em todo o sistema financeiro. Essa situação torna muito difícil, se não impossível, encontrar outra contraparte que esteja disposta a lhe vender outro CDS. Não se pode remover esse tipo de risco de contraparte sistêmico — ou seja, o risco de substituição. Só as garantias do governo o eliminam por completo.[17]

As instituições que vendem derivativos são, em sua maioria, "grandes demais para ir à falência". Os bancos que compraram CDS da AIG sabiam que o governo interviria se ela tivesse problemas. Não estavam muito preocupados com o risco de contraparte. Se os participantes do mercado tivessem de levar em conta o componente sistêmico do risco de contraparte, muitos derivativos não seriam mais atraentes.

No momento, há derivativos não só para a proteção contra calote de crédito, mas também para taxas de juros, moedas, mercadorias e ações. O valor nominal dos derivativos em circulação no fim de 2013 era estimado em 710 trilhões de dólares.[18] É mais de dez vezes o PIB global — ou seja, algo superior ao valor de todos os bens e serviços finais produzidos ao longo de dez anos no planeta. O valor nominal dos derivativos em circulação se multiplicou várias vezes desde 2000. Um dia, outra contraparte de derivativos terá de ser resgatada pelo governo. Considerando que a AIG tem apenas 500 bilhões em valor nominal de CDS em aberto, o que é menos de 0,1% do valor nominal dos derivativos em circulação, o próximo resgate governamental pode apequenar qualquer outro que já tenha ocorrido.

Com o governo garantindo todos os passivos de instituições "grandes demais para ir à falência", preparou-se o palco para um enorme mercado de derivativos. A ampliação em grande escala das garantias do governo fornece um incentivo para a tomada de riscos excessivos, ao passo que a regulação bancária não consegue restringir com eficácia a tomada de riscos pelas instituições bancárias. As atividades bancárias estão fora de controle.

Perda de controle pelos bancos centrais

Enquanto as atividades bancárias fugiam ao controle, os bancos centrais o perdiam. Cada vez mais, ambos lutam na era digital. As ferramentas convencionais dos bancos centrais para conduzir a política monetária foram concebidas na era industrial, quando as atividades bancárias tradicionais predominavam. A ascensão das atividades bancárias paralelas solapou a eficácia da política monetária convencional.

Política monetária convencional e atividades bancárias paralelas

Num sistema bancário, moeda é, primeiro e acima de tudo, moeda interna. A oferta de moeda externa e interna afeta o nível de preços. Nessas condições, a política monetária, que almeja a estabilidade de preços, consiste principalmente em influenciar a criação de moeda interna. Os bancos centrais não podem controlar diretamente a criação de moeda interna. Para tanto, precisam manejar ferramentas que exerçam influência sobre a criação de moeda interna, via *canais de transmissão monetária*.[19]

A política monetária convencional está estreitamente ligada a bancos e à sua demanda por reservas do Banco Central. Os bancos mantêm uma fração de seus ativos em reservas do Banco Central para atender aos pedidos de retirada dos depositantes, liquidar pagamentos com outros bancos e cumprir as exigências legais de reservas. O Banco Central influencia a criação de moeda interna alterando a quantidade disponível de suas reservas. Ao comprar títulos públicos com reservas do Banco Central em operações de mercado aberto, aumenta a quantidade de reservas disponíveis e vice-versa.[20]

No *mercado de fundos federais*, os bancos emprestam reservas do Banco Central uns aos outros, no overnight. A *taxa dos fundos federais* é a taxa de juros que os bancos cobram entre si ao emprestar uns aos outros reservas do Banco Central. Se o Banco Central aumenta a quantidade de reservas disponíveis, a taxa dos fundos federais tende a cair. Do mesmo modo, se o Banco Central diminui a quantidade de reservas disponíveis, a taxa dos fundos federais tende a subir. O Fed anuncia a meta para a taxa dos fundos federais e conduz suas operações de mercado aberto em consonância.[21]

As taxas dos fundos federais, porém, não exercem efeito direto sobre as atividades bancárias paralelas. Nos prelúdios da crise financeira de 2007-8, a moeda interna criada dentro do setor de atividades bancárias paralelas contribuiu significativamente para a oferta de moeda.[22] Os principais determinantes da criação de moeda interna dentro do setor de atividades bancárias paralelas são, entre outros, os preços dos ativos, a volatilidade dos preços dos ativos, a qualidade das garantias e as margens de avaliação dos repos. As operações de mercado aberto e outros instrumentos convencionais de política monetária não exercem impacto direto sobre esses determinantes. Com a revolução digital, a política monetária convencional perdeu muito da sua influência sobre a criação de moeda interna.[23]

Os bancos centrais foram incapazes de se contrapor ao surto de prosperidade insustentável das atividades bancárias paralelas. O aumento firme e constante da meta de taxa dos fundos federais, de 1% em 2004 para 5% no começo de 2007, não inibiu as atividades de empréstimos no setor de atividades bancárias paralelas. O Fed não conseguiu atenuar a expansão maciça da moeda interna.[24] Nem conseguiu evitar a contração drástica da moeda interna, quando a crise finalmente eclodiu. A taxa dos fundos federais foi reduzida até atingir seu limite inferior, igual a 0%, em 2009. Com isso, as dificuldades do Banco Central para conduzir a política monetária aumentaram ainda mais.

O limite inferior zero

Os bancos centrais não podem induzir a taxa dos fundos federais para menos de 0%. Lembre-se de que ela é a taxa de juros que os bancos cobram ao emprestar reservas uns aos outros. Se fosse negativa, um banco que emprestasse hoje reservas do Banco Central receberia de volta amanhã um montante menor. Assim, os bancos começariam a entesourar reservas do Banco Central e parariam de emprestá-las. Para evitar esse comportamento, o Banco Central precisaria cobrar dos bancos juros negativos sobre suas posições em reservas. Se fizesse isso, porém, os bancos poderiam trocar as reservas por caixa. Uma vez que caixa não está sujeito a juros negativos, os bancos não manteriam mais reservas do Banco Central e só teriam caixa. Caixa — ou seja, dinheiro físico — implica *limite inferior zero para as taxas de juros nominais*.[25]

Com a taxa dos fundos federais em zero, os bancos podem obter reservas do Banco Central no mercado de fundos federais sem pagar juros sobre elas. Os bancos não estão mais constrangidos pela liquidez, e as exigências legais de reserva não os estão mais impedindo de conceder empréstimos e criar moeda. Mesmo assim, evitam fazê-lo.

No desfecho da crise financeira de 2007-8, não era a disponibilidade de reservas do Banco Central que inibia a criação de moeda interna. Lembre que a capacidade dos bancos de criar moeda é limitada não só pelas exigências de reserva legal no lado do ativo de seu balanço patrimonial, mas também pelos requisitos de capital, no lado do passivo. A crise destruiu grande parte do patrimônio líquido dos bancos. Para restaurá-lo, eles tiveram de reduzir as atividades de empréstimo, contraindo seu balanço patrimonial.

Embora o Fed tenha reduzido a 0% sua meta de taxa para os fundos federais, os bancos tradicionais não compensaram a queda na quantidade de moeda interna até então fornecida pelas atividades bancárias paralelas. A *oferta de moeda*, ou seja, a moeda externa e a moeda interna consideradas em conjunto, diminuiu durante e depois da crise financeira de 2007-8. A política monetária convencional estava exaurida.

A situação em que ela não consegue estimular empréstimos no limite inferior zero é às vezes denominada *armadilha de liquidez*. Isso pode piorar se os preços começarem a cair, ou seja, com deflação. Manter moeda externa gera retorno real positivo quando os preços caem. Mesmo que as pessoas entesourem moeda, conseguem comprar mais bens e serviços no futuro do que conseguiriam hoje.

Entesourar moeda limita o crédito e os gastos. Nessas condições, inibe-se a criação de moeda interna e se estimulam as tendências deflacionárias.

Política monetária não convencional

A economia poderia ter descambado para uma espiral deflacionária semelhante à da Grande Depressão se os bancos centrais se limitassem a aplicar a política monetária convencional. Eles tinham plena consciência dessa ameaça e rapidamente recorreram a instrumentos não convencionais de política monetária quando a crise começou a se agravar. O Fed, por exemplo, tentou substituir a moeda interna que evaporava, aumentando a quantidade de moeda externa. Lembre que num regime monetário fiduciário os bancos centrais podem criar moeda externa a seu critério. Depois da crise financeira de 2007-8, o Fed efetuou compras vultosas de produtos de atividades bancárias paralelas e de dívidas públicas por meio de reservas recém-criadas do Banco Central. Esse curso de ação é denominado *alívio quantitativo* (*quantitative easing*).

Por um lado, medidas de política monetária não convencionais — como o alívio quantitativo — evitaram que a economia imergisse em uma espiral deflacionária. Por outro lado, os balanços patrimoniais dos bancos centrais se expandiram em níveis sem precedentes. O do Fed, por exemplo, passou de 0,9 trilhão de dólares em setembro de 2008 para 2,2 trilhões de dólares em novembro de 2008. No fim de 2013, seis anos depois do começo da crise, o Fed estava na terceira rodada de alívio quantitativo, e seu balanço patrimonial cresceu ainda mais, chegando a 4 trilhões de dólares.[26]

A quantidade de moeda externa mais do que triplicou desde 2007. Os bancos centrais em todo o mundo ampliaram suas atividades e seus balanços patrimoniais. Embora a deflação tenha sido evitada, as medidas drásticas não reaqueceram os empréstimos nem revitalizaram a criação de moeda interna. Por enquanto, apenas possibilitaram uma recuperação morosa.

Ao contrário da política monetária convencional, a não convencional induziu os bancos centrais a comprar e a manter emissões privadas de crédito. Ao comprar ativos em escala tão ampla, os bancos centrais afetam os preços; ou seja, exercem influência considerável sobre a distribuição da riqueza na economia. A compra em grande escala de MBS, por exemplo, gera um impulso ascendente nos preços. Nesse caso, os detentores de MBS foram os beneficiários das intervenções do Banco Central.[27]

Os bancos centrais também compraram quantidades substanciais da dívida pública para reduzir as taxas de juros. Embora almejassem oficialmente um aumento na oferta de moeda, essas compras também ajudaram os governos a financiar seus déficits. A política monetária não convencional desfocou a distinção entre política monetária e política fiscal.[28]

Politização dos bancos centrais

Embora a distinção entre política monetária e política fiscal possa ser relegada como questão de interesse apenas acadêmico, a realidade não é bem essa. A maneira como o Banco Central aloca seus recursos tem efeitos redistributivos tanto dentro do setor privado quanto entre ele e o público. Quanto maior for o balanço patrimonial do Banco Central, maior será a redistribuição de riqueza.

O potencial dos bancos centrais na redistribuição de riqueza e o papel deles no resgate governamental dos bancos aumentou o poder político dessas instituições. O público percebe corretamente os bancos centrais como atores poderosos na política econômica. Em consequência, os bancos centrais começaram a atrair pressões políticas. O aumento do poder e da discricionariedade dos bancos centrais ameaça sua independência.[29]

Muitos governos estão acumulando déficits fiscais vultosos e insustentáveis para cobrir os custos dos resgates governamentais de bancos e absorver os efeitos da crise financeira de 2007-8. Cada vez mais, políticos tentam influenciar a política monetária para evitar escolhas difíceis, como reduzir gastos públicos e aumentar impostos. Déficits públicos crescentes e politização dos bancos centrais, reduzindo sua independência, dentro de um regime irrestrito de moeda fiduciária, envolvem risco de inflação. Se avançar demais, esse curso de ação pode levar a um colapso total do sistema financeiro.[30]

PARTE 3

Um sistema financeiro para a era digital

CAPÍTULO 8

A superação das atividades bancárias

A Parte 1 deste livro tratou dos méritos e dos problemas das atividades bancárias na era industrial. Na Parte 2, mostramos como eles fugiram ao controle na era digital. Os efeitos disruptivos da tecnologia da informação culminaram na crise financeira de 2007-8. A tecnologia da informação foi o fator que mudou as regras do jogo e que tornou insuperável o problema de fronteira. Não basta, porém, apontar as falhas do atual sistema bancário. Nesta parte do livro, mudo de perspectiva e me volto para as novas possibilidades abertas pela revolução digital, apresentando uma proposta para restaurar o funcionamento do sistema financeiro.

Essa proposta é única porque se baseia nos recursos da era digital. Ela considera sistematicamente os efeitos criativos da tecnologia da informação, sem se sujeitar a seus efeitos disruptivos. Observe, mais uma vez, que não analisaremos a transição do atual sistema bancário para o sistema financeiro que visualizamos. Antes de discutir como chegar lá, primeiro precisamos demonstrar que o objetivo é, de fato, o mais adequado: um sistema financeiro sem atividades bancárias.

O que exatamente queremos dizer com isso? Lembre que serviço bancário é criação de moeda por meio do crédito. Nem todas as atividades executadas pelos bancos se caracterizam como tal e não são apenas os bancos que as prestam. Um *sistema financeiro sem atividades bancárias* é um sistema financeiro que não tem moeda interna. Não significa que não existam instituições financeiras que prestem serviços de pagamento, de orientação sobre investimentos e de gestão de ativos. Também se mantêm as instituições que processam pedidos de empréstimo e oferecem acesso aos mercados de capitais.

A diferença entre sistemas financeiros com e sem atividades bancárias vai se materializar no nível sistêmico. Neste capítulo, vou percorrer as funções das atividades bancárias que eram essenciais na era industrial e explicar por que não precisamos delas na era digital. Hoje, o sistema financeiro pode conciliar as necessidades de tomadores e emprestadores, lidar com informações assimétricas e prestar serviços de pagamento convenientes sem recorrer às atividades bancárias.

Mudar a "configuração" de sistema financeiro mal afeta a maneira como as famílias e os tomadores acessam os serviços financeiros. Tratar dos assuntos financeiros sem atividades bancárias continuará tão conveniente para as famílias e os tomadores quanto é hoje. Mostro como os assuntos financeiros podem ser tratados num sistema financeiro sem atividades bancárias com um exemplo sintético no fim deste capítulo.

No restante da Parte 3, elaboro o esboço de um sistema financeiro sem atividades bancárias. Analiso, em especial, como evitar o ressurgimento das atividades bancárias, como mudar a política monetária em um mundo sem moeda interna e como essas mudanças afetarão a economia em geral. Primeiro, porém, vamos começar com a demonstração de que as atividades bancárias não são mais indispensáveis para conciliar as necessidades de tomadores e emprestadores.

Agregação e diversificação do risco

Lembre-se de como emprestadores e tomadores diferem em suas necessidades referentes a tamanho do empréstimo e a risco de crédito. Por um lado, as empresas preferem grandes empréstimos para financiar máquinas e equipamentos caros para a execução de atividades arriscadas. As famílias que poupam, por outro lado, não podem oferecer aos tomadores empréstimos tão grandes. Além disso, são, em geral, avessas ao risco e não querem ligar sua vida financeira a um único tomador.

As instituições bancárias superam esse conflito agindo como *intermediários financeiros*, que usam balanços patrimoniais de intermediação no exercício de suas atividades. Os bancos tradicionais, por exemplo, mantêm muitos depósitos pequenos no lado do passivo e um portfólio diversificado de empréstimos no lado do ativo.

Um balanço patrimonial de intermediação não redunda necessariamente em atividades bancárias, ou seja, na criação de moeda por meio do crédito. Por exemplo, os *fundos mútuos* são intermediários financeiros não bancários. Eles agregam poupanças de muitas famílias e mantêm um portfólio diversificado de ativos financeiros. A diferença entre fundos mútuos e bancos é a estrutura do lado do passivo. Os bancos emitem capital e depósitos. Os fundos mútuos só emitem cotas, cujo valor flutua; portanto, não constituem moeda interna.[1]

Os empréstimos também podem ocorrer sem intermediação financeira. Fala-se de *empréstimos desintermediados* quando emprestadores e tomadores estabelecem relações de crédito diretas. Meu uso desse termo difere do de outros, que consideram a securitização uma forma de empréstimo desintermediado. Como ela envolve um ou mais balanços patrimoniais de desintermediação, não deve ser enquadrada como empréstimo desintermediado.[2]

Sem um balanço patrimonial de desintermediação, a agregação e a diversificação do risco exigem que tomadores e emprestadores participem de um grande número de relações de crédito. Determinado tomador precisa agregar poupanças de numerosos emprestadores para ser capaz de financiar grandes investimentos, e determinado emprestador precisa emprestar a uma gama de tomadores para diversificar o risco de crédito.

Na era industrial, apenas governos, grandes empresas e investidores institucionais podiam participar de empréstimos desintermediados. Os governos emitiam títulos públicos e as empresas emitiam títulos privados (*corporate bonds*). Títulos privados são contratos de crédito padronizados que em geral prometem pagar o valor nominal no vencimento e juros regulares durante o prazo de vencimento, conforme estipulado. Embora poucas empresas emitam títulos privados, esse mercado é importante. Em 2011, seu valor de capitalização equivalia a 92% do PIB dos Estados Unidos. O número era maior que o valor total dos depósitos bancários na época, que era de 81% do PIB.[3]

Os títulos privados, em geral, são emitidos com denominação de mil dólares e até mais. Esses valores nominais elevados tornam difícil para a família média compor um portfólio de títulos privados com diversificação adequada do risco. Os empréstimos desintermediados inibem a diversificação do risco se as denominações dos contratos de crédito forem grandes demais.

Uma restrição para pequenas denominações (valores nominais) decorre da tecnologia. Na era industrial, as grandes denominações dos títulos privados eram úteis, pois fazia diferença processar o pagamento para milhares ou milhões de emprestadores. Esse não é mais o caso. A tecnologia da informação flexibilizou os limites do número de relações de crédito a ser gerenciadas pelo tomador ou pelo emprestador.

Na era digital, os contratos de crédito podem ser emitidos com denominações muito pequenas. Agora, os empréstimos desintermediados podem oferecer a mesma diversificação do risco proporcionada pelos intermediários financeiros. O mesmo raciocínio se aplica à agregação; os tomadores podem manter relações de crédito com grande número de emprestadores. A intermediação financeira pelas atividades bancárias não é mais necessária para a diversificação do risco e para a agregação.

Observe que os empréstimos desintermediados não exigem que as famílias se tornem especialistas em finanças e dediquem muito tempo à gestão de um portfólio de vários milhares de contratos de crédito. As instituições financeiras oferecerão assessoria financeira às famílias e gerenciarão seus assuntos financeiros. No fim deste capítulo, apresentamos um exemplo de como as finanças das famílias e empresas podem ser gerenciadas sem atividades bancárias.

As plataformas de empréstimos ponto-a-ponto demonstram que os empréstimos desintermediados possibilitam a agregação e a diversificação do risco para famílias e pequenas empresas. Empréstimos ponto-a-ponto são relativamente novos e ainda de baixa relevância do ponto de vista quantitativo, mas estão crescendo em ritmo acelerado. As famílias podem dividir suas poupanças em quantias minúsculas e emprestá-las a milhares de tomadores. Ao mesmo tempo, pequenas empresas e pessoas físicas podem agregar fundos de milhares de emprestadores.[4]

Informações assimétricas e conflitos de interesse

Como os emprestadores poderão confiar em que os tomadores a quem emprestaram dinheiro pagarão de fato a totalidade dos juros e do principal nas datas contratuais? Na Parte 1, apontei as informações assimétricas como um dos problemas associados ao crédito. Os tomadores em geral sabem mais que os emprestadores, o que dá origem ao risco moral. Ao monitorar os tomadores, os emprestadores podem atenuar o problema decorrente das informações assimétricas.

Os emprestadores que usam canais de empréstimo desintermediados não são capazes de monitorar, eles próprios, os tomadores. A diversificação do risco exigiria que um emprestador monitorasse milhares de tomadores. A agregação ainda demandaria que o emprestador coordenasse o monitoramento com milhares de outros emprestadores. O esforço de coordenação e os problemas decorrentes de uns emprestadores trabalharem muito e outros se aproveitarem disso dificultam esse monitoramento.

Em consequência, os emprestadores em geral o passam a um terceiro, o *monitor designado* (*delegated monitor*). No caso de empréstimos entre pares, é o operador da plataforma quem atua como monitor designado. Ele monitora os tomadores e cobra suas dívidas, caso atrasem os pagamentos programados.[5]

Conflitos de interesses em atividades bancárias e empréstimos desintermediados

Será que o monitor designado da plataforma de empréstimos ponto-a-ponto tem os incentivos adequados para controlar os tomadores? Ele não corre riscos, porque seu dinheiro não será afetado se o tomador atrasar os pagamentos. Quem assume todas as perdas é o emprestador. Há um conflito de interesses entre emprestadores e monitores profissionais, e, a princípio, não se sabe até que ponto é possível delegar o monitoramento.[6]

À primeira vista, a série de eventos que ocorreu durante a crise financeira de 2007-8 parece confirmar as preocupações referentes aos monitores designados. Uma narrativa muito popular sugere que a securitização — ou seja, os bancos transferindo empréstimos de seus balanços patrimoniais para o balanço patrimonial de uma SPE — desempenhou papel central na crise, enfraquecendo os padrões de empréstimo dos bancos. A securitização teria permitido aos bancos descarregar os riscos de crédito, a ponto de não terem mais incentivos para monitorar cuidadosamente os tomadores.

Essa versão é intuitiva, mas é falha. Lembre-se de que o principal motivo da securitização era a arbitragem do capital regulatório, não a transferência do risco de crédito dos bancos para investidores desavisados. Os bancos, em geral, mantinham as tranches mais arriscadas da SPE nos próprios balanços patrimoniais e forneciam liquidez e garantias de crédito às ABCP correspondentes à agregação de ABS. A maior parte do risco de crédito permanecia com os patrocinadores, que sofreram grandes perdas durante a crise financeira de 2007-8. Os bancos usaram a securitização para contornar a regulação bancária. A securitização e o relaxamento dos padrões de empréstimo os expuseram ao risco de crédito.[7]

A crise financeira de 2007-8 revelou conflitos de interesses que se manifestaram na avaliação inadequada do risco de crédito dos produtos de atividades bancárias paralelas. Essa falha das agências não comprometeu, contudo, a viabilidade dos empréstimos desintermediados. Como já observamos, securitização não é empréstimo desintermediado.

As agências de classificação de risco de crédito trabalharam tão mal na avaliação dos produtos de atividades bancárias paralelas porque eles foram concebidos deliberadamente para não ser transparentes; ninguém conseguiu acessar os padrões de monitoramento dos empréstimos originais que os lastreavam antes que fosse tarde demais. As agências superavaliaram sistematicamente produtos complexos, como CDO[2], que, em última instância, derivam ou extraem seu valor de milhares de empréstimos a milhares de tomadores. O monitoramento designado em um modelo de atividades bancárias não funciona.[8]

Em um modelo de empréstimos desintermediados, entretanto, é outra história. Ele implica a avaliação de um único empréstimo a um único tomador. Avaliar o risco de crédito individual é muito mais fácil do que avaliar o risco de crédito de um produto de atividades bancárias paralelas, tanto para o monitor designado quanto para o emprestador.

Os títulos privados exemplificam esse fato. As agências de classificação de risco de crédito não estão dispostas a arriscar sua reputação, fazendo avaliações generosas apenas para aumentar sua receita. Na verdade, elas trabalharam bem na avaliação de títulos privados ao longo de todo o século passado. Os mercados de títulos privados passaram no teste do tempo. Se os empréstimos desintermediados não funcionassem, os detentores de títulos privados (investidores) teriam perdido dinheiro durante décadas e abandonado esse mercado muito tempo atrás.[9]

Ao mesmo tempo que os mercados de títulos privados demonstram que os conflitos de interesses com monitores designados podem ser resolvidos com sucesso, a tecnologia da informação reforça ainda mais a viabilidade dos empréstimos desintermediados. A revolução digital possibilita que se controle melhor o conflito de interesses entre emprestadores e monitores profissionais. Como o nome já indica, ela transforma a maneira como lidamos com as informações assimétricas.

Como a revolução digital reforça o monitoramento e atenua os conflitos de interesses

Na era industrial, o monitoramento era uma questão pessoal. Os analistas de crédito dos bancos desenvolviam relacionamentos duradouros com seus tomadores e baseavam suas decisões referentes a empréstimos principalmente em informação "soft", envolvendo juízos pessoais. Eles confiavam nas interações pessoais com os tomadores para avaliar se eram confiáveis. Fatores subjetivos, como honestidade, competência e credibilidade, eram decisivos para os analistas de crédito.

A informação soft é difícil de expressar. Não é tarefa simples descrever objetivamente a percepção de um analista sobre a credibilidade de um tomador. Em contraste, as informações "hard" — baseadas em dados concretos, como declarações de imposto de renda, no caso de pessoas físicas, ou balanços patrimoniais, no caso de pessoas jurídicas — são quantificáveis e verificáveis. Se os monitores profissionais coletarem informação hard sobre os tomadores para calcular sua classificação de risco de crédito, terceiros e emprestadores terão condições de apreciar os padrões de monitoramento.[10]

A informação hard permite que os emprestadores identifiquem monitores designados com padrões de monitoramento ruins, comparando-os com outros monitores designados mesmo antes da liquidação do empréstimo. Em consequência, os monitores designados com padrões de empréstimo ruins logo sofrem danos de reputação. Os conflitos de interesses com os emprestadores são atenuados.[11]

Um dos motivos pelos quais o monitoramento profissional nos mercados de títulos privados funcionou tão bem é a abundância de informação hard. As empresas que emitem títulos privados, como obrigações, em geral divulgam balanços financeiros. A intervalos regulares, publicam balanços patrimoniais e demonstrações de resultado. Esses relatórios devem ser validados por auditores independentes. Balanços financeiros e outros documentos de divulgação obrigatória fornecem informação hard. Assim, os emprestadores podem avaliar o desempenho e as condições financeiras da empresa por conta própria. Por sua vez, as agências de classificação de risco de crédito têm o cuidado de não fazer avaliações demasiado otimistas sobre as empresas emitentes de títulos privados. Caso contrário, sua reputação logo ficará comprometida. Os balanços financeiros ajudaram a superar o conflito de interesses entre detentores de títulos privados e as agências.

Contudo, eles não são acessíveis no caso de pequenas empresas e de pessoas físicas. Além de dispendiosos, podem não ser de divulgação obrigatória nem estar sujeitos a auditoria independente. No caso de pessoas físicas, nem existem. Sarah, por exemplo, não pode publicar com regularidade balanços financeiros detalhados e auditados de sua empresa. Felizmente, essa não é a única maneira de obter informação hard sobre risco de crédito.

Na década de 1960, quando o uso de cartões de crédito se generalizou, os analistas de crédito dos bancos começaram a recorrer ao *score de crédito*. Trata-se da aplicação de métodos estatísticos a uma ampla variedade de informações quantitativas, como histórico de pagamentos, fontes de renda e muito mais. O score de crédito exige tecnologia da informação para coletar com eficiência os dados necessários. Além disso, os métodos estatísticos para extrair informações significativas sobre risco de crédito exigem um poder de computação que não estava disponível antes da revolução digital.[12]

O score de crédito se revelou superior aos métodos dos analistas tradicionais, que se baseavam no relacionamento pessoal.[13] Com o passar do tempo, passou a se aplicar a todos os tipos de mercados de crédito ao consumidor, como financiamento de carro ou imóvel. Na década de 1990, começou-se a usar o score de crédito para pequenas empresas, para as quais, até então, a informação soft era tipicamente considerada mais importante. Também foi um sucesso. Com a abundância de informação hard, confiam cada vez menos na soft.[14]

Considerando que a informação hard agora está disponível para todos os segmentos de crédito, de empréstimos a consumidores a empréstimos a pequenas e grandes empresas, os empréstimos desintermediados se tornaram viáveis para todos os tipos de tomadores. Como no caso de títulos privados, a maior disponibilidade de informação hard atenua o conflito de interesses entre emprestadores e monitores designados. O modelo de empréstimo por relacionamento, das atividades bancárias tradicionais, não precisa mais lidar com informações assimétricas.

A revolução digital reforça a viabilidade dos empréstimos desintermediados de outra maneira. A internet deixa os emprestadores em posição ainda melhor para avaliar e comparar monitores designados. As informações sobre padrões de monitoramento são agregadas, processadas e distribuídas com melhor qualidade e a menor custo do que antes. Isso melhora em muito o uso de informação hard para avaliar o desempenho dos monitores designados.

Algumas plataformas de empréstimos ponto-a-ponto, por exemplo, fornecem dados a posteriori sobre o desempenho dos empréstimos, os modelos de score de crédito adotados e os inputs usados. É apenas uma questão de tempo para que terceiros passem a coletar essas informações sistematicamente e divulguem estatísticas detalhadas em plataformas on-line para comparar os monitores designados. Os emprestadores terão acesso às estatísticas mais recentes de como os monitores designados estão controlando os tomadores. Qualquer queda nos padrões logo será de conhecimento geral e prejudicará sua reputação, algo que se tornou decisivo na era digital.

O que visualizamos para os serviços financeiros já é realidade em muitos outros setores da economia. A tecnologia da informação revolucionou a maneira como gerenciamos informações assimétricas. Os prestadores de serviços de qualquer modalidade são monitorados e avaliados o tempo todo pela internet. Algumas plataformas on-line, por exemplo, manejam com sucesso as informações assimétricas entre viajantes até há pouco desinformados e prestadores de serviços locais, como restaurantes, hotéis e empresas de locação de automóveis.[15]

Muitos modelos de negócios tradicionais, interessados em superar informações assimétricas, foram reformulados ou abandonados com o surgimento da tecnologia da informação. No caso de serviços de viagem, tanto as agências físicas quanto os guias impressos tradicionais cada vez mais são substituídos por seus congêneres digitais.

Do mesmo modo, o relacionamento dos bancos com os tomadores, que se baseava em informação soft, tornou-se ultrapassado. Na era digital, os bancos já não atribuem tanta importância ao tratamento das informações assimétricas e aos conflitos de interesses.

Provisão de liquidez e serviços de pagamento

Por enquanto, não analisamos como substituir os bancos no fornecimento de liquidez e em serviços de pagamento. Ter um depósito bancário oferece uma vantagem em comparação com os títulos privados e os empréstimos ponto-a-ponto. O depositante pode ir ao caixa eletrônico mais próximo a qualquer momento e converter o depósito em moeda externa. Chamamos essa característica de liquidez contratual. Tanto o título privado quanto o empréstimo ponto-a-ponto, em contraste, têm vencimento fixo. Você não pode ir ao tomador e exigir a conversão do empréstimo em dinheiro antes da data de vencimento.

A ascensão da liquidez de mercado

A promessa de liquidez contratual é parte do processo de transformação de ativos com que os bancos manejam o conflito entre emprestadores e tomadores. Os emprestadores desejam liquidez para reagir com flexibilidade caso surjam despesas inesperadas, e os tomadores geralmente preferem empréstimos de longo prazo para financiar suas atividades. Ao oferecer liquidez contratual, as instituições de atividades bancárias fornecem seguro de liquidez aos emprestadores ao mesmo tempo que possibilitam empréstimos de longo prazo aos tomadores.

A liquidez contratual, contudo, pode ser substituída pela de mercado. Os títulos privados, por exemplo, têm sido negociados nos mercados secundários há bastante tempo. Os emprestadores tinham liquidez vendendo os títulos a outros emprestadores potenciais. A liquidez de mercado evitava que os emprestadores do mercado de títulos privados ficassem presos a um relacionamento creditício de longo prazo.[16]

Na era industrial, a liquidez de mercado foi um substituto imperfeito para a liquidez contratual. As informações assimétricas entre vendedores e compradores potenciais para a maioria das formas de crédito era grande. Os vendedores geralmente sabiam mais sobre as qualidades subjacentes dos contratos de crédito. Nessas condições, os compradores potenciais relutavam em comprar. Em outras palavras, os vendedores tinham *informações privilegiadas*. A ameaça daí resultante, de negociação privilegiada, comprometia a liquidez dos mercados secundários.[17]

Com o monitoramento baseado em informação soft, os compradores potenciais têm dificuldade de avaliar a qualidade de um empréstimo oferecido no mercado e devem assumir que o vendedor sabe mais sobre as condições da transação. Acabamos de ver como a tecnologia da informação acarretou uma mudança no monitoramento com base em informação hard. Esse desenvolvimento reforça a liquidez nos mercados creditícios secundários, pois atenua o problema da negociação privilegiada.

Os requisitos de divulgação de demonstrações financeiras e de transparência pública pelos emitentes de títulos privados, por exemplo, reduzem a probabilidade de que alguns participantes do mercado tenham informações privilegiadas. Do mesmo modo, os operadores de plataformas ponto-a-ponto podem alcançar o mesmo grau de transparência pública dos resultados de score de crédito e outras informações relevantes para os preços. Isso possibilita que os compradores potenciais comparem por conta própria a qualidade dos empréstimos nos mercados secundários. A transparência reduz as informações assimétricas entre vendedores e potenciais compradores nos mercados creditícios secundários.[18]

Os operadores de plataformas ponto-a-ponto podem tomar outras providências para evitar as negociações privilegiadas. Uma delas é impor limites de posição que restrinjam a exposição que um único emprestador pode ter em relação a um único tomador, o que reduz os ganhos potenciais decorrentes de negociações com informações privilegiadas. Além disso, podem tecnicamente impedir que os emprestadores vendam empréstimos específicos, permitindo somente a colocação de pedidos de empréstimos com certo risco de crédito e perfil de vencimento. Com essa configuração, o vendedor não poderá determinar que empréstimos individuais vender e, portanto, não será capaz de operar com informações privilegiadas.

A tecnologia da informação contribui para a liquidez de mercado, não só ao reduzir as negociações privilegiadas, mas também ao possibilitar *marketplaces virtuais*. Eles aumentam a liquidez de mercado de todos os bens e serviços, mesmo para bens altamente específicos e diferenciados. Vejamos como isso acontece por meio de um exemplo do mundo não financeiro. Imagine que você mude de apartamento. Você possui uma valiosa luminária a óleo vitoriana, mas não há lugar para ela agora. O que fazer? Bem, você poderia vendê-la em um site de leilões. Suas chances de conseguir um preço justo em um prazo razoável são boas.[19]

Agora suponha que sua avó estivesse na mesma situação cinquenta anos atrás. Ela não poderia tentar vendê-la pela internet. Talvez perguntasse aos amigos e parentes se não queriam comprá-la, ou talvez a levasse a um brechó. Provavelmente as pessoas a que teria acesso não sentiriam uma necessidade desesperadora desse tipo específico de luminária. A liquidez de mercado para luminárias a óleo vitorianas era muito baixa, e eram altas as chances de que sua avó a vendesse a um preço bem inferior.

Os marketplaces virtuais aumentaram a liquidez para luminárias a óleo vitorianas. E por quê? Primeiro, eles não requerem a presença física simultânea dos participantes. Vendedores e compradores de todo o mundo podem entrar no mesmo mercado virtual a preços desprezíveis. Nessas condições, eles agregam mais participantes que seus equivalentes físicos. A redução do atrito nas buscas torna muito mais fácil encontrar compradores e vendedores interessados por determinado item.[20]

Segundo, os marketplaces virtuais aumentam a transparência. A disposição dos participantes do mercado de vender e comprar a certo preço é divulgada a todos. Além disso, os marketplaces virtuais oferecem relatórios eletrônicos sobre os volumes e preços de transações anteriores. O acesso imediato a essas informações facilita a busca de contrapartes e a precificação. Além disso, reduzem-se os custos de transação e aumenta-se ainda mais a liquidez do mercado.[21]

Embora hoje todos os tipos de bens e serviços sejam comercializados em marketplaces virtuais, os ativos financeiros são ainda mais propícios a ser transacionados neles, por também serem próprios produtos virtuais. Como seria de esperar, muitos ativos financeiros já são negociados em marketplaces virtuais. Os fundos de investimento em índices de mercado (ETF, da sigla em inglês para *exchange-traded funds*) são um exemplo, e se caracterizam por custos de transação especialmente baixos.[22] Além disso, embora ainda não operem em ambiente totalmente eletrônico, os mercados de títulos já adotaram características de marketplaces virtuais. Por exemplo, a ampliação do uso de relatórios eletrônicos nos mercados de títulos privados reduziu os custos de transação à faixa de 0,05% a 0,08%.[23]

A maioria dos operadores de plataformas ponto-a-ponto estabeleceu marketplaces virtuais em que os emprestadores podem vender contratos de crédito ponto-a-ponto antes do vencimento.[24] Outras plataformas de empréstimos ponto-a-ponto têm acordos com terceiros para organizar um marketplace virtual comum de contratos envolvendo operadores de diferentes plataformas.[25] Por enquanto, esses mercados são minúsculos, com baixa liquidez. Conforme aumentarem o número de participantes do mercado e os volumes de negociação, contudo, a liquidez deve alcançar níveis vistos em outros marketplaces virtuais de ativos financeiros.

Sistemas de pagamento para a era digital

Na era digital, a liquidez de mercado se tornou substituta viável da liquidez contratual. As instituições de atividades bancárias, porém, também oferecem serviços de pagamento. Vamos ser claros sobre a diferença entre serviços de pagamento e liquidez. Liquidez é a capacidade de converter qualquer ativo em moeda externa. Retirar seu depósito num caixa eletrônico é liquidez contratual. Vender um ativo no mercado é liquidez de mercado. Os serviços de pagamento, por outro lado, são transferências de dinheiro — seja de moeda interna ou externa. Transferir dinheiro de um depósito para outro é usar os serviços de pagamento de um banco.[26]

Já discutimos como os bancos fornecem um *sistema contábil de trocas* que possibilita pagamentos com simples lançamentos contábeis. A natureza virtual da moeda interna é a razão pela qual os bancos podem oferecer esses serviços tão convenientes. Esse sistema permite que as pessoas comercializem bens e serviços sem se encontrar fisicamente, vantagem crucial em relação ao uso de dinheiro. A compensação de pagamentos pelos bancos foi importante na era industrial.

O sistema contábil de trocas, porém, não é exclusivo dos bancos. Lembre-se de nosso exemplo na Parte 1: Sittah e Nathan usaram serviços de pagamento convenientes prestados por um custodiante, Bonafides. Nenhum serviço bancário — ou seja, criação de moeda por meio de crédito — é necessário para isso. Todo custodiante pode oferecer serviços de pagamento aos clientes. Com efeito, hoje, empresas não bancárias também oferecem serviços de pagamento.[27]

Embora as atividades bancárias nunca tenham sido necessárias para os serviços de pagamento, a tecnologia da informação oferece outra possibilidade para fazer pagamentos de maneira conveniente: *moedas digitais*, moeda externa virtual. Da mesma maneira que o sistema contábil de troca dos bancos, a moeda digital não exige que as contrapartes se encontrem fisicamente para ser trocada.

As moedas digitais ainda vivem a sua infância, mas já apresentam custos de transação mais baixos do que os atuais sistemas contábeis de troca operados pelos bancos. Não importa se usamos serviços de pagamento tradicionais, oferecidos por empresas não bancárias, ou se usamos moedas digitais, o resultado é o mesmo: não precisamos de atividades bancárias para operar um sistema de pagamento eficiente.[28]

Resta uma última questão. Os bancos combinam serviços de pagamento e liquidez contratual de maneira conveniente. Os depositantes podem recorrer à liquidez e processar pagamentos com um único passo, por exemplo, pagando com um cartão de débito. Sem as atividades bancárias, parece que dois passos são necessários. Primeiro, é preciso vender crédito nos mercados secundários para obter moeda. Segundo, é preciso transferir dinheiro para o destinatário do pagamento. Sem atividades bancárias, teríamos de sacrificar a conveniência?

A resposta, mais uma vez, é não. Ninguém terá que vender manualmente contratos de crédito se precisar de moeda externa para fazer pagamentos. Instituições financeiras não bancárias, como plataformas de empréstimo ponto-a-ponto, fornecerão algoritmos de transações.

Os *algoritmos de transações* (*trading algorithms*) automatizam as decisões de compra e venda e facilitam o acesso à liquidez de mercado. Como nos empréstimos entre pares, eles já foram usados na prática. Os bancos de investimento, por exemplo, os usam para gerenciar o fluxo de ordens dos clientes em moeda estrangeira ou nos mercados de ações.[29]

Manejo de assuntos financeiros sem atividades bancárias

Argumentei que a diferença entre sistema bancário e sistema financeiro sem bancos tem a ver com a configuração, não com a interface. Expliquei como a configuração pode ser feita em um sistema financeiro sem atividades bancárias, usando a tecnologia da informação. Agora preciso convencer você de que a interface continuará tão simples quanto é hoje. Para mostrar como o fim das atividades bancárias será pouco sentido pelas famílias e pelas empresas não financeiras, prosseguiremos em nosso exemplo com Sarah e seu negócio na era digital sem atividades bancárias.

Serviços financeiros para emprestadores

Vamos assumir que Sarah tenha sido bem-sucedida em seu negócio. Conseguiu bons lucros e poupou algum dinheiro. Em vez de deixar suas economias e seus assuntos financeiros ser gerenciados por Alex, o banqueiro, ela agora confia em Jacob, assessor financeiro. Ele não lhe oferece um depósito, mas uma conta de custódia, como um eixo para pagamentos e investimentos.

Como aconteceu com Alex, Sarah tem uma reunião inicial com Jacob. Em conjunto, eles desenvolvem um plano de investimentos compatível com o perfil de risco dela. Sarah tem certa aversão ao risco, de modo que Jacob se empenha para que boa parte das poupanças dela sejam investidas em ativos financeiros — com baixo risco de crédito, vencimento a curto prazo e alta liquidez de mercado. Além disso, ele diversifica as aplicações e observa rigorosamente os limites delas e dos tomadores.

Evidentemente, como era o caso ao abrir uma conta de depósito bancário antes do lançamento das garantias do governo, investir ainda envolve algum risco. O futuro nunca é conhecido, e os projetos às vezes dão errado. O valor de um portfólio de crédito é sempre um pouco flutuante. Em especial, Sarah perderá dinheiro com seus investimentos em contratos de crédito se um tomador der calote. Mas o risco está bem diversificado e é compensado pelos juros auferidos.

Depois da primeira reunião, Sarah recebe um número de conta e um cartão de pagamento. Com ele, ela pode sacar dinheiro da conta e fazer pagamentos em lojas. A situação parece praticamente idêntica à anterior, quando ela tinha depósitos bancários. Em outras palavras, a interface não mudou.

Não se pode dizer o mesmo quanto à configuração da retaguarda. Jacob desenvolveu algoritmos de transações como base para o manejo dos pagamentos e investimentos de Sarah. Primeiro, esses algoritmos investem automaticamente, de acordo com seu perfil e suas necessidades. Tão logo ela deposita dinheiro na conta de custódia, começam a vasculhar os mercados financeiros em todo o mundo para identificar e aproveitar oportunidades de compra adequadas.

Segundo, os algoritmos de Jacob permitem que Sarah pague com o cartão fornecido. Assim que ela o passa, eles vendem ativos financeiros e levantam dinheiro para fazer o pagamento. Jacob otimizará as reservas de dinheiro de Sarah adequando-as às suas necessidades de liquidez, de modo que, para pequenas compras, não seja necessário vender ativos financeiros. Assim, parte do dinheiro da conta de custódia de Sarah é transferido para a conta de custódia do lojista. Todos esses passos acontecem em questão de segundos, enquanto o lojista faz o pacote.

Em resumo, Jacob torna atraente para Sarah investir o dinheiro em crédito. Ela assume somente riscos baixos e bem diversificados, recebendo juros e mantendo-se flexível para a cobertura de despesas inesperadas. Depois de remunerar Jacob por todos os serviços, Sarah provavelmente ainda terá retorno positivo. Graças à tecnologia da informação, o crédito pode prosperar sem recorrer às atividades bancárias.

Em contraste com as atividades bancárias, porém, Sarah não precisa se preocupar com perdas eventuais na hipótese de inadimplência de Jacob. Nos velhos tempos, ela receava que Alex fosse à falência. Sabia que, nesse caso, suas perdas seriam significativas e talvez nem tivesse mais acesso às suas poupanças. Com Jacob na posição de custodiante e assessor financeiro, as coisas são diferentes. Ele só guarda em segurança o dinheiro e os ativos financeiros de Sarah. As economias dela não são afetadas pela inadimplência dele. Jacob até tomou providências para que Sarah as pudesse acessar imediatamente caso sua operação fosse descontinuada.[30]

Serviços financeiros para tomadores

Até aqui, mostrei que a interface para uma família poupadora quase não muda sem atividades bancárias. Agora, assumirei a perspectiva de um tomador. Imagine que Sarah queira expandir seu negócio e precisa de um empréstimo. Seu primeiro ponto de referência é Jacob, seu assessor financeiro. Ele oferece serviços de custódia, investimentos e pagamentos — mas não empréstimos. Portanto, direciona o pedido dela para várias plataformas de empréstimos ponto-a-ponto.

Ethan é o operador de uma das plataformas de empréstimos ponto-a-ponto à qual o pedido de Sarah foi enviado. Ele recebe uma taxa por todos os empréstimos que intermedeia e, portanto, poderia ter incentivos para fechar os olhos se o tomador não fosse confiável. Ao longo dos anos, porém, sua plataforma ponto-a-ponto construiu uma reputação valiosa. Ele sempre recebe boas avaliações nos sites que publicam estatísticas sobre o desempenho de plataformas como a sua. Essa reputação atrai muitas famílias que estão em busca de oportunidades de investimento seguras, assim como muitos tomadores confiáveis que procuram empréstimos acessíveis. É do interesse de Ethan manter o padrão alto ao avaliar o pedido de empréstimo de Sarah. Ele ganhará mais dinheiro a longo prazo se resistir à tentação de fazer avaliações favoráveis apenas para aumentar o lucro a curto prazo.

Por conseguinte, Ethan tenta avaliar o risco de crédito com tanta exatidão quanto possível. Da mesma maneira como os analistas de crédito dos bancos hoje, ele usa um modelo de score de crédito que desenvolveu e calibrou ao longo dos anos. Alimenta, então, o modelo com as informações que recebeu do pedido de empréstimo de Sarah e com quaisquer outros dados que venha a lhe fornecer. O modelo de score calcula o risco de crédito de Sarah e estima a taxa de juros que ela terá de pagar pelo empréstimo. Ethan fornece essas informações em sua oferta a Sarah.

Como Ethan apresentou a oferta mais competitiva, Sarah o escolhe. Jacob o notifica da decisão de Sarah, e Ethan inclui o pedido de empréstimo em sua plataforma. Emprestadores de todo o mundo dão lances para emprestar dinheiro a Sarah. Quando o leilão se encerra, a plataforma de Ethan arrecada o dinheiro e o transfere para a conta de custódia de Sarah, sob os cuidados de Jacob. Ela agora está em condições de expandir seu negócio.

Sarah já não precisa de atividades bancárias para conseguir um empréstimo. Na condição de tomadora, sua interface pouco mudou.

Ela preencheu um pedido de empréstimo, entregou-o a seu contato para assuntos financeiros e recebeu uma oferta. A configuração, no entanto, foi diferente. Jacob, seu contato, não concedeu o empréstimo, tampouco Ethan. Quem o fez foram milhares de emprestadores. As informações assimétricas e os conflitos de interesse são manejados de nova maneira.

O exemplo mostra que, na era digital, os assuntos financeiros podem ser tratados convenientemente sem atividades bancárias. As famílias poupadoras podem receber juros e, mesmo assim, desfrutar de serviços de pagamento satisfatórios. As empresas que investem no negócio podem obter empréstimos com rapidez e boas condições. Hoje, a conveniência no manejo dos assuntos financeiros não tem nada a ver com atividades bancárias. É a tecnologia da informação que possibilita uma interface simples e conveniente.

Como as atividades bancárias fugiram ao controle em consequência da revolução digital, livrar-nos deles é um grande passo à frente. Assim, poderemos nos desvencilhar de todos os problemas descritos na Parte 2. A substituição das atividades bancárias é como a substituição de uma rede elétrica obsoleta, centralizada e insegura por uma rede elétrica atualizada, descentralizada e segura, de modo a evitar apagões, perdas excessivas na transmissão e riscos de incêndio. O uso da energia continuará tão simplificado quanto antes, bastando conectar o dispositivo à rede elétrica. Neste capítulo, demonstrei que a interface continua a mesma. No cap. 11, mostrarei como a nova configuração será melhor em termos de eficiência, estabilidade e equidade.

Na era digital, as atividades bancárias deixaram de ser especiais, podendo ser substituídas por sistemas financeiros mais eficazes e bem concebidos. A essa altura, tudo nos leva a perguntar: se as atividades bancárias são supérfluas, por que ainda prevalecem?

CAPÍTULO 9

A contabilidade do futuro

O que analisamos nos capítulos anteriores não é essencialmente novo. Muita gente já questionou a necessidade de atividades bancárias na era digital. Haldane, por exemplo, observou: "A intermediação das atividades bancárias, com o passar do tempo, pode se tornar o elo a mais na corrente. O que ocorreu com os setores fonográfico e editorial pode se repetir com o financeiro. Uma rede de informações, interligada por uma linguagem comum, torna o modelo de finanças desintermediadas uma possibilidade mais realista".[1] Chegou a hora. As atividades bancárias já são elos desnecessários.

A predominância das atividades bancárias

O fato de não mais precisarmos de atividades bancárias não significa que as atividades bancárias sairão de cena espontaneamente. O progresso tecnológico em si não acarretará seu fim. As atividades bancárias são tão difusas porque a criação de moeda por meio do crédito é muito atraente. Manter moeda interna tem uma vantagem crucial em relação a manter outras formas de crédito.

O crédito sempre envolve algum risco próprio e de taxa de juros.

Os tomadores podem dar calote e as taxas de juros podem mudar. Esses dois fatores ocasionam flutuação de preços contínua no crédito não bancário. Mesmo um portfólio de contratos de crédito perfeitamente diversificado sempre apresenta flutuações de valor. Um portfólio de crédito que valha cem hoje pode valer 100,10 ou 99,90 amanhã.

Em contraste, a moeda interna não apresenta flutuações de preços. Por um lado, ela é crédito e paga juros. Por outro, parece tão segura quanto a moeda externa. A não ser em tempos de crise, cem em moeda interna hoje valerão o mesmo amanhã.

Vimos que a ausência de flutuações de preços não significa que a moeda interna não envolva riscos. As atividades bancárias apenas transformam o risco; não há como eliminá-lo. Elas trocam risco de crédito e de taxa de juros por risco de liquidez, que seria mais bem denominado "risco bancário". As atividades bancárias conseguem eliminar os riscos de crédito e de taxa de juros em tempos normais, mas ao custo de expor as reservas em moeda interna ao risco de cauda, com corridas aos bancos e pânico bancário.

Lembre-se de que o pânico bancário produz efeitos devastadores na economia real, o que força o governo a oferecer garantias. Embora, em teoria, talvez seja preferível não adotar a política de resgate, o governo é obrigado a fazê-lo em situações reais de pânico bancário. Os custos da não intervenção em casos assim são muito altos. Quaisquer que sejam seus compromissos prévios, os governos sempre reagiram ao pânico bancário assegurando o valor da moeda interna.[2]

No regime de moeda fiduciária, os governos podem garantir o valor nominal da moeda interna. Se necessário, podem imprimir moeda externa e trocá-la na base de um para um por moeda interna. O governo todo-poderoso, no entanto, é uma ilusão. Governos podem falhar ao garantir o valor real da moeda interna. Eles não controlam a criação de moeda interna e, portanto, não conseguirão garantir que cem em moeda interna hoje comprem a mesma quantidade de bens e serviços que compravam ontem se muita moeda interna for criada. A falta de flutuações de preços em moeda interna é uma ilusão que desmorona com a inflação.

Apesar de seu caráter ilusório, as garantias do governo ainda incentivam todos a participar das atividades bancárias. O crédito não bancário é relativamente pouco atraente porque as garantias redistribuem o risco bancário dos detentores de moeda interna para os contribuintes (se os resgates governamentais forem financiados por impostos) ou por todos os credores de valores nominais (se forem financiados pela impressora). Você acaba assumindo o risco bancário independentemente de manter suas economias em moeda interna ou não. Essa é a externalidade das atividades bancárias na era digital, ou seja, das atividades bancárias descontroladas, com garantia do governo: quase ninguém escapa do risco bancário.[3]

Nessas condições, do ponto de vista da pessoa física, é sempre melhor participar das atividades bancárias. Já que se é obrigado a assumir o risco bancário, pode-se pelo menos desfrutar dos benefícios da moeda interna. O subsídio e a maneira como se destribui seu custo dificultam para as instituições não bancárias a concorrência com as bancárias. Os avanços da tecnologia da informação não levarão inevitavelmente ao fim das atividades bancárias, mas apenas ao seu reaparecimento sob novas formas, o que se confirmou expressamente após a crise financeira de 2007-8.

A virada maravilhosa das empresas fintech

Pouco depois do final da crise, parecia que um movimento na direção de um sistema financeiro descentralizado e baseado em mercado ganharia ímpeto. Novas empresas utilizavam as tecnologias digitais para a prestação de atividades bancárias, que se baseavam nos conceitos descritos no último capítulo.

Essas empresas não se definiam mais como prestadoras de atividades bancárias tradicionais, mas se descreviam como firmas "fintech". O conceito de fintech deveria enfatizar a fusão entre finanças e tecnologia. Também pode ser compreendida como a clara distinção das inovações financeiras, que tiveram papel essencial no surgimento da crise financeira de 2007-8.[4]

No início, essa diferenciação entre os conceitos "fintech" e "inovação financeira" justificava-se. As inovações financeiras, a parte central do sistema bancário paralelo (*shadow banking*), abrigavam e concentravam riscos de forma complexa. Um dos primeiros modelos de negócios do movimento fintech, a intermediação de crédito ponto-a-ponto, tinha o intuito de facilitar radicalmente a área de crédito e torná-la mais transparente.

O que a intermediação de crédito ponto-a-ponto iniciou...

No contexto das tecnologias digitais, como sempre, as empresas assumiram papel de liderança na intermediação de crédito ponto-a-ponto nos Estados Unidos. A maior intermediária de crédito ponto-a-ponto norte-americana, a Lending Club, iniciou suas atividades em 2007, na Califórnia, e registrou um crescimento fulminante após a crise financeira. Até o final de 2016, a Lending Club intermediou créditos no valor total de aproximadamente 25 bilhões de dólares.[5]

A Europa acompanhou esse movimento. As maiores intermediárias de crédito ponto-a-ponto, Zopa e Funding Circle, surgiram no Reino Unido. Até o final de 2016, as duas plataformas intermediaram cerca de 2,5 bilhões de libras. Na Europa, a Alemanha ocupa o segundo lugar, atrás do Reino Unido. As intermediações de crédito ponto-a-ponto no Velho Continente são, até o momento, muito menos significativas que nos Estados Unidos ou no Reino Unido.[6]

No entanto, mesmo os EUA, o peso pesado da economia mundial, não estão no topo das intermediações de crédito ponto-a-ponto. De longe, o maior mercado está na Ásia: na China, mais de 2 mil prestadoras de serviço se acotovelam. Segundo estimativas, o volume intermediado até o final de 2016 é de aproximadamente 120 bilhões de dólares.[7] A Figura 9.1 traz uma visão geral sobre os valores de crédito intermediados nos últimos anos em diversos países.

	2013	2014	2015	2016
China	4 156,7	17 923,5	87 878,2	
EUA	2 387,1	6 561,4	19 254,3	21 143,0
Reino Unido	565,4	1 607,5	3 303,0	
Alemanha	36,4	86,5	184,7	
França	43,2	88,0	163,0	
Itália	0	2,5	11,0	
Espanha	2,8	13,7	22,3	
Suíça	1,7	2,9	7,9	50,6

Figura 9.1. Volumes de intermediações de crédito ponto-a-ponto em diversos países (em milhões de US$).[8]

A maioria dos intermediários de crédito ponto-a-ponto começou como plataforma de crédito ao consumidor. Mais tarde, continuaram seu desenvolvimento e passaram também a intermediar créditos a pequenas e médias empresas para financiamento educacional ou imobiliário. Em todos esses segmentos de mercado, tanto a decisão de crédito quanto o monitoramento posterior eram realizados de forma totalmente automatizada com a ajuda de modelos de score de crédito.[9]

Um tomador de crédito em potencial precisa apenas preencher um formulário com os dados necessários para o modelo de score. Em pouquíssimo tempo, ele recebe uma decisão de crédito e é classificado em uma categoria de risco, que determina a taxa de juros. Nada mais resta do velho modelo do relacionamento bancário e da avaliação pessoal de um especialista de crédito em uma filial bancária com informações soft.

Ao redor das intermediárias de crédito ponto-a-ponto surgiu aos poucos uma nova área de prestação de serviços financeiros. Empresas como Orchard ou Lending Robot disponibilizam algoritmos e bancos de dados com os quais os investidores podem analisar e comparar, comprar e vender créditos ponto-a-ponto com o mínimo de despesas. Como Jacob, no último capítulo, novas prestadoras de serviços financeiros desenvolveram instrumentos que ajudaram investidores privados a administrar sua carteira de créditos ponto-a--ponto de forma descomplicada.

Por um momento pareceu que o setor bancário tradicional se transformaria em um sistema financeiro transparente e descentralizado. Mas a esperança durou pouco.

... terminou como "marketplace lending"

Logo ficou claro que as plataformas ponto-a-ponto tomariam o mesmo caminho das inovações financeiras no início da crise financeira de 2007-8. Afinal, é muito mais lucrativo introduzir novas tecnologias a serviço do sistema bancário do que moldar com elas um sistema financeiro mais transparente e eficiente.

Foi o que logo enxergaram também as intermediárias de crédito ponto-a-ponto. Pessoas e empresas que investiram diretamente em créditos ponto-a-ponto intermediados precisaram arcar com o risco integral. É mais atraente emprestar seu dinheiro a um banco — uma proposta livre de todo risco, pois a mão pública garante a solvência do banco.

Assim, os bancos demonstram um apetite grande pelo risco, pois graças às garantias públicas podem se financiar de forma quase ilimitada e confortável com o capital alheio, pouco arriscando o próprio capital.

As melhores condições de financiamento e o apetite de risco maior fazem com que os bancos sufoquem outros investidores do mercado de crédito. Assim, as intermediárias de crédito ponto-a--ponto logo precisaram também reconhecer que seu modelo de negócios não poderia funcionar em um sistema financeiro dominado pelos bancos. Com isso, aprenderam a lição e integraram-se à rede existente de bancos paralelos.

Dessa forma, algumas intermediárias de crédito ponto-a-ponto começaram a intermediar não mais diretamente junto ao investidor, mas sim a assegurá-lo em uma espécie de "título lastreado em ativos" (*asset backed security*, ABS). Esses ABS eram então adquiridos por investidores institucionais — parte por bancos, parte por instituições do sistema de bancos paralelos.

Bancos e bancos paralelos suplantavam cada vez mais os outros investidores do mercado de intermediação de crédito ponto-a-ponto. No ano de 2013, apenas 10% dos créditos intermediados nos Estados Unidos eram garantidos dessa forma, ao passo que em 2016 já representavam 70%.[10] Para poder desenvolver melhor esse negócio, muitas intermediárias de crédito ponto-a-ponto entraram em parceria estratégica com bancos.[11]

As antigas intermediárias de crédito ponto-a-ponto foram relegadas a ser produtoras de crédito para bancos e bancos paralelos. Graças aos processos baseados em tecnologia, elas podem conceder crédito de forma mais barata que os bancos. No final, os créditos voltam para o sistema bancário de forma direta ou por meio de securitização. É claro que um modelo de negócio desse não tem mais nada a ver com intermediação de crédito ponto-a-ponto e, por isso, foi substituído também por um conceito vazio: "*marketplace lending*".

O único aspecto que o *marketplace lending* manteve do antigo modelo ponto-a-ponto são os modelos de score de crédito automatizados e sua integração tecnológica. Em outros aspectos, o *marketplace lending* é tão pouco baseado no mercado quanto a área de bancos paralelos antes da crise financeira de 2007-8.

Quase nenhuma empresa incorporou a mudança de intermediária de crédito ponto-a-ponto para *marketplace lender* no setor de bancos paralelos de forma mais marcante que a Lending Club. A instituição dedicou-se ao modelo de intermediação de crédito ponto-a-ponto durante anos. O fundador e ex-CEO, Renaud Laplanche, no ano de 2011, ainda caracterizava seu modelo de negócio como "o caminho mais curto possível entre a fonte de capital [...] e o uso do capital". Dessa forma, ele se esforçava para oferecer melhores condições tanto ao tomador quanto ao cedente de crédito, como os bancos jamais poderiam fazer.

Apenas três anos depois, Laplanche deu uma guinada radical. Em 2014, ficou claro para ele que "[vocês] veem os bancos como participantes dos dois lados do marketplace". No novo modelo de negócios do *marketplace lending*, os bancos desempenhavam obviamente um papel central. Na época, Laplanche já havia anunciado uma parceria estratégica com o Citibank, que investe, via hedge funds, em créditos intermediados pela Lending Club.[12] A vantagem de eficiência propagada no passado por Laplanche de uma intermediação de crédito direta não conseguiu se sustentar frente a um banco apoiado por garantias estatais.[13]

Uma segunda geração de empresas de *marketplace lending*, como a SoFi, nem sequer recebe dinheiro de investidores particulares, mas empresta créditos, em um primeiro momento, a partir do próprio caixa. Na sequência, os títulos de dívida são retirados do balanço, e os créditos, por sua vez, são securitizados, avaliados por agências de classificação e revendidos.[14] Nesse modelo de negócio, é evidente que não se trata mais de intermediar créditos diretamente, mas sim de gerar matéria-prima creditícia para o sistema bancário.

A extinção rápida da intermediação de crédito ponto-a-ponto é um fenômeno global. No Reino Unido, delineou-se o direcionamento para a área de bancos (paralelos) de forma rápida e clara. A Zopa começou a enterrar o modelo de intermediação de crédito ponto-a-ponto quando, em 2013, ofereceu um fundo de garantia. O "Safeguard Fund" da Zopa é resgatado quando um tomador de crédito não consegue mais pagar pelo crédito.[15] Com esse seguro, os créditos ponto-a-ponto são transformados em algo que se aproxima muito da moeda interna.[16] Mas não para por aí. No final de 2016, a Zopa também entrou com um pedido de licença bancária.[17] A primeira intermediária de crédito ponto-a-ponto do mundo transforma-se em nada mais nada menos que um banco digital — com todos os riscos e problemas envolvidos.

A persistência do regime financeiro fundamental

A evolução da intermediação de crédito ponto-a-ponto para *marketplace lending* demonstra de forma impressionante que o avanço tecnológico, sozinho, não tem força para resolver os problemas de nosso sistema financeiro. Novas tecnologias financeiras em um sistema bancário sempre serão usadas de modo inadequado para burlar regulamentações e explorar garantias públicas.

É difícil estimar em que medida o *marketplace lending* já representa hoje um perigo para a estabilidade financeira global. Nos países ocidentais, o *marketplace lending*, no contexto de todo o sistema financeiro, ainda tem uma importância pequena; isso vale em especial para a Alemanha e a Europa continental. Por outro lado, esse tipo de intermediação de crédito já desempenha um papel muito grande na China, mas o levantamento e a verificação de qualidade dos dados se mostram relativamente difíceis.

Por fim, outros avanços fintech não devem cair no esquecimento. A tecnologia blockchain ainda está no início de seu desenvolvimento, mas já causa grande agitação. Muitas *startups* — e mesmo muitos bancos[18] — já se convenceram de que, no futuro, as aplicações que essa tecnologia oferece devem virar o mundo das finanças de cabeça para baixo.

Como funciona essa tecnologia? Em vez de as transações serem registradas de forma centralizada por instituições individuais, uma lista de transações públicas e anônimas, a blockchain é conduzida e verificada de modo descentralizado por todos os participantes. Caso a nova tecnologia cumpra o que promete, empresas e autoridades não dependeriam mais de intermediários financeiros, que disponibilizam seu registro para a liquidação de pagamentos.[19] Os parceiros de transação poderiam confiar que a transação será publicada na blockchain de forma irrevogável e que seu direito aos ativos intercambiados será e permanecerá exclusivo.

A possibilidade de efetuar pagamentos sem o registro de um intermediário financeiro, mas através de uma blockchain, já levou muitos expoentes do movimento fintech a clamar o fim das atividades bancárias.[20] Como vimos no cap. 1, no entanto, os bancos fazem mais que disponibilizar seu registro para a liquidação de pagamentos: eles utilizam seu registro para criar moeda interna por meio de crédito.

A blockchain não suspende o conceito das pessoas jurídicas e do registro de transações como veículo das partidas dobradas. No fim das contas, os ativos negociados por pessoas jurídicas via blockchain continuam sendo registrados no balanço patrimonial. Com ajuda dos métodos bancários que descrevemos no cap. 5, essas pessoas jurídicas continuarão criando moeda de crédito a partir de ativos.

Uma redução drástica nos custos da transação — como a blockchain promete — aumenta ainda mais a mobilidade do dinheiro e do crédito, o que possibilita aos bancos conceber conceitos de bancos paralelos ainda mais densos e complexos que antes. Nesse sentido, institutos financeiros poderão burlar de forma ainda mais efetiva regulamentos limitadores e, assim, incorrer em riscos ainda maiores.

Embora a blockchain seja organizada de forma descentralizada e transparente, ela tornará o sistema bancário — como fizeram os grandes avanços tecnológicos do passado — ainda menos transparente e mais instável, por mais paradoxal que possa parecer. As atividades bancárias não desaparecerão sozinhas. Antes disso, será necessária uma resposta política, ou seja, pôr ativamente um ponto final no setor bancário.

Como não acabar com as atividades bancárias

As questões referentes às atividades bancárias existem há muito tempo. Não somos os primeiros a querer acabar com elas. Depois da Grande Depressão, alguns economistas, inclusive alguns laureados com o Nobel, preconizaram o fim das atividades bancárias.[21]

Atividades bancárias restritas: reconsiderando os bancos

Atividades bancárias restritas é a proposta que mais se destaca nessa abordagem. O nome é enganoso, uma vez que, na verdade, envolve acabar com as atividades bancárias nos bancos. A proposta é de que eles sejam proibidos de emprestar o dinheiro depositado. O contrato de depósito bancário voltaria a ser um contrato de guarda segura. Os depositantes de bancos restritos não receberiam juros, uma vez que seus depósitos não seriam mais usados para conceder empréstimos a tomadores que pagam juros. Os bancos só poderiam emprestar dinheiro se os depositantes abrissem mão da liquidez contratual de seus depósitos e transferissem suas poupanças para contas a que não teriam acesso imediato. Em resumo, a proposta de atividades bancárias restritas consiste em dividir as atividades bancárias em duas linhas de negócios separadas — a de emprestar e a de guardar —, evitando assim a criação de moeda interna.

Foram desenvolvidas várias versões dessa ideia. A proposta de Fischer, com 100% de cobertura em dinheiro, é, provavelmente, a mais conhecida. Ela exige que, para cada dólar de depósito recebido, os bancos mantenham reservas de liquidez de um dólar, em caixa ou em títulos públicos. Os depósitos teriam de ser lastreados com 100% de reservas de liquidez. Essa exigência garantiria que sempre fossem capazes de atender aos pedidos de retirada dos depositantes. Os bancos não poderiam mais criar moeda por meio do crédito, e as corridas a eles não ocorreriam mais.[22]

Muitos economistas criticaram as propostas de atividades bancárias restritas por limitar a provisão de liquidez, prevendo que, se adotada, prejudicaria a capacidade do sistema financeiro de acumular capital. As atividades bancárias restritas proíbem os bancos de oferecer liquidez contratual. Seus opositores argumentam que os emprestadores reagiriam a essa inconveniência mantendo maior proporção de sua riqueza em dinheiro e em depósitos restritos em vez de em contas de poupança, para preservar a flexibilidade. Por sua vez, a disponibilidade de crédito seria reduzida.[23]

A revolução digital eliminou o argumento da liquidez. Atividades bancárias restritas é uma ideia da era industrial. Naquela época, ainda precisávamos delas para conciliar as necessidades de tomadores e emprestadores. Os tempos mudaram. Já vimos como a liquidez de mercado pode substituir a liquidez contratual na era digital.

O segundo argumento importante contra as atividades bancárias restritas, contudo, não pode ser refutado. A proposta de Fischer, com 100% de cobertura em dinheiro, não considera o problema de fronteira. Ela proíbe os bancos de emprestar depósitos, mas não proíbe instituições de atividades bancárias paralelas de conceder crédito e transformá-lo via securitização, repos e MMMF em moeda interna. Como descobrimos da maneira mais difícil durante a crise financeira de 2007-8, as atividades bancárias não se limitam aos bancos.[24]

Sem receber muita atenção durante décadas, as atividades bancárias restritas foram trazidas de volta ao foco pela crise financeira de 2007-8.[25] A *moeda positiva*, por exemplo, é um movimento político que redescobriu as ideias das atividades bancárias restritas.[26] Sendo quase idêntica às propostas anteriores de atividades bancárias restritas, também enfrenta o problema de fronteira.

Em geral, os proponentes contemporâneos das atividades bancárias restritas não se dão conta de como o mundo mudou com a revolução digital. A ideia surgiu mais de oitenta anos atrás, numa época em que as atividades bancárias ainda eram um negócio que funcionava à base de papel. Por um lado, as atuais propostas negligenciam como a tecnologia da informação agravou o problema de fronteira. Por outro, não reconhecem as oportunidades oferecidas pela tecnologia da informação. No entanto, as propostas de atividades bancárias restritas estão avançando na direção certa, para constituir um sistema financeiro melhor. Os proponentes da moeda positiva, por exemplo, apontam corretamente que as atividades bancárias são fonte de instabilidade e extorquem tremendos lucros para seus donos e empregados ao criar moeda interna.[27]

Atividades bancárias com propósitos limitados

Ao contrário das atividades bancárias restritas, as atividades bancárias com propósitos limitados levam a sério o problema de fronteira, regulando todas as instituições financeiras, não só os bancos. Em essência, elas exigem que todas as instituições financeiras se constituam como fundos mútuos, de modo que sejam totalmente financiadas com patrimônio líquido (capital próprio).[28]

Além disso, só teriam permissão para investir em crédito que tivesse passado pela triagem de um regulador ou de uma agência de classificação de risco de crédito comissionada pela Federal Financial Authority (FFA). Ela seria responsável, em última instância, por recomendar ou certificar todas as classificações de risco de crédito na economia. Assim, ia se tornar uma autoridade governamental quase onipotente, que assumiria plena responsabilidade por monitorar todos os tomadores na economia.[29]

Embora as atividades bancárias com propósitos limitados reconheçam a questão de fronteira, apresentam graves problemas. Em especial, monopolizam o monitoramento e o transferem da esfera privada para a pública. Sobrecarregar o governo com essa tarefa teria um preço alto. A competição entre monitores designados deixaria de existir e seria substituída por processos burocráticos sob a tutela da lei. A falta de competição saudável no monitoramento provavelmente resultaria em ineficiências e, no final das contas, em custos mais altos para tomadores e emprestadores.

Além disso, a centralização de todo o monitoramento numa única instituição — pública ou privada — concentra poder sem necessidade. Lembre-se do ditado popular: "O poder corrompe, e o poder absoluto corrompe absolutamente". Com seu protagonismo, a FFA acabaria decidindo quem tem e quem não tem acesso ao crédito na economia. As atividades bancárias com propósitos limitados estabeleceriam um monopólio governamental na triagem e no monitoramento, que culminaria no compadrio.[30]

Embora sejam um passo na direção certa para lidar com o problema de fronteira, as atividades bancárias com propósitos limitados exacerbam a autoridade pública e a tornam opressora. Além disso, não *resolvem* a questão de fronteira. Elas exigem que o regulador diferencie entre empresas financeiras e não financeiras. Em grandes empresas industriais, as tesourarias executam operações que não se distinguem das que são realizadas por instituições financeiras. Elas gerenciam as necessidades de liquidez da empresa e fazem a proteção (hedge) dos riscos financeiros. Além disso, empresas de pequeno e médio porte concedem crédito de curto prazo aos clientes. É impossível definir critérios legais claros para classificar uma empresa como financeira ou não financeira.

Como acabar com as atividades bancárias

O problema de fronteira da regulação financeira não só complica a vida de todos os reguladores bancários como exige atenção cuidadosa caso se esteja tentando acabar com as atividades bancárias. Proibir a criação de moeda por meio do crédito nos bancos — como em atividades bancárias restritas — não conseguirá acabar com as atividades bancárias. Elas ressurgirão em instituições com outra denominação. Impor uma estrutura regulatória sufocante em torno de todas as instituições financeiras como prevenção — a ideia das atividades bancárias com propósitos limitados — tampouco trata na íntegra do problema de fronteira. As atividades bancárias podem reemergir em instituições consideradas "não financeiras".

Mais uma vez, elas não estão confinadas a certo conjunto de entidades que se definem como bancos ou instituições financeiras. Nem mesmo se limitam a um único balanço patrimonial. Suas raízes se ramificam em camadas mais profundas. Suas origens remontam ao método das partidas dobradas. A extirpação das atividades bancárias deve começar nesse nível fundamental. Elas precisam ser atacadas no âmbito da contabilidade.

Atividades bancárias como aplicação específica de técnicas financeiras

Lembre-se das seis técnicas financeiras que podem ser usadas para transformar crédito em moeda interna: agregação, diversificação, estruturação, garantia, seguro e liquidez contratual.[31] Se as proibíssemos expressamente, as atividades bancárias iam se tornar impossíveis. Mas não vamos exagerar. Elas também servem a muitos outros objetivos.

As famílias, por exemplo, investem suas poupanças de maneiras diversificadas, e quase todas as empresas financiam suas atividades com capital próprio e capital de terceiros; isto é, estruturam o lado do passivo de seu balanço patrimonial. Além disso, a garantia permite que os tomadores obtenham empréstimos a taxas de juros mais baixas e alinhem seus incentivos aos dos emprestadores. Finalmente, quase todos nós compramos seguro e desfrutamos da segurança daí decorrente.

O propósito do sistema financeiro é possibilitar uma economia descentralizada e intensiva em capital. Todas as atividades financeiras que facilitam a coordenação das atividades econômicas e o acúmulo de capital sem dar origem às atividades bancárias são úteis. Precisamos encontrar uma maneira de proibir a aplicação de técnicas financeiras em atividades bancárias, mas que permita todas as aplicações úteis.

Por enquanto, vamos fazer uma distinção provisória entre empresas financeiras e não financeiras. Uma empresa financeira, como um banco ou um fundo de investimento, mantém em seu balanço patrimonial principalmente ativos financeiros. Em contraste, uma empresa não financeira, como um negócio de torrefação de café, mantém em seu balanço patrimonial principalmente ativos não financeiros. É evidente que essa distinção também depara com o problema de fronteira da regulação financeira, uma vez que a maioria das empresas financeiras mantém alguns ativos reais e a maioria das empresas não financeiras mantém alguns ativos financeiros. Uso essa definição operacional apenas como base para minha argumentação. Ela não é necessária para o propósito de acabar com as atividades bancárias.

Como as empresas não financeiras aplicam as técnicas financeiras? A maioria emite capital de terceiros e capital próprio, ou dívidas e patrimônio líquido. Em outras palavras, *estrutura o lado do passivo* de seu balanço patrimonial. Além disso, suas dívidas são, em geral, de prazo mais curto do que o horizonte temporal de seus negócios: empresas não financeiras *transformam os vencimentos*. Finalmente, elas oferecem *garantias* para obter melhores condições de empréstimo. Embora as empresas não financeiras apliquem várias técnicas financeiras, elas não criam moeda interna. Lembre-se das três características da moeda interna: deve ser percebida como livre de risco e ter a mesma liquidez e denominação da moeda externa. As dívidas das empresas não financeiras não apresentam essas características.

Primeiro, não apresentam liquidez contratual.[32] Segundo, e mais importante, o crédito emitido pelas empresas não financeiras envolve significativo risco de crédito. A lucratividade e, no fim das contas, a existência dessas empresas depende de uma variedade estreita de bens e serviços. Choques idiossincráticos em seus mercados afetam sua capacidade de cumprir as obrigações financeiras. Mesmo as maiores e melhores empresas não financeiras são incapazes de emitir moeda interna.[33]

Por que as empresas financeiras podem criar moeda interna enquanto as não financeiras não têm essa capacidade? A resposta se situa na composição do lado do ativo de seu balanço patrimonial. Em contraste com as empresas não financeiras, as financeiras mantêm no lado do ativo contratos de crédito, como empréstimos. Um portfólio de crédito diversificado apresenta menos risco que um portfólio de ativos reais mantido pelas empresas não financeiras — por duas razões.

Primeiro, manter contratos de crédito de uma empresa não financeira no lado do ativo já é menos arriscado do que manter e operar os ativos reais da mesma empresa não financeira. Isso é consequência da estrutura do lado do passivo da empresa não financeira.

Grande parte do risco no lado do ativo é assumido pelos acionistas da empresa não financeira. Os contratos de crédito envolvem menos risco.

Segundo, as empresas financeiras podem diversificar o lado do ativo muito melhor que as empresas não financeiras. Em geral, elas mantêm crédito de centenas de diferentes tomadores — por exemplo, hipotecas de pessoas físicas dos mais diferentes lugares e empréstimos de empresas que operam em vários mercados. Uma empresa financeira, portanto, pode eliminar sua vulnerabilidade a choques idiossincráticos de mercados específicos, ao passo que as empresas não financeiras não dispõem desse recurso.

Apenas as empresas financeiras podem reduzir o risco de crédito a ponto de possibilitar a criação de moeda interna. Manter um portfólio de crédito diversificado no lado do ativo, porém, não é suficiente para criar moeda interna. Imagine uma empresa financeira que faça isso, mas não estruture o lado do passivo de seu próprio balanço patrimonial; ou seja, que se financia apenas com capital próprio. Primeiro, ela não transforma os vencimentos — e, nessas condições, não elimina o risco da taxa de juros. Segundo, o risco de crédito ainda é significativo. As flutuações de preço dos ativos financeiros são assumidas integralmente pelo capital próprio da empresa. A criação de moeda interna exige que as empresas financeiras deem mais um passo: estruturar o lado do passivo, ou seja, emitir alguma forma de dívida que apresente liquidez contratual.

Lembre-se de que as atividades bancárias tradicionais são a aplicação mais simples possível de técnicas financeiras para criar moeda interna. O banco mantém um portfólio de contratos de crédito diversificados no lado do ativo e estrutura o lado do passivo em depósitos bancários e em patrimônio líquido. A diversificação reduz sua vulnerabilidade a choques idiossincráticos. A estruturação blinda os depósitos contra perdas resultantes desses choques. A agregação consiste na concessão de empréstimos com grandes valores nominais e na emissão de depósitos com valores nominais menores. Além disso, as reservas de liquidez no lado do ativo lastreiam a promessa de liquidez contratual. Embora executadas em vários balanços patrimoniais, as atividades bancárias paralelas aplicam as técnicas financeiras da mesma maneira que os serviços tradicionais.

Revendo o método das partidas dobradas

Pensar em atividades bancárias como aplicação específica de técnicas financeiras nos leva a uma norma contábil que acaba com as atividades bancárias. Para facilitar a compreensão, vamos formular primeiro uma norma de solvência técnica atualizada que impede a execução de atividades bancárias com todas as técnicas financeiras, exceto seguro. Na Parte 1, já apresentamos o conceito de solvência técnica. Para que uma empresa tenha solvência técnica, o valor de seus ativos deve ser superior ao valor de seus passivos; ou seja, o valor de seu patrimônio líquido deve ser positivo. Propomos a atualização da norma de solvência técnica nos seguintes termos:

O valor dos ativos reais de uma empresa deve ser maior ou igual ao valor dos passivos da empresa.

A única mudança em relação ao conceito atual de solvência técnica é a substituição de *ativos* por *ativos reais*. O que são ativos reais? Eles são definidos negativamente como todos os ativos que não são *ativos financeiros*, os quais por sua vez são ativos que aparecem no lado do passivo de outro balanço patrimonial implícito ou explícito. O critério que caracteriza um ativo financeiro é conectar dois balanços patrimoniais distintos. Balanço patrimonial implícito é o de indivíduos e empresas não obrigados a apresentar relatórios financeiros.[34]

Os direitos sobre contratos de crédito e patrimônio líquido são exemplos comuns de ativos financeiros.[35] Além disso, seguros e contratos derivativos constituem ativos financeiros para o beneficiário, na medida em que aparecem como passivos no balanço patrimonial da contraparte. Ao contrário do que ocorre com outras definições de ativos financeiros, dinheiro não se encaixa nessa definição. Como veremos no próximo capítulo, ele não conectaria mais dois balanços patrimoniais em um sistema financeiro sem atividades bancárias.

Embora manter dinheiro possa ser interpretado como deter direitos contra a sociedade em geral, ele não aparece no lado do passivo de nenhum balanço patrimonial.[36]

Portanto, os ativos reais incluem direitos de propriedade sobre objetos materiais e imateriais. Máquinas e ferramentas são exemplos de objetos materiais. Patente é exemplo de objeto imaterial. A existência física não é critério para que um ativo seja real. Se não for financeiro, o ativo é parte da economia real e, como tal, é um ativo real. Só a ligação com o balanço patrimonial determina se um ativo é considerado real ou financeiro.

Vamos definir o segundo conceito importante para a atualização da norma de solvência: *passivos*. Já os defini, na Parte 1, como obrigações que a empresa contraiu no passado, ou seja, tudo o que a empresa deve. Qualquer forma de híbridos dívida/patrimônio líquido, como títulos conversíveis e ações preferenciais, constitui passivo para fins de atualização da norma de solvência. Ações ordinárias são o único componente do lado do passivo de um balanço patrimonial que não é considerado passivo. Essa definição tão estreita de patrimônio líquido implica uma definição ampla de passivos. Sem ela, as empresas poderiam comprometer a atualização da norma de solvência com estruturas financeiras que envolvam diferentes níveis de preferência ou privilégio dos híbridos dívida/patrimônio líquido.

A norma de solvência atualizada se aplica a todas as empresas. É a única maneira de resolver o problema de fronteira. Apesar de termos distinguido entre empresas financeiras e não financeiras para facilitar a compreensão, ao deduzir a nova norma de solvência ela em si não depende dessa diferenciação. Aplica-se a todas as empresas, mas não a pessoas físicas. A razão é simples: pessoas físicas não são capazes de criar moeda interna em valores significativos. O crédito privado depende das pessoas que o lastreiam e sempre envolve risco de crédito.[37]

Depois de descrever todos os aspectos da norma de solvência atualizada, pretendo ilustrar as implicações com um exemplo. Assuma que o patrimônio líquido de uma empresa é de quarenta. Então essa empresa contrai um empréstimo de sessenta. Se destinar menos de quarenta a ativos financeiros, ela cumprirá a norma de solvência atualizada. Se destinar mais de quarenta, infringirá a norma. A Figura 9.2 mostra ambas as situações.

ATIVO		PASSIVO		ATIVO		PASSIVO	
20	Ativos financeiros	Passivos (empréstimos contraídos)	60	50	Ativos financeiros	Passivos (empréstimos contraídos)	60
80	Ativos reais			50	Ativos reais		
		Patrimônio líquido	40			Patrimônio líquido	40
100	Total	Total	100	100	Total	Total	100

Figura 9.2. Balanço patrimonial de uma empresa seguindo (*esq.*) e infringindo (*dir.*) a norma de solvência atualizada.

Sob a norma de solvência atualizada, a empresa não pode financiar ativos financeiros com dívidas, não importa quanto tome emprestado. Ela terá de manter todo o dinheiro emprestado em moeda externa ou usá-lo para adquirir ativos não financeiros, como imóveis, estruturas, equipamento, patentes ou estoque. Podemos ler a norma de solvência atualizada da seguinte maneira:

O valor total dos ativos financeiros de uma empresa deve ser menor ou igual ao valor de seu patrimônio líquido.

Essa leitura enfatiza que as empresas devem lastrear ativos que são passivos de terceiros com seus próprios fundos. As empresas não podem financiar crédito ou dívidas com crédito de terceiros.

Embora essa prescrição possa parecer conservadora, se aplicada no âmbito de toda a economia, ela evita a formação de uma cadeia de balanços patrimoniais. A solvência de um balanço patrimonial não depende mais da solvência de outros balanços patrimoniais cadeia acima. Assim, a norma evita que as empresas exponham seus balanços patrimoniais ao risco financeiro sistêmico.

Usar depósitos para financiar empréstimos, MBS para financiar hipotecas ou repos para financiar MBS não seria possível sob a norma de solvência atualizada. Ela acaba efetivamente com as atividades bancárias tradicionais e com todas as formas atuais de atividades bancárias paralelas. No entanto, ainda permite a aplicação de técnicas financeiras para sustentar uma economia descentralizada e intensiva em capital na era digital.

Empréstimos desintermediados, como empréstimos ponto-a--ponto, não sofrem restrições pela norma de solvência atualizada. As plataformas de empréstimos ponto-a-ponto não mantêm ativos financeiros em seus balanços patrimoniais, pois apenas facilitam empréstimos entre terceiros. O modelo de negócios de fundos mútuos de investimento tampouco é afetado pela norma de solvência atualizada; qualquer empresa pode manter um portfólio diversificado de ativos financeiros se for totalmente financiado por capital próprio.

As atividades bancárias, porém, continuam desfrutando de uma lacuna legal. A norma de solvência atualizada permite que usem técnicas de seguro. Imagine uma empresa financeira que apenas emita capital próprio e mantenha um portfólio diversificado de ativos financeiros com baixo risco de crédito. Essa empresa — um fundo mútuo — não cria moeda interna. E, sob a norma de solvência atualizada, não é capaz de fazê-lo estruturando o lado do passivo. Ela poderia, porém, obter seguro de outra empresa financeira, para converter seu capital próprio em moeda interna.

Esse seguro lembra as garantias de crédito e liquidez que já examinamos ao falar sobre ABCP. Ele poderia obrigar a seguradora a sempre comprar cotas do fundo mútuo, ao par, se algum cotista quiser vendê-las. Se o compromisso for confiável, as cotas do fundo mútuo se transformam em moeda interna; o seguro elimina o risco de crédito e oferece liquidez contratual.

Cientes de que bastará uma notificação à seguradora para converter, imediatamente, uma cota em moeda interna, as pessoas aceitarão as cotas como meio de troca. Assim, o seguro poucas vezes será usado em tempos normais. Se as pessoas confiarem na credibilidade do contrato de seguro, não terão nenhuma razão para testá-la, convertendo cotas em moeda externa. Por sua vez, a seguradora não precisará constituir reservas de liquidez para cumprir sua garantia de recompra das cotas. Voltamos às atividades bancárias.

A norma de solvência sistêmica

Como evitar que as empresas abusem de técnicas de seguro em atividades bancárias? A análise cuidadosa das ligações entre balanços patrimoniais foi sensata antes e continua sendo uma boa ideia. A garantia de recompra de cotas não só converte cotas em moeda interna — ela também aparece como passivo no balanço patrimonial da seguradora. A questão é como o passivo deve ser avaliado para determinar se a empresa é solvente. A avaliação deve ser tal que a seguradora seja desencorajada de participar de atividades bancárias, embora as técnicas de seguro para usos sensatos devam ser sempre possíveis. Para tanto, propomos a seguinte norma de solvência sistêmica:

O valor dos ativos reais de uma empresa deve ser maior ou igual ao valor dos passivos da empresa na pior situação financeira.

A norma de solvência sistêmica é uma generalização da norma de solvência atualizada, como analisamos antes. Nesse ponto, é preciso introduzir outro conceito — de pior situação financeira — para evitar que os seguros sejam usados como atividades bancárias.

Para isso, no entanto, tenho de apresentar outras definições. Lembre que, como dissemos, ativo financeiro é um ativo que aparece no lado do passivo de outro balanço patrimonial implícito ou explícito. Suponha que *contrato financeiro* denote tanto o ativo financeiro quanto o respectivo passivo no balanço patrimonial interligado. Assim, esse conceito, embora se relacione estreitamente com o de ativo financeiro, é mais amplo, uma vez que o passivo relacionado com o ativo financeiro também é parte dele.

Também podemos diferenciar contratos financeiros contingentes e não contingentes. As obrigações nominais de um *contrato financeiro não contingente* são plenamente definidas por escrito. Um contrato de empréstimo formal e expresso, com estipulação rigorosa de todas as condições, se enquadra nessa categoria. As partes estabelecem desde o início quando e como o dinheiro troca de mãos. As obrigações nominais são não contingentes ou dependentes de eventos futuros.

Um contrato financeiro em que as obrigações nominais não são determinadas desde o começo e de maneira conclusiva é um *contrato financeiro contingente*.[38] Os derivativos e os contratos de seguro são exemplos típicos de contratos financeiros contingentes. A obrigação nominal de um contrato de seguro contra incêndio, por exemplo, não é determinada no início. O contrato constitui uma obrigação nominal de zero para a seguradora se o contrato vencer sem que o incêndio tenha ocorrido. Se sua casa pegar fogo, você calcula os danos, e a obrigação nominal da seguradora será definida com base neles.

Nos contratos financeiros contingentes, a obrigação nominal depende de eventos reais ou de *eventos financeiros*, que são a mudança no estado de outro contrato financeiro quanto aos seus valores ou especificações em certo ponto do tempo. Por exemplo, o preço de mercado de determinada ação em determinado momento é um evento financeiro. Como tal, a opção de comprar certa ação em certo momento é um contrato financeiro contingente de um evento financeiro. Do mesmo modo, a ocorrência do calote de um tomador em um contrato de crédito é um evento financeiro. Dessa maneira, o swap de crédito é um contrato financeiro contingente de um evento financeiro. Uma mudança na taxa de juros de referência, a ser estipulada entre as partes, em determinado contrato de crédito, em determinado momento no futuro, para estabelecer a taxa de juros flutuante de um swap de taxa de juros também é um evento financeiro.[39]

Evento real é todo aquele que não é financeiro. Um incêndio em sua casa é um evento real. Além disso, o preço de mercado de um ativo real, como milho, também é um evento real, uma vez que é consequência da oferta e da demanda por um ativo real.

Observe que o fato de um contrato financeiro contingente depender de um evento real não o torna um ativo real. Ele também se enquadra na definição de ativo financeiro apresentada acima. As empresas que têm seguro e que mantêm contratos derivativos no lado do ativo devem tratar esses contratos como ativos financeiros para calcular a solvência sistêmica. Porém é importante saber se a contingência está ligada a um evento real ou a um evento financeiro para determinar a *pior situação financeira*.

Trata-se de quando todos os eventos financeiros relevantes para determinar as obrigações nominais decorrentes de contratos financeiros contingentes ocorrem nas condições mais prejudiciais para o valor do patrimônio líquido da empresa. Não depende de probabilidades e é conceitualmente diferente da ponderação de risco. A probabilidade de que um evento financeiro possa de fato ocorrer no mundo real não importa para a determinação da pior situação financeira, que é dada pelas características legais do contrato e não é determinada por probabilidades estatísticas. Se a obrigação legal de um contrato financeiro é ilimitada, considerando os eventos financeiros teoricamente possíveis, o valor do contrato na pior situação financeira possível é igual a menos infinito.

A norma de solvência sistêmica distingue entre compartilhamento de risco real e mudança de risco financeiro. Por isso usamos o termo: pior situação *financeira*. Hoje, o valor contábil de passivos reais securitários — às vezes denominados reservas — não é diferente do valor na pior situação financeira. Uma seguradora que segure ativos reais pode registrar os contratos financeiros contingentes daí resultantes com o mesmo valor de hoje. O que se aplica a todos os contratos financeiros contingentes que derivam seu valor de eventos reais. As avaliações de passivos oriundos de contratos futuros de milho ou de contratos a termo de petróleo na pior situação financeira, por exemplo, não diferem das avaliações contábeis correntes. Esses contratos contingentes, porém, devem ser avaliados em zero para cálculo da solvência sistêmica se aparecerem no lado do ativo do balanço patrimonial de uma empresa.

Em contraste com a avaliação de contratos financeiros contingentes que derivam seu valor de eventos reais, os que derivam seu valor de eventos financeiros serão avaliados de maneira diferente na pior situação financeira. Por exemplo, os preços de mercado de direitos sobre ações podem acabar em algum lugar entre zero e infinito. Portanto, o vendedor de uma opção de compra sobre ações — um contrato financeiro contingente que deriva seu valor de um

CONTRATO FINANCEIRO	PIOR SITUAÇÃO FINANCEIRA	VALOR NA PIOR SITUAÇÃO FINANCEIRA
Empréstimo	O tomador dá calote e o valor de recuperação é zero.	0
Patrimônio líquido	A empresa vai à falência e nada sobra depois de pagar os credores.	0
Compra de CDS (isto é, compra de proteção de crédito, pagando antecipado o prêmio)	A proteção do crédito não é usada ou a contraparte do CDS dá calote.	0
Venda de CDS (isto é, venda de proteção de crédito recebendo antecipado o prêmio)	O título subjacente dá calote e o valor de recuperação é zero.	Menos o valor nominal segurado
Compra de opção de compra sobre ações	O preço das ações acaba abaixo do preço de exercício da opção de compra ou a contraparte dá calote.	0
Venda a descoberto de opção de compra sobre ações	Teoricamente, não há limite superior para o preço de ações.	Menos infinito
Venda de opção de compra sobre ações e posse de ações	O preço da ação cai a zero. Nesse caso, o valor é zero e a opção de compra não será exercida.	0
Compra de uma opção de venda sobre uma ação	O preço da ação acaba acima do preço de exercício da opção de venda ou a contraparte dá calote.	0
Venda a descoberto de uma opção de venda sobre uma ação	O preço da ação cai a zero e a opção de venda é exercida pelo comprador.	Menos o preço de exercício
Repo	O tomador dá calote e o valor do ativo financeiro usado como garantia cai a zero.	0

Figura 9.3. Exemplos do conceito de pior situação financeira.

evento financeiro — está sujeito, teoricamente, a uma perda potencial ilimitada.[40] Para dar outro exemplo, a taxa de referência de um swap de taxa de juros pode acabar em qualquer lugar; as partes envolvidas no estabelecimento da taxa de referência podem concordar com qualquer taxa de juros. Por conseguinte, um swap de taxa de juros se torna um passivo de valor infinito na pior situação financeira. Uma garantia de crédito é um exemplo de contrato financeiro para o qual a pior situação financeira resulta em valor limitado. Se uma empresa oferece uma garantia de crédito em um empréstimo, o valor dessa garantia de crédito na pior situação financeira é menos o valor nominal do empréstimo. Na Figura 9.3, apresentamos as piores situações financeiras em alguns contratos financeiros, para esclarecer o conceito.

Cabe aqui uma observação importante. Alguns contratos financeiros contingentes podem passar do lado do ativo para o lado do passivo e vice-versa, ao longo de sua vigência. Um swap de taxa de juros, por exemplo, é um contrato financeiro contingente pelo qual uma parte — o recebedor — recebe taxa de juros fixa e paga taxa de juros flutuante vinculada a uma taxa de referência. Se a taxa de referência esperada do swap for inferior à taxa de juros fixa, a avaliação corrente é positiva e o swap aparece como ativo no balanço patrimonial do recebedor.[41] Assim que a taxa de referência supera a taxa de juros fixa, o swap de taxa de juros muda do lado do ativo para o lado do passivo do balanço patrimonial do recebedor.

Assim, um contrato financeiro que é hoje contabilizado como ativo financeiro pode se tornar passivo na pior situação financeira. No caso do swap, por exemplo, a pior situação financeira é a da taxa de juros de referência aumentar ao infinito. Nesse caso, o swap de taxa de juros se torna passivo. Para a avaliação de um contrato financeiro na pior situação financeira, não importa que ele esteja sendo contabilizado no lado do ativo ou no lado do passivo. Para o propósito de calcular a taxa de solvência sob a nova norma, o contrato financeiro contingente que hoje aparece como ativo financeiro pode se tornar passivo.

A norma de solvência sistêmica preenche a última lacuna e torna impraticável usar técnicas de seguro para fins de atividades bancárias. Vamos esclarecer essa ideia por meio do exemplo já usado. Lembre-se de que o fundo mútuo levantou cem de patrimônio líquido e investiu essa quantia em um portfólio diversificado de ativos financeiros. Ele procura uma seguradora que lhe venda uma garantia de recompra de patrimônio líquido para convertê-lo em moeda interna.

Imagine que a seguradora pense em emitir essa garantia para o fundo mútuo. A garantia de recompra de patrimônio líquido constitui um contrato financeiro contingente. O valor nominal da obrigação depende do valor futuro do patrimônio líquido do fundo mútuo — ou seja, depende de um evento financeiro. Assim, a seguradora precisa calcular a pior situação financeira possível para a garantia e verificar se seu passivo não será mais alto que o valor de seus ativos reais.

A pior situação financeira da garantia de recompra de patrimônio líquido é inequívoca. É aquela em que as cotas do fundo mútuo perderam totalmente o valor e todos os cotistas venderam suas cotas à seguradora. Portanto, o passivo da garantia de recompra do patrimônio líquido vale cem na pior situação financeira possível. Assumindo que não tenha outros passivos, a seguradora precisa manter pelo menos cem em moeda externa ou em ativos reais antes de oferecer a garantia. Ambos os tipos de ativos são extremamente inadequados para lastrear a criação de moeda interna. Manter cem em ativos reais não é viável por causa dos custos de armazenamento. É menos dispendioso manter apenas moeda externa do que ativos reais; porém lastrear criação de moeda interna com moeda externa compromete o objetivo. Cem de moeda externa são necessários para criar cem de moeda interna. Sob a norma de solvência sistêmica, oferecer seguro financeiro para o propósito de atividades bancárias acaba sendo economicamente inviável.

A norma de solvência sistêmica e o fim das atividades bancárias

Tanto as atividades bancárias restritas quanto as atividades bancárias com propósitos limitados se tornam presas do problema de fronteira, da mesma maneira que a regulação bancária tradicional. Ambas as propostas tentam controlar os problemas com as atividades bancárias tradicionais no nível institucional e regular empresas denominadas bancos ou instituições financeiras. Os atividades bancárias, contudo, estão estritamente ligadas ao método das partidas dobradas. Na era digital, encontrarão seu caminho através de empresas não reguladas.

A norma de solvência sistêmica enfrenta um problema na origem no nível da contabilidade. Minha abordagem não depende de uma distinção legal complicada entre bancos e não bancos, ou entre instituições financeiras e não financeiras. A virtude da norma da solvência sistêmica consiste em sua universalidade. Ela se aplica ao balanço patrimonial de todas as empresas.

Empresas não financeiras, contudo, dificilmente sentirão algum impacto decorrente da nova norma. No lado do passivo do seu balanço patrimonial, o patrimônio líquido geralmente representa de 30% a 40% do total dos passivos.[42] No lado do ativo, as empresas não financeiras mantêm em grande parte ativos reais. O valor dos ativos reais de empresas não financeiras nos Estados Unidos é, em média, maior do que o valor dos passivos.[43] A maioria das empresas não financeiras já cumpre a nova norma de solvência. Algumas precisarão levantar mais patrimônio líquido ou vender alguns ativos financeiros. No entanto, nenhum modelo de negócios no setor não financeiro é ameaçado pela norma de solvência sistêmica.[44]

A norma de solvência sistêmica efetivamente mira as atividades bancárias. Nessas condições, as empresas financeiras que não executam atividades bancárias têm mais liberdade do que se estivessem sujeitas a um regime de atividades bancárias restritas ou de atividades bancárias com propósitos limitados. Chega-se a essa conclusão pelo fato de as normas de solvência sistêmica conterem ambas as propostas. Bancos restritos que mantêm 100% de seus passivos em moeda cumprem a nova norma. Também o fazem os com propósitos limitados, que são totalmente financiados com patrimônio líquido.

Parece paradoxal, mas o fato de a norma de solvência sistêmica ter ampla abrangência a torna menos restritiva que as abordagens institucionais para regular as atividades bancárias. Uma vez que as abordagens institucionais — como os requisitos de capital tradicionais, atividades bancárias restritas ou atividades bancárias com propósitos limitados — sempre depararam com o problema de fronteira, os reguladores precisaram adaptar e expandir a regulação. Com o passar do tempo, eles se tornam cada vez mais intervencionistas, na medida em que tentam controlar esses serviços. Assim, a regulação institucional das atividades bancárias tende a se tornar mais complexa e cada vez mais restritiva.

Em contraste, a norma de solvência sistêmica permite total flexibilidade dentro de fronteiras bem delimitadas. A nova norma admite vários modelos de negócios que não têm lugar em atividades bancárias restritas nem em atividades bancárias com propósitos limitados. A norma de solvência sistêmica acaba com as atividades bancárias, mas deixa tudo o que está acontecendo entre suas fronteiras por conta da competição dinâmica. Não impõe restrições desnecessárias, por exemplo, às instituições financeiras que operam em canais de empréstimo desintermediados; nem os emprestadores ponto-a-ponto nem os assessores financeiros são afetados por ela.

Além disso, a norma de solvência sistêmica é simples de aplicar, sem provocar os excessos a que estamos acostumados sob a atual regulação de atividades bancárias. As restrições impostas pela nova norma podem ser monitoradas por contadores certificados e por auditores externos, que já auditam os balanços patrimoniais. Pessoas físicas e sociedades com responsabilidade integral não estão sujeitas à nova norma e não precisam ser monitoradas. Sua adoção possibilita a revogação de grande parte da atual regulação dispendiosa e a extinção de agências de fiscalização, mas não exige novas instituições.

Dar fim às atividades bancárias é uma tarefa delicada. As abordagens institucionais estão condenadas ao fracasso por causa do problema de fronteira. Apenas o enfrentamento no nível fundamental da contabilidade será bem-sucedido. A origem das atividades bancárias reside no método das partidas dobradas, assim como seu fim.

CAPÍTULO 10

O papel do setor público

Acabar com as atividades bancárias envolve redefinir o papel do serviço público na organização do sistema financeiro. Um sistema financeiro sem atividades bancárias não estaria mais sujeito ao pânico bancário. Os governos não teriam mais de garantir os passivos de qualquer instituição privada para salvaguardar o sistema financeiro. Em um sistema financeiro sem atividades bancárias, a lógica da regulação bancária desmoronaria e o governo assumiria novo papel na organização do crédito.

Como atividades bancárias consistem na criação de moeda por meio do crédito, acabar com elas impacta a organização da moeda. A distinção entre moeda interna e moeda externa deixa de fazer sentido e se torna inútil. A política monetária precisa ser reconsiderada, uma vez que atualmente se desenvolve em torno dos bancos e da criação de moeda interna. Como no caso do crédito, precisamos redefinir o papel das instituições públicas na organização da moeda.

Organização pública da moeda

Lembre-se da função da moeda no sistema financeiro: fazer pagamentos correntes. Ela é essencial numa economia descentralizada. Seu uso como meio de troca leva à formação de preços, o que coordena as atividades econômicas.

Os preços devem refletir as condições econômicas sem distorções resultantes do sistema financeiro. Na Introdução deste livro, falamos de moeda e crédito como um espelho, enquanto os preços eram o reflexo da economia real nele. Distorções no sistema de preços geram uma imagem desfocada ou nebulosa das condições econômicas, o que, por sua vez, acarreta erros de cálculo.

O objetivo da organização da moeda é claro: ela deve ser organizada de modo a evitar distorções de preços sistemáticas. Mudanças na quantidade de moeda em circulação não devem levar a reduções ou a aumentos inesperados no nível de preços. Eles não devem ser distorcidos pela organização da moeda. Em outras palavras, devemos almejar um sistema de preços funcional — ou seja, a estabilidade de preços — ao organizar a moeda.[1]

Um sistema de preços funcional é um bem público clássico, uma vez que preços não distorcidos não são rivais e não se excluem. Além de sua característica de bem público, um sistema de preços funcional também é um bem de rede. Nessas condições, o fornecimento de um sistema de preços pode ser considerado um monopólio natural. Um sistema de preços funcional é mais eficiente que muitos sistemas de preços. Tanto os efeitos de rede quanto a natureza de bem público de um sistema de preços funcional sugerem que a organização da moeda é um assunto público.[2]

A política monetária já é atribuição do governo. No entanto, ainda é preciso adaptá-la a um sistema financeiro sem atividades bancárias. Os instrumentos de política monetária atualmente em uso não se prestam mais aos seus objetivos iniciais e, portanto, já não são uma opção. Num sistema financeiro sem atividades bancárias, as atividades dos bancos centrais perdem o sentido. Já não há razão para que o Banco Central atue como emprestador de última instância e ofereça acesso privilegiado ao crédito a um grupo seleto de instituições privadas. Tanto os instrumentos de política monetária quanto a configuração institucional da autoridade monetária precisam ser reconsiderados.

Moeda digital: estabilidade dos preços na era digital

Antes de analisarmos os instrumentos de política monetária, vamos enfatizar mais uma vez seu objetivo: dar estabilidade aos preços. Devemos almejar um sistema de preços funcional ao conceber novos instrumentos de política monetária. A mudança da moeda de papel para a digital atende a esse objetivo. Um sistema financeiro da era digital não deixa espaço para a moeda física.

À primeira vista, talvez pareça uma mudança radical. Observe, porém, que grande quantidade de moeda externa — as reservas do Banco Central mantidas pelos bancos — já existe apenas na forma digital. Além disso, quase a totalidade de nossos pagamentos diários em moeda interna são feitos por via eletrônica. Seja no pagamento de um café com cartão de débito ou de crédito, seja no de um livro pela internet, não ocorre movimentação física de dinheiro.

A moeda eletrônica, porém, suscita questões de privacidade a ser abordadas. O setor público tem plena consciência da necessidade de considerar o desejo das pessoas de realizar transações econômicas anônimas. Se esse anseio for ignorado, é provável que algumas instituições privadas entrem em cena e atendam a essa demanda, oferecendo serviços de pagamento anônimos.

As vantagens da moeda digital são várias.[3] A mais importante para a organização do sistema financeiro é que propicia a adoção de instrumentos monetários poderosos para a promoção da estabilidade dos preços. Em especial, podemos manejar com muito mais eficácia o limite inferior zero, na medida em que se pode implantar uma taxa de liquidez sem qualquer ônus administrativo.

Manejando o limite inferior zero com taxa de liquidez

A taxa de liquidez é uma taxação incidente sobre os detentores de moedas, semelhante ao pedágio das rodovias. Ela pode ser comparada a juros negativos incidentes sobre reservas em dinheiro. Por exemplo, se você mantiver cem em moeda durante um ano em sua carteira (digital) e a taxa de liquidez anual for de 5%, acabará com 95 no fim de um ano. A taxa de liquidez aumenta continuamente, e seus efeitos são comparáveis aos da inflação. Se você mantiver cem em dinheiro e a inflação for de 5%, perderá cerca de 5% em poder de compra, o mesmo que pagaria com uma taxa de liquidez de 5% e inflação zero.[4]

Hoje, os bancos centrais miram uma inflação positiva para lidar com o limite inferior zero.[5] A taxa de inflação positiva atenua a restrição imposta pelo limite inferior zero de que as taxas de juros nominais não podem cair abaixo de zero. Com a inflação, as pessoas sempre perdem poder de compra em suas reservas em dinheiro. Elas são incentivadas a gastá-lo ou a emprestá-lo, mesmo que a taxas de juros baixas. Os efeitos econômicos da inflação são semelhantes aos da taxa de liquidez.

A inflação, porém, envolve incerteza e altos custos, de modo que não é o instrumento ideal para lidar com o limite inferior zero. Ela é difícil de controlar, porque depende das expectativas das pessoas tanto quanto da política monetária. Já vimos que é difícil provocar inflação se a economia já está no limite inferior zero.[6] Quando ganha força, no entanto, a inflação pode fugir ao controle, distorcendo gravemente o sistema de preços. Além disso, a inflação inesperada gera custos, porque as pessoas precisam se adaptar às mudanças no nível geral de preços.[7]

A taxa de liquidez remove o limite inferior zero sem envolver as incertezas e os custos inerentes à inflação. Historicamente, a taxa de liquidez se revelou impraticável por causa do ônus administrativo que teria criado. Imagine cobrar uma taxa mensal sobre todas as notas e moedas existentes na economia? Esse problema desaparece com a moeda digital. Nesse caso, a taxa de liquidez pode ser aplicada continuamente, a custos desprezíveis.[8]

A taxa de liquidez retira moeda de circulação por suas próprias características. Para promover a estabilidade de preços, a autoridade monetária também precisa de um instrumento para injetar moeda em circulação. A renda incondicional é um exemplo simples e eficaz de como fazer isso.

Injeção de moeda por meio da renda incondicional

Propor a renda incondicional como instrumento de política monetária é incomum, mas ela é o instrumento de política monetária perfeito para promover a estabilidade dos preços. Isso também expõe a configuração injusta da política monetária no atual sistema bancário. Não conseguimos imaginar nenhuma razão plausível para que umas poucas instituições privadas tenham acesso privilegiado à moeda. No atual sistema bancário, "alguns animais são mais iguais que outros".

A renda incondicional, ao contrário, é igual por sua própria concepção. A autoridade monetária independente emite nova moeda apenas a transferindo para os cidadãos. Todos recebem a mesma quantia de renda incondicional independentemente de quaisquer características pessoais, como emprego ou idade. Portanto, o conceito se aproxima de uma garantia de renda básica.[9]

A renda incondicional usada como instrumento de política monetária, contudo, é muito baixa para proporcionar um padrão de vida acima da linha de pobreza. Seria ilusório chamá-la de *básica*. Além disso, a renda incondicional é apenas um meio para alcançar um fim — a estabilidade de preços. Como tal, ela não pode se manter fixa e, portanto, não é renda *garantida*. A autoridade monetária pública vez por outra terá de ajustar o valor da renda incondicional para manter a estabilidade de preços num ambiente econômico dinâmico.

Hoje, os lucros da criação de moeda externa pelos bancos centrais são, em geral, canalizados para os governos.[10] Algumas propostas de atividades bancárias restritas, como a moeda positiva, querem manter esse esquema, transferindo todas as emissões de moeda para os governos. Eu me oponho a essa visão, mas minha preferência pela renda incondicional talvez pareça pouco relevante se o governo representa o povo. Injetar moeda por meio de renda incondicional, porém, tem duas vantagens importantes.

Primeiro, a distribuição contínua de renda incondicional para a população põe em prática, imediatamente e de maneira ampla, a política monetária. As pessoas usam a renda incondicional para consumir ou investir. Se, no entanto, a moeda fosse injetada via despesas públicas, os processos políticos afetariam como, onde e quando a moeda entraria na economia. Os efeitos sobre o sistema de preços se tornariam menos imediatos e mais descontínuos. As despesas públicas são menos eficazes como instrumento de política monetária para alcançar a estabilidade de preços. O mesmo pode ser dito sobre a política monetária corrente, que também distorce os preços. Hoje, os bancos centrais injetam dinheiro comprando ativos financeiros, o que afeta os preços desses ativos. Só a renda incondicional como instrumento de política monetária possibilita a injeção de moeda sem distorcer os preços.[11]

Segundo, as pressões políticas sobre a autoridade monetária são mais altas em um sistema em que se injeta moeda por meio do governo. Essa configuração pode tentar os governos a aumentar a senhoriagem às custas da estabilidade dos preços. Se a autoridade monetária fosse limitada pela constituição a injetar moeda somente por meio de renda incondicional, a interferência do governo na política monetária seria atenuada.

Independência da política monetária

Vamos enfatizar mais uma vez que a renda incondicional é um subproduto da política monetária, não um objetivo. O único objetivo da política monetária é a estabilidade de preços. Uma estrutura normativa rigorosa deveria governar o uso dos instrumentos de política monetária com o objetivo único de promover a estabilidade dos preços.

Em contraste com os instrumentos de política monetária usados hoje, tanto a taxa de liquidez quanto a renda incondicional são totalmente transparentes, fáceis de compreender e igualitárias por concepção. Se a autoridade monetária pretendesse usar seus instrumentos sem a intenção expressa de buscar a estabilidade dos preços, poderia subsidiar ou tributar todas as pessoas, bastando, para tanto, respectivamente, aumentar a renda incondicional ou aumentar a taxa de liquidez. Sem transgredir abertamente as normas constitucionais, é difícil favorecer grupos de interesses ou resgatar instituições privadas usando a política monetária. Para blindar ainda mais a política monetária em relação às influências políticas, ela deve ser configurada com o máximo de independência em relação a outras atividades do governo.[12]

Relações entre política monetária e política fiscal

Um contexto normativo rigoroso, com independência em relação ao governo, rompe a ligação estreita entre política monetária e fiscal. Hoje, o Banco Central não só canaliza seus lucros para o governo, mas também usa títulos públicos para conduzir a política monetária. Já analisamos como as posições do Fed em títulos públicos atingiram níveis sem precedentes depois da crise financeira de 2007-8. Além disso, lembre-se de que os requisitos de capital estimulam os bancos a manter posições em títulos públicos. Se o governo tem dificuldade em arcar com o serviço da dívida, os bancos centrais são forçados a intervir, ou os bancos logo sofreriam perdas que acabariam degenerando em pânico bancário e distorceriam o sistema de preços.

Em um sistema financeiro sem atividades bancárias, a autoridade monetária pode se comprometer, de maneira confiável, a não resgatar governos. Por sua vez, os governos são forçados a manter um orçamento sustentável, embora não necessariamente equilibrado. Sem subverter a norma constitucional de que a política monetária se limita aos dois instrumentos de taxa de liquidez e renda incondicional, a autoridade monetária não pode comprar nem garantir dívidas públicas. Os governos não poderiam mais diluir sorrateiramente os custos de despesas insustentáveis entre a população por meio da inflação.

Se o governo não for capaz de pagar a dívida, não terá escolha senão dar calote e negociar com os credores. Quando isso acontece, todos os detentores de dívida pública sofrem perdas. Por causa da norma de solvência sistêmica, contudo, não ocorrerão efeitos de segundo nível e nenhuma crise sistêmica vai se dissipar. Ninguém que não esteja exposto à dívida pública sofrerá perdas.

Se o governo der calote sem pôr em risco a funcionalidade do sistema financeiro, as pessoas serão mais cautelosas ao emprestar dinheiro a ele, monitorando com cuidado a sustentabilidade do orçamento público. Se concluírem que o governo não está atuando com responsabilidade, podem exigir taxas de juros mais altas ou se recusar a financiar a dívida pública. Para gastar mais do que arrecada, o governo terá de conquistar a confiança de emprestadores potenciais, ou seja, dos cidadãos.[13]

Organização privada do crédito

A norma de solvência sistêmica previne os efeitos sistêmicos resultantes não só dos calotes do governo, mas em geral. A organização do crédito desse modo não tem características de rede. Tampouco é um bem público. As justificativas que encontramos para organizar a moeda como assunto público não prevalecem no âmbito do crédito.

Em um sistema financeiro sem atividades bancárias, os governos devem se recusar a oferecer qualquer garantia de crédito cujo objetivo seja evitar pânicos bancários. Em especial, os seguros de depósito, as facilidades de emprestador de última instância e as garantias abrangentes de empresas "grandes demais para ir à falência" são supérfluas sob a norma de solvência sistêmica.

Sem garantias do governo, também desaparecem as razões para a regulação extensiva. Os governos não terão mais de lidar com requisitos de capital ponderados pelo risco, com modelos de gestão do risco, nem com inúmeras outras formas de regulação que hoje formam a organização do crédito corrente.

O crédito não exige tratamento especial em um sistema financeiro sem atividades bancárias. O governo deve implantar uma estrutura regulatória competitiva em relação a ele, que trate o setor financeiro como qualquer outra atividade. Em essência, essa estrutura inclui um sistema legal efetivo e eficiente para garantir o cumprimento dos contratos privados, o indiciamento de participantes do mercado que se envolvam em práticas fraudulentas e leis antitruste para evitar a cartelização ou a monopolização por atores poderosos.[14]

Ao contrário da moeda, o crédito pertence à esfera privada. Ele prosperará numa estrutura regulatória competitiva. Da mesma maneira que as empresas desenvolvem produtos melhores e mais baratos em outros setores, um mercado de crédito competitivo melhorará ao fornecer liquidez, gerenciar o risco de crédito e manejar informações assimétricas.

CAPÍTULO 11

O panorama geral

Ao longo deste livro, apresentei numerosos conceitos econômicos, expus fundamentos de contabilidade e mencionei diversas instituições. Percorremos juntos um longo caminho, e agora é hora de olhar o panorama geral. Uma perspectiva macroeconômica revela a essência das nossas propostas de reforma. Um sistema financeiro sem atividades bancárias é diferente de um sistema bancário de duas maneiras fundamentais: separa as funções da moeda e do crédito e estabelece fronteiras claras entre as esferas pública e privada.

Atividades bancárias descontroladas e alocações indevidas

Observei na Introdução que o sistema financeiro é a contraparte virtual da economia real. Só com um sistema financeiro funcional é possível formar preços sem distorções. A organização da moeda e do crédito influencia a maneira como os preços exercem sua função econômica. Lembre que os preços coordenam as atividades econômicas, inclusive a acumulação de capital.

As atividades bancárias afetam a organização da moeda e do crédito. Eles serviram para ampliar a acumulação de capital na era industrial, mas isso foi alcançado às custas de uma grave distorção do sistema de preços nos pânicos bancários. Nessas situações, a destruição acelerada simultânea de moeda e crédito inibiu a atividade econômica real e agravou as recessões.

Antes da revolução digital, era possível manter sob controle os problemas das atividades bancárias combinando garantias governamentais e regulação bancária. As garantias do governo evitavam os pânicos bancários e os colapsos súbitos da moeda e do crédito. Ao mesmo tempo, a regulação bancária prevenia a tomada de riscos excessivos, que teria resultado no oposto: expansão irrestrita e rápida da moeda e do crédito.

Na Parte 2, analisei a fundo como a revolução digital prejudicou a funcionalidade do sistema bancário. A tecnologia da informação escancarou novas maneiras de contornar a regulação bancária. As restrições destinadas a coibir o excesso de tomada de riscos se tornou ineficaz. Os bancos não resistiram à oportunidade e criaram enormes quantidades de moeda interna em seus balanços patrimoniais. A consequência foi a eclosão das atividades bancárias paralelas, no prelúdio da crise financeira de 2007-8.

O surto de prosperidade econômica impulsionada por eles distorceu os preços e acarretou desajustes na economia real. Os excessos de moeda e de crédito resultantes das atividades bancárias descontroladas lançaram às alturas a demanda por imóveis e, em consequência, turbinaram os preços dos imóveis. Os sinais dos preços distorcidos dispararam um frenesi de construções. O trabalho, o capital físico e a energia se concentraram na construção de unidades habitacionais, para as quais acabou não havendo demanda real.[1]

As distorções das atividades bancárias descontroladas são sedutoras durante a fase de boom. Criam a ilusão de crescimento econômico e de criação de riqueza. As atividades de investimento se expandem, a geração de emprego acelera, o consumo aumenta e o preço dos ativos sobe. Quem atenta para um colapso iminente acaba tachado de alarmista e é desprezado. No fim das contas, tudo o que fazem as atividades bancárias descontroladas é inflar uma bolha de crédito insustentável.[2]

Depois que a bolha estoura, as pessoas se dão conta de que os recursos foram desperdiçados. Os preços se ajustam sob fortes pressões, o que ameaça a solvência de muitos tomadores. Os calotes subsequentes logo degeneram em pânico bancário em um setor que não está protegido pelas garantias do governo. O problema original das atividades bancárias, que eram consideradas resolvidas, reaparece em outro lugar.

Como nos pânicos bancários clássicos, o colapso repentino da moeda e do crédito distorce o sistema de preços. Dessa vez, os efeitos sobre os preços não provocam um surto de prosperidade, e sim uma recessão grave. A economia entra em espiral descendente de destruição de crédito, de contração monetária e de queda de preços. Os investimentos paralisam, o desemprego dispara e o consumo despenca.[3]

Na transição da prosperidade para a depressão, as atividades bancárias descontroladas resultam em perda de bem-estar. A desmesurada criação e destruição de moeda e de crédito em um sistema bancário descontrolado distorce os preços, levando a alocações indevidas de recursos na economia real. A causa das distorções é a ligação estreita que as atividades bancárias criam entre moeda e crédito, e a revolução digital é o motivo pelo qual o arcabouço regulatório não é mais capaz de conter essas distorções.

Atribuindo funções adequadas à moeda e ao crédito

Atividades bancárias descontroladas distorcem os preços porque moeda e crédito são as duas faces do sistema bancário. As funções de meios de pagamento corrente e diferido, respectivamente, não são distribuídas de maneira adequada. O crédito — na forma de moeda interna — pode ser usado para pagamentos correntes. Além disso, pode se tornar meio apropriado para pagamentos diferidos no limite inferior zero. A Figura 11.1 ilustra o sistema bancário de hoje.

Figura 11.1. Sistema financeiro com atividades bancárias: parte 1.

A nova norma de solvência rompe a ligação estreita que as atividades bancárias criam entre moeda e crédito. Ela atribui a função de pagamentos correntes exclusivamente à moeda. A autoridade monetária pode exercer controle integral sobre a quantidade de moeda em circulação, uma vez que o crédito não pode mais ser transformado em moeda. Sob a norma de solvência sistêmica, a concessão de crédito não resulta em criação de moeda.

A concessão de crédito só é possível se os detentores de moeda estiverem dispostos a abrir mão de seu poder de compra hoje em troca de poder de compra no futuro. Em um sistema financeiro sem atividades bancárias, as taxas de juros se convertem em preço relevante para a troca temporal de poder de compra. A expansão do crédito transfere o poder de compra corrente dos emprestadores para os tomadores. No sentido oposto, a contração do crédito apenas devolve o poder de compra dos tomadores para os emprestadores. Não há redução na quantidade de moeda nem pressão descendente nos preços dos bens e serviços reais. Sem atividades bancárias, a quantidade de moeda não depende mais diretamente da quantidade de crédito em aberto.

Existe, contudo, um efeito direto entre moeda e crédito, uma vez que a autoridade monetária almeja a estabilidade de preços. O crédito usado para investimentos produtivos aumenta a capacidade da economia de produzir bens e serviços reais. Nesse caso, a mesma quantidade de moeda encontra maior quantidade de bens e serviços reais no mercado. Os preços caem, induzindo a autoridade monetária a exercer seu mandato sobre a estabilidade de preços e a aumentar a quantidade de moeda.

Nessas condições, o crédito usado para fins produtivos acabará aumentando a quantidade de moeda. Já o crédito destinado a fins não produtivos, contudo, não produzirá o mesmo efeito. Em um sistema financeiro sem atividades bancárias, a moeda "esperará" para ver o que as empresas e os indivíduos farão com o crédito. Se for usado para fins produtivos, a quantidade de moeda aumentará.

A quantidade de moeda não é o único determinante da oferta de moeda, ou seja, a disponibilidade efetiva de um meio para pagamentos correntes. A oferta de moeda também depende da decisão das pessoas de gastar ou entesourar moeda. Em outras palavras, a velocidade de circulação também importa. Uma unidade monetária adicional que nunca é gasta aumenta a quantidade de moeda, mas não a oferta de moeda. Isso nos leva à segunda ligação entre moeda e crédito, que não se relaciona com as atividades bancárias, mas sim com a natureza física da moeda de hoje.

A moeda pode ser usada como reserva de valor. Nesse caso, deixa de ser um meio para pagamentos correntes. Para constatar essa realidade, precisamos adotar a perspectiva do detentor de moeda, que é um emprestador potencial. Se ele mantém a moeda para pagar bens e serviços amanhã, ela funciona como meio para pagamentos diferidos. Como tal, a moeda entesourada é usada da mesma maneira que o crédito. Se as pessoas entesouram moeda, a demanda por bens e serviços reais declina e há deflação. Foi o que aconteceu depois da crise financeira de 2007-8, com as reservas dos bancos centrais acomodadas ociosamente nos balanços patrimoniais dos bancos, depois que a taxa dos fundos federais atingiu o limite inferior zero.

A deflação aumenta o retorno real das posições em moeda e a torna mais atraente como reserva de valor. As taxas de juros no limite inferior zero podem levar a um colapso da velocidade de circulação e emaranhar a economia numa espiral deflacionária. Mais uma vez, a ligação entre moeda e crédito — desta vez resultante da função da moeda física como reserva de valor — é a causa da distorção dos preços.

A taxa de liquidez rompe a segunda ligação entre moeda e crédito, pois desestimula as pessoas de usar moeda para pagamentos diferidos — ou seja, de entesourar dinheiro. A taxa de liquidez completa a separação funcional da moeda como dispositivo para pagamentos correntes e do crédito como dispositivo para pagamentos diferidos. A Figura 11.2 mostra como vemos um sistema financeiro na era digital.

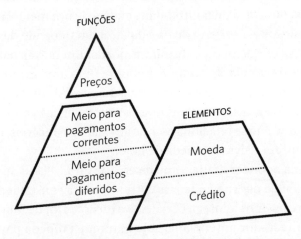

Figura 11.2. Sistema financeiro sem atividades bancárias: parte 1.

A moeda e o crédito são os meios para estabelecer o sistema de preços necessário para coordenar as atividades da economia real. Para que os preços não sejam distorcidos, a função de pagamentos correntes deve ser atribuída à moeda, e a função de pagamentos diferidos, ao crédito. A separação funcional em si, porém, não é suficiente; também é preciso segregar as esferas pública e privada.

Separando as esferas pública e privada

A Figura 11.3 mostra como as esferas privada e pública se sobrepõem na organização da moeda e do crédito. Por um lado, ao criar moeda interna, as instituições privadas se envolvem na organização da moeda, e a maior parte dela é fornecida por instituições bancárias privadas. Por outro, o crédito tampouco é um assunto completamente privado, uma vez que as instituições bancárias têm seus passivos garantidos pelo governo.

No sistema bancário atual, o setor público assume amplas responsabilidades não só pela moeda, mas também pelo crédito, e faz isso porque as instituições bancárias criam moeda por meio do crédito. Como o crédito afeta a oferta de moeda, também afeta o sistema de preços. Sendo responsável pela estabilidade dos preços, o setor público é forçado a assumir um papel importante também no crédito.

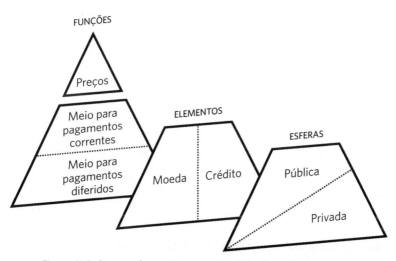

Figura 11.3. Sistema financeiro com atividades bancárias: parte 2.

Ao expandir suas garantias bancárias às instituições de atividades bancárias paralelas, os governos eliminaram uma correção de distorções de preços no desfecho da crise financeira de 2007-8. Sem regulação bancária eficaz, precisam garantir cada vez mais crédito depois de cada crise financeira para proteger o sistema de preços contra a materialização do risco de liquidez.

A organização do crédito, porém, não pode se basear indefinidamente na eliminação dos riscos quando estes começam a afetar a organização da moeda. Quanto mais moeda interna o governo garante, menos confiável se torna a promessa de estabilidade de preços. Com cada vez mais moeda interna garantida, sem a adoção de regulação eficaz, mais fortes serão as intervenções necessárias para corrigir as distorções de preços.

A organização do crédito precisa admitir riscos, da mesma maneira como as normas sensatas de prevenção de incêndios florestais não adotam o princípio de eliminação total do risco.[4] A economia real sempre enfrenta altas e baixas imprevisíveis. O crédito — como acordo bilateral — está ao sabor da maré econômica. Quem desfruta a possibilidade de benefícios deve assumir o risco de adversidades. O setor público interessado na estabilidade duradoura do sistema financeiro deve se abster de fornecer quaisquer garantias ao crédito.

Sob a norma de solvência sistêmica, tumultos no mercado de crédito não resultarão mais em pânico bancário. Não se cria mais moeda por meio do crédito, e as garantias de crédito do governo podem ser retiradas com segurança. A autoridade monetária já não enfrenta situações em que precisa sacrificar seu objetivo primordial de estabilidade dos preços. Ao se desvencilhar de quaisquer compromissos referentes ao crédito, o setor público pode se empenhar, confiante, no funcionamento do sistema de preços.

Agora temos condições de traçar uma linha divisória clara entre os setores público e privado. A Figura 11.4 mostra essa separação. Enquanto a organização da moeda pertence à esfera pública, o crédito fica por conta das forças competitivas, a serem organizadas pela esfera privada. Tanto a segregação funcional quanto a atribuição clara das funções aos setores privado e público fornecem os fundamentos para um sistema financeiro estável, eficaz e justo na era digital.

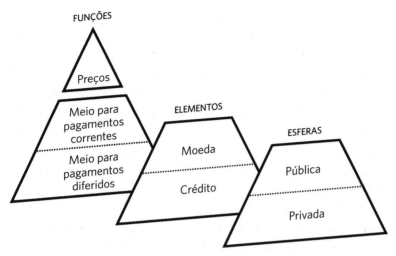

Figura 11.4. Sistema financeiro sem atividades bancárias: parte 2.

CONCLUSÃO

Na era digital, o sistema financeiro se converteu em uma complexa aberração. Alguns dos melhores físicos, matemáticos e advogados trabalham nas atividades bancárias modernas. Eles falam uma língua diferente e criam produtos que pessoas de fora não conseguem compreender. Isso dificulta ainda mais o debate político sobre a reforma financeira.

Foi o que impediu os políticos de exigir mudanças radicais depois da crise financeira de 2007-8. Praticamente todo mundo sabe que as atividades bancárias estão descontroladas, mas onde se originaram os problemas nesse labirinto de produtos financeiros, instituições e regulações? Uma vez que mesmo pessoas com boa instrução tenham dificuldade em compreender o que está acontecendo nos bastidores, as atividades bancárias descontroladas persistirão.

Espero ter conseguido levantar o véu das finanças modernas. Por trás das numerosas siglas, discernimos as atividades bancárias, a criação de moeda por meio do crédito. Qualquer que seja a forma assumida por elas, sempre se manifestam com as mesmas debilidades. Depois que se reduzem as finanças modernas a seus elementos básicos, as peças se encaixam. Podemos traçar uma linha desde as origens dos bancos e dos primeiros pânicos bancários até a ascensão e a queda das atividades bancárias paralelas. A crise financeira de 2007-8 não parece mais ter sido um desastre natural ou o resultado inevitável da ganância humana; foi consequência do descontrole desses serviços.

As atuais iniciativas regulatórias se atêm à noção de atividades bancárias tais como eram praticadas na era industrial. Nessas condições, não nos pouparão da próxima crise financeira. O advento da tecnologia da informação solapou todos os esforços para restabelecer o controle.

Ao mesmo tempo, a tecnologia da informação possibilita melhor organização do sistema financeiro. Não temos de viver com um sistema bancário quebrado. É hora de exigir o fim das atividades bancárias, que demandam apenas algumas mudanças legais pequenas. Em especial, temos de acrescentar uma norma de solvência sistêmica à legislação empresarial e ajustar a política monetária.

A configuração de um arcabouço legal para um novo sistema financeiro sem atividades bancárias é mais simples do que desatar e distender o velho sistema bancário. Décadas de descontrole criaram uma teia inconcebível de interdependências financeiras. A transição para um sistema financeiro sem atividades bancárias pode ser uma estrada pedregosa. Por certo, envolverá incertezas.

Embora precisemos ter consciência dos riscos de reformar o sistema financeiro, não podemos permitir que a incerteza nos paralise. Insistir nas atividades bancárias não é opção. Precisamos parar de desperdiçar recursos com a regulação bancária cada vez mais complexa, que não evitará a próxima crise financeira. As atividades bancárias estão descontroladas e, em vez de tentar consertá-las, devemos nos preparar para liquidá-las.

Em 2008, fomos surpreendidos. Achávamos que não havia alternativa, então mantivemos o sistema bancário disfuncional sobrevivendo por aparelhos. Agora, sabemos mais. Será uma vergonha se não estivermos preparados da próxima vez. Não vamos desperdiçar outra crise financeira. Podemos ter algo melhor que atividades bancárias.

NOTAS

INTRODUÇÃO [pp. 17-26]

1. Apesar da importância da moeda, os economistas raramente a usam como modelo de meio de troca. Os modelos de equilíbrio geral são basicamente economias de escambo. Alguns modelos que incluem explicitamente a moeda são os de Starr e Ostroy (1974), Kiyotaki e Wright (1989), Banerjee e Maskin (1996) e Lagos e Wright (2005).
2. O sistema de preços é em geral considerado função exclusiva da moeda. Em contraste, nós o consideramos função do sistema financeiro, como resultado do uso da moeda e do crédito. Em consequência, as taxas de juros estão implícitas em nossa noção de preços. Tanto a moeda (como meio de trocas imediatas) quanto o crédito (como meio de trocas diferidas) contribuem para a formação dos preços na economia. Pensar no sistema de preços como puro fenômeno monetário tem levado a métodos distorcidos de apuração dos preços, na medida em que negligencia sua dimensão temporal (ver Alchian e Klein [1973]; Goodhart [2001]).
3. Uma vez que os preços são formados nos mercados, as economias descentralizadas às vezes são denominadas economias de mercado. Sempre usarei neste livro o termo *economia descentralizada*. Observe que as economias de planejamento centralizado não dependem integralmente de um sistema de preços para alocar recursos. Muitos economistas se estenderam sobre questões potenciais decorrentes dessa abordagem; ver, por exemplo, Mises (1920), Lange (1936) e Hayek (1945).
4. Merger (1892) foi um dos primeiros a argumentar que a moeda se desenvolve sem coordenação política. Para um modelo teórico que analise como ela pode surgir endogenamente, ver Kiyotaki e Wright (1989) e Banerjee e Maskin (1996). Observe que

não sugiro que a simples organização da moeda resulta em um bom sistema financeiro, ou seja, capaz de suportar um sistema de preços funcional.
5 Muitos economistas atribuem aos mercados bancário e financeiro a importante função de fomentar a acumulação de capital e o crescimento econômico. Schumpeter (1926) e Gerschenkron (1962) foram pioneiros da hipótese de que a acumulação de capital se relaciona estreitamente com o desenvolvimento do mercado financeiro. King e Levine (1993) e Levine e Zervos (1998) encontraram evidências empíricas em apoio ao impacto positivo do desenvolvimento financeiro sobre o crescimento econômico. Em outro artigo, Levine (1997) comentou, sobre a transformação da liquidez de um moderno sistema financeiro, que "a Revolução Industrial exigia grandes investimentos de capital durante períodos prolongados", portanto "a industrialização talvez não tivesse ocorrido sem [ela]" (p. 692).
6 Os efeitos das atividades bancárias sobre o sistema de preços são especialmente importantes para os economistas da Escola Austríaca. Block e Garschina (1996), por exemplo, argumentam que as atividades bancárias criam distorções sem contribuir para a acumulação de capital produtivo.
7 *Destruição criativa* é um termo que remonta a Schumpeter (1950), que o descreve como algo que "revoluciona a estrutura econômica, a partir de dentro, destruindo incessantemente o antigo e criando incessantemente o novo" (p. 83).

1. A NECESSIDADE DE ATIVIDADES BANCÁRIAS [pp. 29-34]

1 O termo *crédito* se origina do verbo latino *credere*, que significa "confiar". Essa etimologia descreve com elegância a essência do crédito.
2 Também há quem use os termos *principal* ou *nocional*.
3 O risco moral desempenha papel essencial nas atividades bancárias, como veremos mais adiante. Para uma análise dos diferentes problemas no âmbito do crédito, resultantes das informações assimétricas, ver Freixas e Rochet (2008). Elas também podem implicar problemas de *seleção adversa*. Para um artigo pioneiro sobre seleção adversa nos mercados de crédito, ver Stiglitz e Weiss (1981).
4 Ver, por exemplo, Hellwig (1991). O monitoramento antecipado à concessão do crédito, para evitar a seleção adversa dos tomadores, é, em geral, denominado *triagem*. Uso o termo "monitoramento" de maneira abrangente, compreendendo todas as atividades que atenuam os problemas decorrentes das informações assimétricas.
5 A palavra *banco* é oriunda do antigo vocábulo italiano *banca*, que se refere a mesa. Nos primórdios das atividades bancárias, a troca de moedas ocorria diante de uma mesa em que se colocavam as diferentes moedas. Com o passar do tempo, os permutadores de dinheiro também se tornaram custodiantes, que ofereciam serviços de guarda segura e de pagamento em moedas (Rajan, 1998). Nos primórdios da Inglaterra, os ourives eram responsáveis pela guarda segura (Richard, 1929).
6 Ver Fama (1980).

2. A MECÂNICA DAS ATIVIDADES BANCÁRIAS TRADICIONAIS [pp. 35-48]

1 Ver Carruthers e Espeland (1991).
2 Uma transação de retirada por parte de Sittah apareceria apenas uma vez nos registros de Bonafides como débito na conta de Sittah. Em contraste, a retirada de um depósito bancário levaria a dois débitos: um no depósito de Sittah e outro nas reservas de caixa do banco. Observe que algumas transações também são registradas duas vezes na escrituração por entrada simples. Por exemplo, a transação entre Sittah e Nathan foi registrada duas vezes na escrituração de Bonafides, uma como débito na conta de Sittah e outra como crédito na conta de Nathan.
3 Ver Carruthers e Espeland (1991), que analisam como o método das partidas dobradas mudou o pensamento econômico dos mercadores e de outros negociantes. Ele também moldou o processo decisório racional e fomentou o racionalismo econômico.
4 Em geral, o balanço patrimonial é elaborado no fim de cada exercício social. O método das partidas dobradas moderno inclui outras demonstrações financeiras, como a de resultado e a de fluxo de caixa, que relatam as atividades da empresa ao longo do tempo. Para nossos objetivos, porém, essas demonstrações financeiras são menos relevantes.
5 As companhias abertas, ou empresas de capital aberto, se financiam por meio da emissão pública de ações, que são negociadas em bolsas de valores. Nesse caso, o *valor de mercado* das ações negociadas pode ser diferente do contábil. Sempre me refiro ao valor contábil ao mencionar o valor do patrimônio líquido, salvo ressalva.
6 Às vezes, a insolvência técnica também é denominada *insolvência no balanço patrimonial*.
7 Embora os bancos prometam restituir os depósitos a todos os depositantes pelo valor nominal a qualquer momento, eles na verdade só são capazes de restituir uma pequena fração dos depósitos em dado momento. Por isso é que alguns economistas da Escola Austríaca consideram fraudulento o contrato de depósito. Ver, por exemplo, Huerta de Soto e Stroup (2009).
8 O nome desse regime monetário deriva do verbo latino *fiat*, que pode ser traduzido como "faça-se", referindo-se à natureza artificial dessa moeda. Essa característica distingue a moeda fiduciária de outros regimes monetários anteriores. Historicamente, as sociedades usavam mercadorias escassas como moeda. Esse regime monetário é denominado *moeda mercadoria*. As moedas de ouro e prata são, provavelmente, as formas mais conhecidas. Alguém poderia objetar que o ouro extrai grande parte do seu valor do fato de ser percebido como moeda. Observe, contudo, que o ouro (e a prata, em especial) têm algum uso na produção de bens — qualidade que não se pode atribuir às notas de dinheiro em seu bolso. Semelhante à moeda mercadoria é a moeda representativa. Ela garante ao comprador a conversão em mercadoria — por exemplo, ouro — a uma taxa predeterminada. Para uma análise teórica de por que a moeda fiduciária alcança valor positivo, ver Lagos (2010).

9   A moeda interna sempre é criada por instituições bancárias privadas. Logo, seu nome bem poderia ser moeda interna privada. Não se deve confundir moeda interna privada com moeda externa privada. A segunda é um regime monetário privado que não foi instituído por uma autoridade governamental. O bitcoin é um exemplo disso. A moeda interna privada, por outro lado, surge como resultado das atividades bancárias no âmbito de determinado regime monetário. Os depósitos em dólar são um exemplo de moeda interna privada. A moeda interna privada e a moeda externa privada se diferenciam com base na unidade de conta. Enquanto a moeda externa privada cria uma nova unidade de conta, a moeda interna privada continua vinculada à unidade de conta existente; ela se refere à mesma unidade de conta da moeda externa pública. Portanto, as atividades bancárias não se limitam a um regime monetário oficial, ou seja, instituído pela autoridade pública (moeda externa pública). É possível criar moeda interna privada dentro de um regime monetário privado (moeda externa privada) — por exemplo, depósitos em bitcoin.

10 Para um texto acessível e específico sobre criação de moeda pelos bancos, ver McLeay, Radia e Thomas (2014).

11 A atividade dos bancos também é limitada pela regulação bancária. Eles não podem criar quantias ilimitadas de moeda interna por estar sujeitos em geral a duas exigências. Primeiro, o Fed exige que os bancos mantenham certa proporção dos depósitos na forma de moeda externa. As exigências de reserva restringem a criação de moeda interna no lado do ativo do balanço patrimonial dos bancos. Segundo, os bancos também estão sujeitos às exigências de capital próprio mínimo no patrimônio líquido (doravante chamadas de requisitos de capital). Essas exigências os obrigam a manter uma razão ou proporção mínima de patrimônio líquido sobre o ativo total e restringem a criação de moeda interna no lado do passivo. Enquanto as exigências de reserva são impostas para garantir a liquidez dos bancos, as exigências de capital se destinam, entre outras coisas, a assegurar a solvência dos bancos. Voltaremos à regulação bancária no próximo capítulo.

3. OS PROBLEMAS DAS ATIVIDADES BANCÁRIAS [pp. 49-61]

1   Para modelos analíticos, veja Bryant (1980) e Diamond e Dybvig (1983), que estudaram os mecanismos básicos das corridas aos bancos. Uma interpretação diferente é dada por Calomiris e Kahn (1991), que as interpretam como uma maneira que os depositantes têm de forçar a liquidação se os bancos agirem contra seus interesses.

2   Ver Shin (2009). Embora essa corrida aos bancos tenha sido visível, mostramos no cap. 6 que os pânicos bancários mais significativos ocorreram nas sombras durante a crise financeira de 2007-8.

3   Federal Deposit Insurance Corporation (1984, p. 3).

4   Ver Fisher (1933a) para uma teoria da deflação da dívida. Para um relato acessível sobre os perigos da deflação, ver Bernanke (2002).

5 Para uma visão geral das corridas aos bancos e dos pânicos bancários na história e na teoria econômica, ver Gorton e Winton (2003, seção 4). Para uma visão geral da história econômica das crises financeiras, ver, por exemplo, Reinhart e Rogoff (2009b), Kindleberger (1993) e Kindleberger e Aliber (2005).

6 Nos esquemas de seguro de depósito, a quantia segurada geralmente é limitada. A principal razão é que as questões de risco moral resultantes do seguro de depósito piorariam se o seguro não tivesse limites. Considero as questões de risco moral no próximo capítulo. Para uma análise abrangente do seguro de depósito, ver Demirgüç--Kunt e Kane (2002).

7 Silber (2009) argumenta que o seguro de depósito, instituído pelo Emerging Banking Act de 1933, foi o ponto de inflexão que amorteceu o pânico bancário durante a Grande Depressão.

8 Ver Federal Deposit Insurance Corporation (2010). A Grande Depressão foi uma grave recessão econômica global. A queda no preço das ações no fim dos "loucos" anos 1920 marcou seu começo. A Grande Depressão se prolongou por mais de uma década, e as economias em todo o mundo não se recuperaram integralmente até o início da Segunda Guerra Mundial.

9 Ver Demirgüç-Kunt, Kane e Laeven (2008) para um panorama geral.

10 Já nos idos do século XIX, Bahegot (1873) foi um eminente defensor da política do emprestador de última instância. Para uma visão geral dos primórdios da história do Fed, ver Johnson (2010).

11 As mudanças na política monetária durante a crise financeira de 2007-8 serão analisadas mais adiante. Observe que, nas páginas seguintes, não considero a mecânica detalhada da política monetária — ou seja, a fixação da taxa dos fundos federais, o mercado de fundos federais, a mudança dos requisitos de reserva e assim por diante. Uma análise completa da política monetária nos Estados Unidos pode ser encontrada em Board of Governors of the Federal Reserve System (2005).

12 Analisamos as características dos repos com mais detalhes no cap. 5. Observe que o Fed apenas comprava e vendia títulos públicos, ou seja, títulos do Tesouro dos Estados Unidos. Nos repos, outros títulos também são aceitos como garantia. No desfecho da crise financeira de 2007-8, essa regra foi relaxada (ver cap. 6).

13 Como o Fed detinha apenas títulos públicos, isso parecia um exercício um pouco estranho. Tanto o Fed quanto o Tesouro dos Estados Unidos são órgãos governamentais. Ao deter títulos públicos, o Fed recebe juros, que são pagos pelo Tesouro dos Estados Unidos. No fim das contas, porém, os ganhos de senhoriagem retornam em grande parte para o Tesouro. De certa maneira, ele está comprando, pelo menos em parte, bens e serviços com moeda externa recém-emitida. O canal é obscurecido pela compra de títulos públicos pelo Banco Central no mercado secundário. Em consequência, algum dinheiro flui do Fed para Wall Street, o Tesouro e, finalmente, para o grande público.

14 A Seção 13.3 do Federal Reserve Act permite que o Board of Governors do Federal Reserve System adote ampla variedade de medidas para ajudar as instituições financeiras e enfrentar problemas de liquidez (ver Fettig [2002, 2008]).

15 Menos de 4% dos participantes do Survey of Consumer Finances (SCF) consideraram "segurança e ausência de risco" as razões mais importantes para escolher uma instituição onde manter sua principal conta-corrente bancária em 2010 (Bricker et al. [2012, p. 33]).

16 Enquanto o seguro de depósito sempre envolve risco moral, a aplicação rigorosa do princípio de Bragehot de que os emprestadores de última instância só emprestam a brancos solventes mas sem liquidez não deve redundar em risco moral. No entanto, o Fed reiteradamente emprestou a instituições que também enfrentavam problemas de solvência. Ver, por exemplo, Schwartz (1992). Além disso, é complexo diferenciar questões de liquidez e solvência nos pânicos bancários.

17 A esse respeito, oferecer garantia equivale a aumentar o capital próprio.

18 Ver Kareken e Wallace (1978) para uma análise preliminar de como a garantia de depósito induz os bancos a assumir mais riscos. Grossman (1992) mostra empiricamente que as instituições de poupança, sujeitas a pouca regulação na década de 1930, mas com seguro de depósito, pouco a pouco assumiram mais riscos que outras equivalentes não seguradas. Gropp, Gruendl e Guettler (2014) analisaram o comportamento dos bancos de poupança alemães depois da remoção das garantias do governo. Eles reduziram significativamente a tomada de riscos.

19 Ver Buser, Chen e Kane (1981) sobre como o seguro de depósito se associa, do ponto de vista conceitual, à supervisão bancária.

20 O Glass-Steagall Act e o Bank Holding Company Act impõem rigorosas restrições de portfólio aos bancos segurados e aos segregados, funcionalmente, de outras empresas financeiras, como corretoras, distribuidoras e seguradoras; ver Benston (1994) e Bhattacharya, Boot e Thakor (1998).

21 Depois da Grande Depressão, as atividades bancárias algumas vezes foram descritas como Modelo 3-6-3. Os banqueiros tomavam empréstimos a 3%, emprestavam a 6% e iam para os campos de golfe às três da tarde. Para uma análise pertinente, ver Walter (2006).

22 Hanson, Kashyap e Stein (2011, p. 19).

23 Federal Deposit Insurance Corporation (1984) descreve a mudança comportamental que começou na década de 1960: "A nova geração de banqueiros que assumiu o poder na década de 1960 abandonou o conservadorismo tradicional que caracterizara o setor durante muitos anos. Em seu lugar, passaram a se esforçar por crescimento mais rápido de ativos, depósitos e receita. A tendência para a agressividade e para a tomada de riscos foi especialmente forte entre os grandes bancos" (p. 7).

24 Ver Aliber (1984) para uma visão geral. Ele observa que depois da primeira onda de globalização bancária, nos anos anteriores à Primeira Guerra Mundial, uma segunda onda se desencadeou na década de 1960.

25 Ver Comitê de Supervisão Bancária de Basileia (2009).

26 Ver Kapstein (1989) para uma análise detalhada do aspecto internacional dos requisitos de capital. A dificuldade de lidar com essa dimensão se tornou clara depois da crise financeira de 2007-8. Numerosos países tentaram tornar mais rigorosos os re-

quisitos de capital, sem coordenação internacional. Os bancos afetados, por sua vez, argumentaram que estavam em situação de desvantagem e até ameaçaram, ostensivamente, transferir-se para outra jurisdição. O CEO do J. P. Morgan, por exemplo, descreveu a adoção de requisitos de capital mais rigorosos como "antiamericana" (Braithwaite e Jenkins, 2011).

27 Para o documento original, ver Comitê de Supervisão Bancária de Basileia (1988).
28 Para uma análise crítica dessa peculiaridade, ver Admati e Hellwig (2013).
29 Com um patrimônio líquido total de oito e uma dívida de dois, investir dez no Projeto 3 rende dez na melhor situação e oito negativos na pior, o que equivale a um retorno esperado de um, igual ao do Projeto 1. Observe que os índices de capitalização dos bancos são, na realidade, muito mais baixos do que os do exemplo. Eles têm sido da ordem de não mais que 3%. O que você faria se fosse banqueiro e pudesse escolher entre apostar na roleta ou comprar títulos do Tesouro com 97% de dinheiro emprestado? Seria tolo se não optasse pela roleta. Imagine que tomasse um empréstimo de 97 e investisse três com recursos próprios. Mais uma vez, estou assumindo que você seria capaz de contrair o empréstimo a juros zero (algo que se pode de fato assumir hoje no caso de grandes bancos). Se sua estratégia de investimento de risco fosse apostar em uma cor na roleta, você ganharia cem ou perderia três com a mesma probabilidade. A não ser que fosse de todo avesso ao risco, nunca compraria títulos do Tesouro nessa situação. Evidentemente, não estou dizendo que os bancos emprestam dinheiro e dão um pulo em Las Vegas. Esses exemplos são apenas para ilustração. No cap. 7, analisarei as atuais estratégias dos bancos ao assumir riscos.
30 Kim e Santomero (1988) demonstram a necessidade de requisitos de capital ponderados pelo risco para evitar que os bancos assumam riscos excessivos.
31 Para mais análises dessas questões, ver, por exemplo, Jackson et al. (1999) e D. Jones (2000). Considerações políticas também influenciam os requisitos de capital. O Basileia I, por exemplo, tratou algumas dívidas públicas como livres de risco. Portanto, os bancos não eram obrigados a manter capital próprio em contrapartida a determinados títulos públicos. Esses títulos públicos se tornaram mais atraentes para os bancos, que passaram a mantê-los no portfólio em maior quantidade. Ver Haubrich e Wachtel (1993) para evidências empíricas. A partir de 2010, a crise da dívida soberana europeia demonstrou enfaticamente que o peso zero para alguns títulos públicos era equivocado. Os bancos enfrentavam dificuldades para absorver as perdas com suas posições em alguns títulos públicos. O tratamento preferencial dos títulos públicos na regulação bancária contemporânea promoveu um forte vínculo entre governos e bancos: os bancos financiam os governos e os governos garantem os passivos dos bancos. Volto a esse assunto na Parte 3.
32 Ver, por exemplo, a Figura 10.1 em Reinhart e Rogoff (2009b) e Minsky (1986).

4. A DIFERENÇA ENTRE ATIVIDADES BANCÁRIAS E BANCOS [pp. 65-75]

1. Para um artigo que fornece uma visão geral dos efeitos da tecnologia da informação em finanças, ver Allen, McAndrews e Strahan (2002).
2. Nossa definição é parecida com a de Pozsar et al. (2013, p. 1), para os quais "atividades bancárias paralelas consistem em transformação do crédito, do vencimento e da liquidez, que ocorre sem acesso direto e explícito a fontes públicas de liquidez ou garantia".
3. Ver Cook e Duffield (1979).
4. Ver D. Jones (2000).
5. Jackson et al. (1999, p. 26). Explico a securitização com mais detalhes no próximo capítulo.
6. Jackson et al. (1999, p. 2).
7. O termo *problema de fronteira* é de Goodhart (2008).
8. Muitas empresas fiduciárias foram constituídas nos prenúncios da crise financeira de 1907, que catalisou a criação do Federal Reserve Board. Elas executavam atividades bancárias, mas não eram bancos no sentido legal do termo (Carson [2013]).
9. Ver Kane (1981, p. 360), que compilou uma lista de substitutos selecionados das atividades bancárias reguladas que já era impressionante na década de 1980.
10. Nosso conceito de moeda interna segue aproximadamente o de insensibilidade da informação, desenvolvido por Gorton e Pennacchi (1990). Eles enfatizam que algumas formas de dívida securitizada segura podem "ser usadas por agentes desinformados para propósitos de transação" (p. 51). Em trabalho posterior, Gorton, Lewellen e Metrick (2012, p. 9) usam o termo *dívida como moeda* para se referir a "notas promissórias comerciais, acordos de recompra líquidos, fundos federais, fundos de investimento em renda fixa, transações interbancárias, contas a pagar de corretoras e distribuidoras, créditos de títulos de corretoras e distribuidoras".
11. Esse ponto não se aplica inteiramente às garantias, uma vez que não só transformam o risco como também mudam os incentivos para o tomador que põe em risco o ativo oferecido em garantia (ver a análise da tomada de riscos excessivos no cap. 3). A oferta de garantia, portanto, pode ser considerada uma mistura de redução de risco e transformação. Além disso, observe que a estruturação e o seguro podem, *com o passar do tempo*, aumentar o risco de crédito total na economia, em consequência do comportamento de risco moral, ou seja, a tomada de riscos excessivos.
12. Vamos dar um exemplo aqui. Uma família que conceda um empréstimo a uma empresa corre o risco de perder tudo se ela for à falência. Se cem famílias agregarem suas poupanças, poderiam conceder empréstimos a cem empresas. Nesse caso, se uma for à falência, a perda será dividida entre todas as famílias. O risco individual de cada empréstimo não precisa ser perfeitamente correlacionado para que a diversificação faça sentido.
13. Proprietários e credores quirografários ou comuns assumem mais riscos que os credores preferenciais ou privilegiados. Esse risco é compensado pelos retornos mais

altos. Os mecanismos em atuação nesse deslocamento de risco e retorno são explorados em Modigliani e Miller (1958).
14 Mesmo o governo, contudo, não pode garantir o valor real dos contratos de crédito, ponto a que retorno mais adiante.
15 O termo *tranquilidade financeira* é de Minsky (1986).
16 Liquidez, em geral, é a facilidade com que um ativo pode ser trocado por outros bens, serviços ou ativos. Uma vez que a moeda externa é aceita em praticamente todas as transações econômicas, ela pode ser considerada o ativo mais líquido de todos. Portanto, podemos redefinir liquidez em termos de moeda externa e considerar que um ativo é líquido se for possível trocá-lo, sem custo ou a custo baixo, por moeda externa.
17 O crédito com liquidez contratual tem mais uma característica: não apresenta nenhum risco de taxa de juros. O valor do crédito com vencimento imediato é insensível às mudanças de taxa de juros. Para compreender essa característica, suponha que, quando as taxas de juros estavam baixas, você emprestou dinheiro com vencimento em dois anos. Agora imagine que elas tenham subido pouco depois de você ter concedido o empréstimo. Se ainda tivesse o dinheiro, agora seria possível emprestá-lo a taxa de juros mais alta. Mas você não pode cobrar o empréstimo antes do vencimento. Caso houvesse uma cláusula no contrato de empréstimo estipulando que o tomador, a qualquer momento, teria de pagar o empréstimo imediatamente depois de ter sido notificado, você não precisaria enfrentar esse problema. Bastaria procurar o tomador e pedir o dinheiro de volta, emprestando-o a uma taxa de juros mais alta a outra pessoa ou até à mesma.

5. A MECÂNICA DAS ATIVIDADES BANCÁRIAS PARALELAS [pp. 76-90]

1 Para mais detalhes sobre atividades bancárias paralelas, ver Pozsar et al. (2013).
2 Esse modelo de negócios é denominado *originar para distribuir*. Em contraste, o negócio das atividades bancárias tradicionais de manter os empréstimos no balanço patrimonial é descrito como *tomar e segurar*.
3 No contexto de atividades bancárias paralelas, essas técnicas em geral são descritas como *aprimoramento do crédito*.
4 Ver Jackson et al. (1999) e D. Jones (2000).
5 Ver Gorton e Souleles (2007) e Coval, Jurek e Stafford (2009) para mais informações. Para um relato acessível sobre como os mercados de CDO funcionaram até a crise, ver Lewis (2011).
6 As leis de falência especificam os títulos que os emprestadores via repo podem reivindicar sem se habilitar no processo de falência. Desde 1980, o Congresso dos Estados Unidos tem permitido que cada vez mais títulos sejam usados como garantias em repos. Em 2005, aprovou o Abuse Prevention and Consumer Protection Act, que permite o uso de títulos hipotecários em repos. Ver Acharya e Öncü (2010) para uma visão geral da regulação do mercado de repo.

7   Ver Gorton (2010) ou Gorton e Metrick (2012) para uma discussão ampla dos repos e de seu papel na crise financeira de 2007-8.
8   Os MMMF não são a única maneira de captar recursos financeiros no mercado mediante títulos de dívida de curto prazo. Há, por exemplo, fundos de renda fixa aprimorados; ver Pozsar et al. (2010). Para facilitar a exposição, focamos exclusivamente em MMMF, que são regulados pela Securities and Exchange Commission, dos Estados Unidos, e podem investir apenas em títulos de dívida de curto prazo, com alta classificação de risco de crédito. Os MMMF são os únicos fundos de investimento que não estão sujeitos à obrigação de avaliar seus ativos diariamente, de acordo com os preços de mercado correntes. Eles podem avaliar seus ativos ao par, pelo chamado método de contabilização pelo custo amortizado (Birdthistle [2010, pp. 1174-5]). Os investidores se referem aos MMMF como fundos com valor de ativo líquido de um, uma vez que a promessa central deles é pagar integralmente a quantia depositada, a qualquer momento. Se for incapaz de cumprir essa promessa, diz-se que o MMMF caiu abaixo de um.
9   Ver Macey (2011).
10 Ver Covitz, Liang e Suarez (2013).
11 Também há ABCP lastreadas em empréstimos. Esses veículos não desempenharam papel relevante na crise financeira de 2007-8; ver Arteta et al. (2013).
12 Em contraste com CDO, ABCP não são títulos mobiliários, mas uma forma sofisticada de nota promissória comercial, que, por sua vez, não é um título mobiliário e não pode ser vendida com denominação baixa, para investidores de varejo. Como tal, esses papéis não estão sujeitos à custosa regulação da SEC. Por isso é que a nota promissória comercial é popular entre grandes empresas de capital aberto como meio de levantar recursos de curto prazo junto a grandes investidores. Ver Anderson e Gascon (2009, p. 590).
13 Ver Arteta et al. (2013). Por exemplo, os patrocinadores prometem apoiar o canal de ABCP, em caso de perdas. Como veremos no próximo capítulo, numerosos bancos sofrem grandes perdas em consequência dessas garantias de crédito.
14 Ver Acharya, Schnabl e Suarez (2013).

6. A CRISE FINANCEIRA DE 2007-8 [pp. 91-104]

1   A inovação financeira, por exemplo, foi considerada uma das razões do declínio da volatilidade — a chamada *grande moderação* (Dynan, Elmendorf e Sichel [2006]). No debate econômico, a maioria esmagadora dos participantes percebeu a inovação financeira como fator de estabilização do sistema financeiro e não manifestou grandes preocupações. Exceção notável foi Rajan (2006), que assumiu uma posição mais cautelosa e cobrou respostas regulatórias à inovação financeira.
2   Ver, por exemplo, Greenspan (1998).
3   O Basileia II se ergue sobre três pilares. Foco aqui no primeiro, cujo propósito é res-

taurar a eficácia dos requisitos de capital ponderados pelo risco. Para acessar o documento original, ver Comitê de Supervisão Bancária de Basileia (2004).

4   Ver Haldane e Madouros (2012). A complexidade das atividades bancárias e de sua regulação impuseram altos custos à sociedade, de modo que pessoas altamente qualificadas, concebendo e dirigindo sistemas de gestão de risco, poderiam desempenhar outras tarefas na economia.
5   Bair (2007).
6   Comitê de Supervisão Bancária de Basileia (2006, p. 1).
7   French (2004). De fato, os Estados Unidos só adotaram o Basileia II para grandes bancos globais, uma vez que os reguladores faziam sérias restrições à sua total implementação.
8   O desenvolvimento das máquinas fotocopiadoras mudou a situação. As agências de classificação de risco de crédito passaram a enfrentar o problema de investidores pagantes copiarem os manuais de classificação de risco de crédito e distribuírem cópias a outros investidores (ver White, 2010).
9   Ver Hill (2004).
10 Ver White (2010).
11 A Moody's Corporation, por exemplo, em 2006, estava ganhando mais com a classificação de produtos de finanças estruturadas (44% de suas receitas) que com a classificação de títulos de dívida emitidos por empresas (32%). Ver Coval, Jurek e Stafford (2009, pp. 4-5).
12 Trechos de e-mails publicados no relatório da U.S. Securities and Exchange Commission (2008) tipificam as práticas de negócios de classificação de produtos de atividades bancárias paralelas. Um desses excertos, por exemplo, diz: "Uma analista expressou a preocupação de que o modelo da empresa dela não captava a 'metade' do risco do negócio, mas que 'podia ser estruturado por vacas e íamos avaliá-lo mesmo assim'". E-mail n. 1, da equipe analítica para a equipe analítica, 5 de abril de 2007, às 15h56 (p. 12).
13 Ver Hill (2009). Estruturas como CDO e CDO^2 são bons exemplos dessa prática. A avaliação exata desses produtos é muito difícil. Os ativos subjacentes são milhares de empréstimos. Todos eles podem se correlacionar quanto à probabilidade de inadimplência. Esse é o caso, por exemplo, de financiamentos hipotecários concedidos a proprietários de casa própria residentes na mesma cidade: se um grande empregador local falir, é provável que não um, mas muitos proprietários tenham problemas. É difícil, se não impossível, considerar essas interdependências na avaliação de um crédito. É como observou um gerente de análise de uma agência de classificação de risco de crédito sobre o mercado de CDO: "Vamos torcer para que estejamos todos ricos e aposentados quando esse castelo de cartas desabar" (U.S. Securities and Exchange Commission [2008, p. 12]).
14 De acordo com Scholtes e Beales (2007), mais de 37 mil produtos financeiros estruturados foram premiados com a classificação AAA pouco antes da crise. Em contraste, somente cinco empresas não financeiras dos Estados Unidos obtiveram essa ava-

liação. Muitos dos produtos financeiros com classificação AAA foram rebaixados em vários níveis durante a crise financeira de 2007-8. Benmelech e Dlugosz (2010) mostram que os produtos de atividades bancárias paralelas foram superavaliados sistematicamente.
15 Ver o aviso da Standard & Poor's em: <www.standardandpoors.com/en_US/web/guest/regulatory/legal-disclaimers>. [Todos os links foram acessados em 12 dez. 2017.]
16 Ambas as estatísticas foram extraídas de Nersisyan e Wray (2010, pp. 10-1).
17 Ver também Rosenberg e Given (1987).
18 Ver Comitê de Supervisão Bancária de Basileia (2006).
19 A abordagem microeconômica à regulação bancária esteve recentemente sob pressão. Ver, por exemplo, Kashyap e Stein (2011) e Brunnermeier et al. (2009), que preconizam uma abordagem macroprudencial.
20 Ver Comitê de Supervisão Bancária de Basileia (2004).
21 Para uma análise da natureza procíclica dos requisitos de capital, ver, entre outros, Blum e Hellwig (1995), Danielsson et al. (2001), Kashyap e Stein (2004) e Repullo e Suarez (2013).
22 Ver Demyanyk e Van Hemert (2011) para evidências empíricas da deterioração da qualidade dos empréstimos no prelúdio da crise.
23 Uma razão importante foi o seguro de alguns produtos de atividades bancárias paralelas fornecidos por empresas financeiras, como a American International Group (AIG); ver, por exemplo, Mehrling (2011). Para facilitar a apresentação, não incluí esse aspecto na narrativa do pânico das atividades bancárias paralelas. Tocarei nesse ponto, porém, ao olhar para os atuais mercados de derivativos, no próximo capítulo.
24 É por isso que a crise financeira de 2007-8 é chamada, às vezes, de "crise das hipotecas subprime". Os tomadores de financiamentos hipotecários se caracterizam pela baixa credibilidade — ou seja, emprestar a tomadores subprime envolve alto risco de crédito.
25 Os modelos de risco das agências de classificação de risco de crédito não previram nenhum desses efeitos em cadeia. Ninguém assumiu a queda nos preços das casas; caso contrário, as medidas de risco de crédito com base nesses modelos teriam explodido. Ver Coval, Jurek e Erik Stafford (2009).
26 Ver Gordon e Metrick (2012).
27 Em 2007, o presidente do Fed, Bernanke (2007), disse: "Não vemos transbordamentos mais amplos dos problemas no mercado subprime para os bancos ou para as instituições de poupança e empréstimo; os emprestadores problemáticos, em grande parte, não são instituições com depósitos garantidos por seguro federal". Henry Paulson, então secretário do Tesouro, achava que os problemas no mercado de financiamentos hipotecários subprime estavam "em grande parte contidos" ("Treasury's Paulson" [2007]).
28 Na segunda metade de 2007, por exemplo, os emprestadores via repo começaram a pedir margens de avaliação mais altas em títulos não relacionados com a crise dos financiamentos hipotecários subprime; ver Gorton e Metrick (2010).

29 Ver Brunnermeier (2009).
30 "Corrida silenciosa aos bancos" é de Brunnermeier (2009, p. 90). Gorton e Metrick (2012) cunharam o termo "corrida aos repos".
31 Ver Ivashina e Scharfstein (2010) para evidências empíricas.
32 O Board of Governors of the Federal Reserve (2009) observou que "a inflação pode persistir durante algum tempo abaixo das taxas que melhor fomentam o crescimento e a estabilidade dos preços no longo prazo".
33 Taxa dos fundos federais é a taxa de juros com que os bancos emprestam moeda externa uns aos outros. É, em geral, overnight e sem garantias. Os bancos comerciais podem tomar empréstimos diretamente do Fed, na chamada janela de desconto, cujas taxas são ligeiramente superiores à taxa-alvo dos fundos federais. Analiso o papel da taxa dos fundos federais no próximo capítulo.
34 Para uma breve visão geral das várias medidas políticas casuísticas do Fed durante o pânico, ver Bernanke (2009).
35 Ver Gorton (2010), que compilou uma cronologia dos principais eventos da crise. Os bancos divulgaram centenas de bilhões de dólares de perdas em 2007 e 2008.
36 Ver Brunnermeier (2009) e Orticelli (2009). Quando o Bear Stearns começou a enfrentar problemas, em março de 2008, "tinha cerca de 150 milhões de operações espalhadas entre várias contrapartes" (Brunnermeier [2009, p. 88]). Para evitar um colapso financeiro global, considerou-se necessário que o Bear Stearns cumprisse suas promessas contratuais. Por sua vez, os reguladores decidiram evitar a falência. Essa foi a razão pela qual adoçaram a aquisição do controle do Bear Stearns por outro banco de investimento, o J. P. Morgan, com um empréstimo de 30 bilhões de dólares, sem outras garantias além das expressamente previstas no contrato, atrelado exclusivamente aos ativos do Bear Stearns. O J. P. Morgan corria poucos riscos ao incorporar o Bear Stearns, considerando o apoio do Fed. Em nome da estabilidade financeira, o Fed pôs em risco muito dinheiro dos contribuintes.
37 Parece que o governo não conseguiu motivar outros bancos a assumir o Lehman em termos aceitáveis. Além disso, pareceu faltar vontade política de salvar o banco. Henry Paulson afirmou, depois da queda do Lehman, que "nunca, nem uma vez sequer, ele considerou adequado pôr em risco o dinheiro dos contribuintes para resolver o problema do Lehman Brothers" (Van Duyn, Brewster e Tett [2008]).
38 Ver Baba, McCauley e Ramaswamy (2009). Como a moeda interna criada pelo setor de atividades bancárias paralelas assume a forma de títulos negociáveis, o papel do governo como emprestador de última instância se manifesta de maneira diferente.
39 Massad (2011) descreve as providências específicas que foram tomadas pelo governo e pelo Fed. Primeiro, o governo forneceu capital aos bancos para evitar a falência. Depois, comprou produtos de atividades bancárias paralelas para estabilizar os preços nesses mercados.

7. O SISTEMA FINANCEIRO DEPOIS DE 2008 [pp. 105-17]

1   Recentemente, outras expressões, como *interconectados demais para ir à falência*, tornaram-se populares. Para mim, o aspecto importante é a falência. Nessas condições, adotamos a frase tradicional, embora concorde que não é apenas o tamanho do balanço patrimonial de um banco que importa para sua relevância sistêmica.
2   Ver Wall e Peterson (1990).
3   Haldane (2012a, p. 4). A tabela 4 de Haldane mostra como o problema cresceu nos anos recentes. Conforme explicam Noss e Sowerbutts (2012), outros métodos podem levar a estimativas substancialmente mais baixas ou mais altas do subsídio implícito aos bancos "grandes demais para ir à falência". No entanto, concluem que, "apesar das diferenças, todas as medidas apontam para transferências significativas de recursos do governo para o sistema bancário" (p. 13). Para um relato precursor do problema, ver O'Hara e Shaw (1990).
4   Para um estudo empírico sugerindo que os grandes bancos passaram a assumir mais riscos depois da doutrina "grandes demais para ir à falência", introduzida pelo resgate do Continental Illinois, ver Boyd e Gertler (1993).
5   Queremos enfatizar dois documentos recentes que mostram como os bancos continuam a "otimizar" a ponderação dos riscos sob o Basileia III. Primeiro, o relatório sobre as operações "whale" do J. P. Morgan (conduzidas por um operador apelidado London Whale), publicado pelo U.S. Senate Permanent Subcommittee on Investigations (2013), revelou conversas internas sobre como "burlar" os requisitos de capital. O chefe da unidade de operações de capital e de crédito do Chief Investment Office propôs maneiras de reduzir em 7 bilhões de dólares o peso do risco de um portfólio apenas com mudanças no modelo (p. 170). O banco adotou em parte a proposta do analista, mas lhe deixou claro que assuntos sensíveis não deveriam ser expostos em e-mails (pp. 194-5). Ver também Pollack (2013), que compilou os trechos mais capciosos do relatório. Segundo, um documento do Comitê de Supervisão Bancária de Basileia (2013) demonstrou a amplitude do espaço de manobra dos bancos ao conceber seus modelos internos de gestão de riscos. Na essência, o Comitê de Basileia perguntou a quinze bancos como ponderariam pelo risco 26 portfólios diferentes. O nível de variabilidade do peso do risco é imenso. Para um portfólio diversificado, o banco mais conservador alocou 34 milhões de euros de ativos ponderados pelo risco, enquanto o mais agressivo alocou somente 14 milhões de euros. Em alguns portfólios, os bancos calcularam medidas-padrão de valor em risco que diferiam umas das outras em um fator superior a trinta.
6   O Basileia III exige 7% (mínimo de 4,5% mais 2,5% como amortecedor de conservação) de capital representado por ações ordinárias ou comuns sobre o total de ativos ponderados pelo risco (Comitê de Supervisão Bancária de Basileia [2011]). Os bancos ainda podem tomar empréstimo de 93 dólares com apenas sete de capital próprio. Poupando a própria pele, a tomada de riscos excessivos é muito atraente.

Além disso, considerando as competências dos gestores de risco para calcular pesos de baixo risco, os requisitos de capital provavelmente seriam ainda mais baixos.

7   Ver Haldane e Madouros (2012). O Basileia I cabia em trinta páginas; o Basileia II exigiu mais de trezentas; o Basileia III acabou com mais de seiscentas.

8   Admati e Hellwig (2013). Para um relato anterior, ver Admati et al. (2011). Como vimos na Parte 1, os pesos de risco foram introduzidos por bons motivos. Admati e Hellwig (2013) reconhecem esse problema e propõem a aplicação de pesos de risco em nível institucional. Eles sugerem que "em alguns casos [...] talvez fosse adequado impor requisitos de patrimônio líquido particularmente altos, porque os riscos sistêmicos gerados pelas atividades de certas instituições são muito altos" (pp. 179-80). Não explicam, contudo, por que a ponderação do risco em nível institucional produziria melhores resultados do que os critérios anteriores de ponderação do risco em nível de ativos.

9   Admati e Hellwig (2013) chamam esse argumento de bicho-papão fomentado por lobistas. Eles argumentam que a fonte do problema é que "os reguladores e os supervisores têm *relutado* em aplicar as ferramentas disponíveis" (p. 225). Em termos objetivos, isso sugere que os reguladores são pessoas desmotivadas que não se importam se os banqueiros estão assumindo riscos maciços. Como digressão, mesmo que fosse o caso, Admati e Hewlig não se manifestam sobre por que os reguladores devem estar mais dispostos a aplicar a regulação referente aos requisitos de capital. Discordo enfaticamente de que o problema de fronteira deva ser desconsiderado como uma questão motivacional dos reguladores. Os serviços financeiros são virtuais por natureza. É impossível prever todas as maneiras como as instituições financeiras contornarão os requisitos de capital ou emitirão moeda interna no futuro.

10 Vamos raciocinar sobre a utilidade de contratos futuros de milho. Suponhamos que você tenha uma plantação. Não tem como saber qual será o preço do milho no fim da colheita. Se os preços despencarem, talvez não seja capaz de pagar suas contas. Para eliminar essa incerteza, poderia ir à cidade e encontrar alguém com quem combinaria de vender *hoje* o milho a um preço predeterminado. Mas esse esquema seria problemático. Os mercados financeiros oferecem contratos futuros de mercadorias que permitem fixar o preço de hoje para uma transação a se consumar no futuro, eliminando, assim, a incerteza.

11 Os operadores descrevem estratégias de risco de cauda em termos contundentes, como "catar moedas diante de um rolo compressor". Depois do livro de Taleb (2007) sobre o impacto do altamente improvável, esses eventos de cauda às vezes são chamados de "cisnes negros".

12 A frase "era de ouro das finanças" foi usada por Crotty (2007), que ficou intrigado com o fato de instituições financeiras auferirem lucros tão altos apesar da competição intensa nos mercados financeiros. Ele considerou provável que esses lucros estelares fossem resultado da tomada de riscos excessivos. Crotty previu que um evento sistêmico acabaria desencadeando grandes perdas.

13 Ver Sjostron (2009). Alguém poderia objetar que o resgate governamental da AIG acabou sendo lucrativo para os contribuintes e que ela pagou sua dívida. Há dois grandes problemas nesse argumento. Primeiro, o governo teve de se expor a muito risco, e o resgate poderia ter sido bastante oneroso. Segundo, ao salvar a AIG, o governo se comprometeu a resgatar contrapartes de derivativos problemáticos e, portanto, a mitigar, em grande extensão, o risco de contraparte nesse mercado.
14 A mais importante contraparte da AIG em contratos de swaps de crédito (CDS) era o Goldman Sachs. Estima-se que o banco tenha recebido 13 bilhões de dólares da tranche inicial de 90 bilhões do resgate da AIG (Arlidge [2009]). O secretário do Tesouro, Paulson, responsável pelo resgate, era ex-CEO do Goldman Sachs. Nesse caso específico, foi um ex-funcionário do comprador de derivativos quem possibilitou que o vendedor de derivativos cumprisse o contrato de derivativos.
15 Para alguns derivativos, o risco de contraparte só existe para o comprador, enquanto o vendedor não precisa se preocupar. Opções, por exemplo, nunca podem ter valor abaixo de zero, e os vendedores não precisam se preocupar com a situação financeira de seus compradores. Os swaps, por outro lado, expõem ambas as partes ao risco de contraparte.
16 Há modelos de aceitação geral. A International Swaps and Derivatives Association desenvolveu acordos contratuais que definem como fazer uma transação em caso de calote. Observe que nem todas as transações com derivativos são garantidas. Alguns derivativos não envolvem nenhuma garantia para o comprador em caso de inadimplência do vendedor (Singh [2010]). Além disso, muitas jurisdições concedem privilégios especiais para as contrapartes de certos derivativos em processos de falência (Bliss e Kaufman [2006]).
17 Essa forma de risco de contraparte é comparável à compra de seguro contra incêndio para uma casa numa cidade em chamas. Para atenuar o risco dos mercados de derivativos, os reguladores costumam exigir uma contraparte central. Observe, contudo, que mesmo a compensação por uma contraparte central não é uma panaceia. Fortes movimentos no preço do ativo subjacente podem levar à inadimplência da contraparte central. Ela expõe seus membros ao risco de substituição. Ver Kress (2011), que explica por que o risco sistêmico nos mercados de derivativos continua preocupando, ainda que a compensação por uma contraparte central seja obrigatória.
18 Para informações estatísticas sobre o valor nominal dos derivativos, ver Bank of International Settlements (BIS) (2014), que publica informações estatísticas semestrais sobre derivativos de mercado de balcão (MB). Esses números abrangem apenas derivativos de mercado de balcão, não derivativos negociados em Bolsa de Valores. Em consequência, subestimam o tamanho total do mercado de derivativos.
19 Para uma visão geral dos diferentes canais de transmissão, ver, por exemplo, Mishkin (1996).
20 Ver Board of Governors of the Federal Reserve System (2005, cap. 3) sobre o papel fundamental atribuído às reservas.

21 Ver Taylor (2001) para um relato detalhado dos efeitos das operações de mercado aberto sobre o mercado de fundos federais.
22 Sobre a importância da moeda interna criada pelas atividades bancárias paralelas, ver Figura 4.1.
23 Ver Friedman (1999), que foi um dos primeiros a prever que a concessão de crédito por instituições não depositárias poderia ameaçar a capacidade do Banco Central de influenciar os preços e as taxas de juros na economia. A ligação entre reservas do Banco Central e a oferta total de moeda e crédito se enfraqueceu com a tecnologia da informação e as novas formas subsequentes de atividades bancárias; ver também Friedman (2000). As evidências empíricas em apoio a esse argumento são fornecidas por Altunbas, Gambacorta e Marqués-Ibáñez (2009), para os quais a securitização enfraqueceu os mecanismos de transmissão monetária. Ver também Estrella (2002), para quem a securitização pode ter comprometido a capacidade da política monetária de influenciar o produto real.
24 Greenspan (2009), presidente do Federal Reserve de 1987 a 2006, observou que "o Federal Reserve tinha plena consciência da desconexão entre política monetária e taxas de financiamentos hipotecários, quando estas últimas não reagiram como se esperava ao aperto monetário promovido pelo Fed, em meados de 2004. Além disso, os dados mostram que já antes disso as taxas de financiamentos hipotecários aos poucos começaram a se dissociar cada vez mais da política monetária".
25 Para ser exato, os bancos centrais podem reduzir as taxas de juros para pouco abaixo de zero, uma vez que manter caixa no cofre é mais custoso do que manter reservas do Banco Central, devido aos custos de armazenamento. Com efeito, os bancos centrais da Suécia e da Dinamarca, assim como o Banco Central Europeu, fixaram taxas abaixo de zero, pelas quais os bancos podiam manter reservas do Banco Central (Anderson e Liu [2013] e Jones [2014]). Mas isso não muda o fato de que existe um limite inferior de juros em consequência da natureza física do caixa.
26 Ver: <http://www.federalreserve.gov/monetarypolicy/bst_recenttrends.htm>.
27 Ver Krishnamurthy e Vissing-Jorgensen (2011).
28 Ver, por exemplo, Goodfriend (2011). Em 2011, o Fed comprou dívida do governo que chegou a 61% do total de novas emissões de dívida pelo governo federal (Goodman [2012]). Essa intervenção reduziu a taxa de juros pela qual o governo pode financiar seu déficit; ver também Krishnamurthy e Vissing-Jorgensen (2011) e Hannoun e Hofman (2012).
29 Ver Plosser (2010) e Hannoun e Hofman (2012) para outras análises. No Japão, onde já tinham sido adotadas políticas monetárias não convencionais, a independência do Banco Central já foi enfraquecida. Por exemplo, o primeiro-ministro japonês exerceu pressões ostensivas sobre o Banco Central do Japão (Sieg e Takenaka [2012]).
30 Ver Plosser (2012), para quem a falta de independência do Banco Central, acompanhada de grandes déficits fiscais, representou com frequência na história um caminho para a hiperinflação.

8. A SUPERAÇÃO DAS ATIVIDADES BANCÁRIAS [pp. 121-40]

1   Os fundos de investimento em renda fixa são uma exceção, na medida em que suas cotas constituem moeda interna. No entanto, também são parte das atividades bancárias paralelas (ver cap. 5).
2   Como observa Rajan (2006), usar o termo *desintermediação* no sentido de securitização é uma impropriedade, considerando a cadeia de balanços patrimoniais que se introduz entre emprestadores e tomadores finais.
3   Ambos os números são de Beck, Demirgüç-Kunt e Levine (2013).
4   Em 2014, o Lending Club era a maior plataforma de empréstimos ponto-a-ponto do mundo e prosseguia em crescimento acelerado. O volume de empréstimos concedidos por semestre avançou de aproximadamente 110 milhões de dólares, no primeiro trimestre de 2012, para quase 800 milhões no primeiro trimestre de 2014. No total, o Lending Club concedeu mais de 4 bilhões de dólares em empréstimos (<www.lendingclub.com/info/statistics.action>). A segunda maior plataforma nos Estados Unidos é a Prosper. Em janeiro de 2014, já havia concedido mais de 1,3 bilhão de dólares em empréstimos, dos quais mais de 350 milhões só em 2013 (<www.prosper.com>). No Reino Unido, Funding Circle, Sopa e RateSetter são as maiores empresas nesse mercado em rápido crescimento. Juntas, essas três plataformas concederam um volume de crédito superior a 1 bilhão de euros (aproximadamente 1,7 bilhão de dólares; ver <uk.zopa.com>, <www.fundingcircle.com> e <www.ratesetter.com>). Em 2014, emprestadores e tomadores frequentemente conseguiam melhores taxas de juros com empréstimos ponto-a-ponto do que se recorressem a bancos (ver "Banking without Banks" [2014]).
5   Embora a literatura também use o termo *monitor designado* para se referir a bancos, só o aplico para designar o agente que monitora os tomadores no caso de empréstimos desintermediados. O monitor designado financia suas operações cobrando uma taxa do emprestador, do tomador ou de ambos.
6   O problema não se limita a empréstimos desintermediados, mas também surge com a intermediação financeira. Às vezes é chamado de *problema do duplo risco moral*. Para um modelo analítico, ver, por exemplo, Holmström e Tirole (1997).
7   Ver Parte 2. Ver também Jiang, Nelson e Vytlacil (2014), segundo os quais os empréstimos securitizados que continuaram nos balanços patrimoniais dos bancos tinham taxas de inadimplência mais altas que os empréstimos securitizados vendidos a terceiros.
8   Ver cap. 5.
9   Ver Benmelech e Dlugosz (2010, p. 175), cujos resultados sugerem que as avaliações dos títulos privados são "bastante compatíveis com o risco econômico subjacente do emitente". Hill (2004, p. 44) acha que "há consideráveis evidências de que, no curso normal, elas [as agências de classificação de risco de crédito] fazem um trabalho bom, mas não excelente".
10 Ver Petersen (2004) sobre a distinção entre informação soft e hard. Como ele diz, a

hard é quase sempre numérica, enquanto a soft é textual. A hard é comparável com facilidade e objetividade; a soft não. A hard pode ser coletada sem contato pessoal, mas a soft deve ser coletada pessoalmente. Além disso, a hard é mais objetiva, e a pessoa ou organização que avalia a informação não precisa ser a mesma que a coleta. Em contraste, a soft não é facilmente transferível para quem não se envolveu em sua coleta.

11 Esse efeito ocorre até em casos de securitização (ver Keys, Seru e Vig [2012]).
12 Exemplo importante de score de crédito é o Fico. Para uma explicação das informações quantitativas usadas para calculá-lo, ver: <www.myfico.com/crediteducation/whatsinyourscore.aspx>.
13 Ver Thomas (2000). Ver também Grove e Meehl (1996), sobre a força dos métodos judiciosos formais em geral.
14 Na década de 1990, o financiamento de pequenas empresas ainda era considerado uma área em que o bom relacionamento com os bancos locais era importante (ver, por exemplo, Berger e Udell [2002]). Petersen e Rajan (2002), contudo, observaram que os bancos, cada vez mais, usavam informação hard nas decisões sobre empréstimos a pequenas empresas; os empréstimos por relacionamento se tornavam cada vez menos relevantes. Mais tarde, Berger e Frame (2007) revisaram diferentes estudos e concluíram que o score de crédito resultava em aumento da disponibilidade de crédito para as pequenas empresas.
15 Muitas empresas de internet atenuam as informações assimétricas como principal linha de negócios (por exemplo, TripAdvisor e Yelp) ou desenvolvem mecanismos para facilitar as informações assimétricas decorrentes de principal linha de negócios (por exemplo, eBay).
16 Essa descoberta contradiz a análise de Diamond e Dybvig (1983), que concluíram que somente os depósitos à vista podem oferecer garantia de liquidez ótima, ao passo que os ativos financeiros negociados no mercado não têm essa capacidade. No entanto, os resultados de Diamond e Dybvig dependem de premissas rigorosas e já foram constatados reiteradamente; ver, por exemplo, Jacklin (1987) e Von Thadden (1998).
17 Ver Akerlof (1970), trabalho pioneiro sobre falhas do mercado, pela presença de informações assimétricas.
18 Ver Dennis e Mullineaux (2000), que demonstraram empiricamente que os empréstimos bancários têm maior tendência a ser vendidos (sindicalizados) quando as informações sobre os tomadores se tornam mais transparentes.
19 Por exemplo, você poderia postar a luminária no eBay, mercado eletrônico com mais de 140 milhões de compradores ativos no primeiro trimestre de 2014. Em 16 de julho de 2013, mais de trinta luminárias a óleo vitorianas eram oferecidas no site. Como seria de esperar, o mercado no Reino Unido é ainda mais líquido. Na mesma data, algumas luminárias a óleo vitorianas atraíram mais de quinze lances.
20 Ver Duffie, Gârleanu e Pedersen (2005) para uma análise de como a redução do atrito nas buscas pode reduzir a diferença entre os preços de compra e venda nos mercados de balcão.

21 Ver Domowitz (2002), para uma explicação de como os mercados eletrônicos podem reduzir os custos de transação.
22 Chou e Chung (2006) analisaram os spreads em ETF que acompanham os principais índices de ações e encontraram spreads na faixa de 0,1%-0,2% em 2001.
23 Esses números são de Bessembinder e Maxwell (2008) e Bessembinder, Maxwell e Venkataraman (2006), que compararam os custos de transação de títulos privados nos Estados Unidos antes e depois da introdução do Transaction Report Engine.
24 Por exemplo, a função "Rapid Return" do Zopa (<help.zopa.com/customer/portal/articles/1097445-how-do-i-access-my-money-with-rapid-return>) e a função "Sellout" do RateSetter, que pode ser encontrada na seção de dúvidas mais frequentes. No Funding Circle, também é possível vender e comprar partes de um empréstimo (<support.fundingcircle.com/forums/21584128-Buying-and-selling-loan-parts>).
25 Lending Club e Prosper, por exemplo, trabalham juntas com Folio Investing. Ver <lendingclub.com/public/mainAboutTrading.action> e <www.prosper.com/invest/trade-notes>.
26 Às vezes, é difícil separar liquidez contratual e serviços de pagamento, porque as atividades bancárias geralmente combinam as duas funções. Isso acontece, por exemplo, quando você compra um café e paga com cartão de débito. Se o comprador e o lojista têm depósitos no mesmo banco, o pagamento é feito exclusivamente com moeda interna. Nem sequer se recorre à liquidez contratual. O pagamento é processado simplesmente com a transferência de moeda interna de uma parte para outra (ver o exemplo de criação de moeda pelas atividades bancárias tradicionais no cap. 2). Se os pagamentos são feitos entre contrapartes que não têm conta na mesma instituição bancária, as transações envolvem moeda externa, na forma de reservas do Banco Central. Na hipótese de bancos comerciais, os pagamentos são compensados (pelos valores líquidos) com reservas do Banco Central. Nesse caso, pagar o café com um cartão de débito é uma combinação do acesso à liquidez contratual com o uso dos serviços de pagamento dos bancos. Ver Hancock e Humphrey (1998) para mais informações sobre compensação de pagamentos entre bancos.
27 Exemplo moderno de custodiante que oferece serviços de pagamento é o M-Pesa, que possibilita pagamentos com telefones móveis no Quênia. Ver: <www.safaricom.co.ke/personal/m-pesa>.
28 As pesquisas sobre moedas digitais ainda são recentes. Atualmente, o bitcoin é a mais conhecida. Para mais informações, ver Nakamoto (2008). Para uma análise, ver Barber et al. (2012). Em 2014, as taxas de transação com bitcoin eram mínimas, às vezes até inexistentes, enquanto as taxas de pagamento pelo sistema bancário — inclusive transações com cartão de crédito — se baseavam em pontos percentuais de um dígito do volume da transação (Andreessen 2014).
29 Ver King e Dagfinn (2010) sobre a importância das transações por algoritmos em mercados cambiais. Ver Hendershott, Jones e Menkveld (2011) a respeito dos efeitos positivos das transações por algoritmos na liquidez e nas bolsas de ações. Como parte das discussões referentes a transações de alta frequência, os algoritmos de transações

atraíram críticas públicas. Ver, por exemplo, Lewis (2014). O grande problema das transações de alta frequência, porém, não é o uso de algoritmos de transações em si, mas o fato de alguns participantes do mercado obterem acesso privilegiado a informações sobre ordens dos clientes de corretoras e bolsas. O acesso privilegiado lhes permite se antecipar às ordens e auferir ganhos livres de risco, às custas dos investidores.

30 P2P Finance Association (2013) no Reino Unido definiu princípios operacionais para seus membros, que incluem a administração metódica de contratos na hipótese de essa plataforma deixar de operar.

9. A CONTABILIDADE DO FUTURO [pp. 141-69]

1   Haldane (2012b, p. 15).
2   Os governos não podem se comprometer a não segurar os riscos bancários. Já vimos isso várias vezes na história, mais recentemente com o resgate das instituições de atividades bancárias paralelas, durante a crise financeira de 2007-8 (ver Parte 2). As políticas de resgate governamental de bancos sofrem com o problema da inconsistência temporal. Para modelos analíticos, ver Mailath e Mester (1994), Acharya e Yorulmazer (2007), Farhi e Tirole (2012) e Chari e Kehoe (2013).
3   É possível evitar o risco de atividades bancárias até certo ponto, mantendo direitos reais, direitos de propriedade sobre imóveis, direitos sobre o capital próprio ou direitos sobre metais preciosos. Quase todos, porém, precisam de moeda para propósitos transacionais e, portanto, continuam expostos ao risco de atividades bancárias. Além disso, não há como evitar o risco de atividades bancárias se os resgates governamentais são financiados por impostos.
4   Ver caps. 5 e 6.
5   Cf. <https://www.lendingclub.com/info/statistics.action>.
6   Cf. Burton et al. (2016).
7   Cf. Lucas e Fei Ju (2017).
8   A conversão do euro foi feita com as taxas de câmbio anuais médias (preço da demanda, <www.oanda.com>). Na tabela é indicada a soma das intermediações de crédito ponto-a-ponto de todas as áreas respectivamente (empresas, consumidor, clientes particulares). Fontes: Suíça: Dietrich e Amrein (2017); Alemanha, França, Itália, Espanha: Zhang et al. (2016c); EUA: Wardrop et al. (2016); China: Zhang et al. (2016a); Reino Unido: Zhang et al. (2016b).
9   Para o conceito de score de crédito, ver cap. 8.
10 Cf. Daye, Xiao e Song (2017).
11 Exemplos dessas cooperações são: Lending Club e Citigroup (Fromhart e Srinivas, 2016), Prosper e Citigroup (Padbidri, 2016) bem como OnDeck com J. P. Morgan (Fromhart e Srinivas, 2016). Além disso, a Lending Club nos EUA também entrou em parceria com pequenos bancos. Cf. <https://www.lendingclub.com/public/lending--clubpress-2013-06-20.action>.

12 Em abril de 2015, o conglomerado bancário norte-americano Citigroup anunciou uma cooperação com a Lending Club. A cooperação compreende outros dois institutos financeiros: o WebBank e a Varadero Capital. Quando a Lending Club aceita um pedido de crédito em sua plataforma, o empréstimo é garantido pelo WebBank. Quem assume então a obrigação é a Varadero Capital, que recorre a uma linha de crédito do Citigroup para a compra desse empréstimo; ver <http://ir.lendingclub.com/file.aspx?IID=4213397&FID=28930792>.

13 Não deixa de ser irônico que Renaud Laplanche tenha precisado renunciar ao cargo de CEO da Lending Club em maio de 2016, pois não havia revelado a existência de conflitos de interesse, nem que informações de crédito foram falsificadas sob sua supervisão (Popper, 2017). Os princípios de responsabilidade e transparência foram ignorados na transformação da Lending Club em um *marketplace lender*.

14 Ver p. ex. <https://www.sofi.com/press/sofi-completes-251mm-sp-ratedsecuritization-refinanced-student-loans/>. Em meados de 2017, a SoFi entrou com um pedido de licença bancária.

15 Ver <https://www.zopa.com/lending/safeguard>.

16 O fundo de garantia é um seguro e, com isso, uma das técnicas para criar moeda interna (ver cap. 3).

17 Ver Dunkley (2016).

18 Ver p. ex. Goldman Sachs (2017).

19 No exemplo do cap. 1, Sittah e Nathan não dependeriam mais dos serviços de Bonafides. Em vez de ouro, tanto Sittah como Nathan manteriam dinheiro digital e fariam a compra da caravela por meio de uma blockchain em vez de utilizar o sistema contábil operado por Bonafides.

20 Ver p. ex. Sloan (2017).

21 Um proponente bem conhecido e influente de atividades bancárias restritas é Fisher (1935). Além disso, Friedman (1965) e Tobin (1985, 1987) indicaram apoio às atividades bancárias restritas.

22 Ver Fisher (1935).

23 Diamond e Rajan (2001) salientam a importância de bancos transformarem ativos sem liquidez em depósitos líquidos e usarem o processo como argumento contra as políticas de estabilização, como atividades bancárias restritas. Ver também Wallace (1996) e Bossone (2001).

24 De fato, Fisher e colegas estavam conscientes de que suas propostas se deparavam com o problema de fronteira. Uma das cartas de Simons — apoiador da proposta de 100% de cobertura em dinheiro — a Fisher diz: "Depósitos de poupança, certificados do Tesouro e até notas promissórias comerciais estão quase tão perto de depósitos à vista quanto moedas de curso forçado. Todo o problema que hoje associamos a atividades bancárias comerciais poderia facilmente reaparecer sob outras formas de arranjos financeiros" (Allen [1993, p. 708]). Simons previu a ascensão de atividades bancárias paralelas já em 1934. Ver também Simons (1936).

25 Benes e Kunhof (2012) analisam os efeitos de atividades bancárias restritas usando

uma dinâmica de modelo de equilíbrio geral estocástico. Infelizmente, o modelo não inclui o problema de fronteira.
26 O movimento da moeda positiva foi fundado em 2010 como reação à crise financeira. Para uma introdução à proposta, ver Jackson, Dyson e Hodgson (2013).
27 Huber e Robertson (2000, cap. 4), os primeiros mentores da moeda positiva, chamam esse privilégio de "lucros especiais das atividades bancárias". Embora identifiquemos um mecanismo básico diferente, os lucros gerados pelas empresas do setor financeiro nos vinte anos que levaram à crise foram de fato astronômicos. De acordo com o U.S. Bureau of Economic Analysis (2013, 2014), em 1950, cerca de 10% de todos os lucros empresariais foram gerados no setor financeiro. Nos anos anteriores à crise financeira de 2007-8, essa fatia aumentou para mais de 25%. Além disso, nem tudo o que a empresa aufere é pago como lucro. Grande parte vai para os funcionários. Em 2006, eles ganharam em média 50% a mais em finanças (Philippon e Reshef [2012]). Para os executivos, o prêmio é ainda mais alto.
28 Ver Kotlikoff (2010). Para um relato sucinto posterior, ver Chamley, Kotlikoff e Polemarchakis (2012).
29 O'Driscoll (2010, p. 545) enfatiza esse ponto ao citar Kotlikoff (2010): "A FFA verificaria a declaração de rendimentos de Robby, usando as declarações de imposto de renda federal; certificaria sua avaliação de risco de crédito; apuraria, com base em avaliadores locais independentes, o valor da casa que pretende comprar; examinaria os impostos sobre propriedade imobiliária e custos de seguro da casa; e analisaria todas as outras informações pertinentes que ajudariam um fundo mútuo a compreender o valor de comprar a hipoteca de Robby" (p. 127).
30 Ver Sapienza (2002) para as práticas referentes a empréstimos de bancos estatais e privados na Itália. Os estatais cobravam menos juros nas regiões em que o partido político associado ao banco era mais forte. Como no caso dos bancos estatais, o poder sobre decisões referentes a empréstimos da FFA também podia tentar os governos a usá-los como mecanismo para recompensar seus apoiadores e punir os adversários políticos.
31 Ver cap. 4.
32 Grande parte do crédito emitido por empresas não financeiras tem prazo de vencimento de anos. Elas operam com horizontes de longo prazo e não podem correr o risco de prorrogar muitos de seus créditos todos os dias. Os empréstimos com os menores prazos de vencimento emitidos pelas empresas não financeiras são notas promissórias comerciais, com prazo de vencimento de poucos dias. Em comparação com outras fontes de crédito como empréstimos bancários ou títulos privados, o volume delas é marginal.
33 Até abril de 2014, a Standard & Poor's concedeu a apenas três empresas financeiras a classificação AAA: Exxon Mobil, Johnson & Johnson e Microsoft (Krantz [2014]). Os créditos emitidos por empresas não financeiras em geral envolvem algum risco de crédito.
34 Um exemplo de balanço patrimonial implícito é o de uma pessoa física. Se você tiver uma hipoteca e for proprietário de uma casa, incluiria o valor da casa no lado do

ativo e o valor da hipoteca no lado do passivo. Como tal, a hipoteca é um ativo financeiro, embora não apareça em um balanço patrimonial ativo.

35 Os direitos ao patrimônio líquido (ou direitos residuais) incluem posições estratégicas em subsidiárias pela empresa controladora.

36 No atual sistema bancário, com um banco central, a moeda externa aparece como passivo no seu balanço patrimonial. Num sistema financeiro sem atividades bancárias, a política monetária é conduzida de maneira diferente (ver cap. 10).

37 Um evento pessoal de um tomador privado, como um acidente, pode mudar drasticamente o risco de crédito. O mesmo raciocínio se aplica às parcerias privadas ou às propriedades individuais. Há alguns casos isolados de bancos que operam como parcerias privadas, oferecendo seus serviços principalmente a clientes ricos. Os donos desses bancos são totalmente responsáveis, com seu patrimônio pessoal, pelos passivos dos bancos. Os bancos de investimento eram organizados como parcerias privadas, mas hoje isso é raro.

38 Alguns contratos financeiros têm componentes contingentes e não contingentes. Um empréstimo com taxa flutuante, por exemplo, predetermina o pagamento do valor nominal, mas os pagamentos de juros dependem de como a taxa futura de referência é fixada. Para nossos propósitos, devemos tratar esses contratos como dois. O pagamento do valor nominal, que é fixo, constitui um contrato financeiro não contingente, enquanto a variável do pagamento de juros constitui um contrato financeiro contingente.

39 As taxas de juros de referência são usadas para determinar os pagamentos das taxas de juros flutuantes dos empréstimos ou dos swaps de taxas de juros. Uma taxa de juros bem conhecida é a London Interbank Offered Rate (Libor).

40 Uma opção de compra sobre ações é o direito de comprar uma ação a determinado preço, em determinada data ou em determinado período de tempo.

41 Em contabilidade, essa posição é denominada *valor de substituição positivo*. Por exemplo, caso se esperasse que a taxa de referência de um swap de taxa de juros fosse de 5%, mas, efetivamente, ela chegasse a 7% com o passar do tempo, o swap de taxa de juros aparecerá como ativo no balanço patrimonial da contraparte que recebe taxas flutuantes e paga taxas fixas. No sentido oposto, se a taxa cair para 3%, o swap de taxa de juros aparecerá como valor de substituição negativo no lado do passivo. Esses swaps geralmente estipulam por acordo uma taxa fixa pela qual o valor presente de todos os pagamentos de taxas flutuantes é igual ao valor presente de todos os pagamentos de taxas fixas, ou seja, com um valor de substituição de zero.

42 Ver Rajan e Zingales (1995), que conduziram um estudo internacional sobre a estrutura de capital das empresas não financeiras de capital aberto. Em comparação com os bancos, elas tinham muito mais patrimônio líquido, por não desfrutar de garantias do governo. Também tinham de manter altos níveis de patrimônio líquido para demonstrar aos emprestadores que estavam arriscando a própria pele.

43 Ver Rajan e Zingales (1995, p. 1428). Na Tabela 2, eles mostram os balanços patrimoniais médios de empresas não financeiras dos países do G7 em 1991. Os números

indicam que o valor dos ativos financeiros, incluindo caixa, é mais baixo que o patrimônio líquido dos acionistas, nos Estados Unidos, Canadá e Reino Unido.
44 Dependendo de onde operam as empresas industriais, as estruturas de capital podem variar. Empresas dos setores eletrônico e farmacêutico, por exemplo, dependem pouco de financiamento externo (Mayer [1990]). Para um estudo recente sobre fatores legais e setoriais, ver, por exemplo, Jong, Kabir e Nguyen (2008). Em especial, algumas empresas operam com grandes contas a receber. Elas surgem se a empresa já entregou bens e serviços ao cliente, mas ainda não recebeu o pagamento integral. Essas práticas de faturamento podem levar a conflitos com a norma de solvência sistêmica. Mudanças graduais nessas práticas podem realinhar a estrutura de capital de empresas com grandes contas a receber. As razões que geralmente são apresentadas pela teoria econômica como motivadoras de determinada estrutura de capital não consideram contas a receber (ver, por exemplo, Dewatripont e Tirole [1994]).

10. O PAPEL DO SETOR PÚBLICO [pp. 170-8]

1 A maioria dos bancos centrais contemporâneos tem o mandato de preservar a estabilidade dos preços. Eles definem um pacote de bens e serviços e monitoram seu preço. Geralmente adotam a meta de que não aumente além de determinada faixa, em torno de 2%; ou seja, eles se comprometem com certa estabilidade no crescimento dos preços. Uma razão para não mirar a estabilidade no nível de preços — ou seja, taxa de inflação zero — consiste na rigidez dos preços nominais. Ela ocorre quando os preços não podem se ajustar, mesmo que seja necessário um novo preço para destravar a oferta e a demanda. Um exemplo relevante é o da rigidez dos preços nos mercados de trabalho. Considera-se especialmente difícil ajustar os salários para baixo; ver, por exemplo, Akerlof et al. (1996).
2 Ver Simons (1936), que considera a segurança do sistema monetário objetivo importante do público. Esse sistema deve apresentar o mínimo de incerteza monetária possível. Ver também M. Friedman (1948, 1965), que justificou o monopólio da moeda externa pelo governo com base em razões semelhantes. Observe, contudo, que ele qualificou sua opinião em trabalho posterior, à luz da experiência com inflação alta durante a década de 1970 e o começo da década de 1980 (M. Friedman e Schwartz [1986]). Sobre os efeitos de rede, ver também King (2004). Não obstante minha preferência por uma organização pública da moeda, abstive-me de censurar emissões privadas de moedas. As de uso privado podem complementar o sistema de pagamento. Ademais, proibi-las inevitavelmente depararia com o problema de fronteira, na medida em que muitas empresas não financeiras emitem vouchers e cupons para seus bens e serviços.
3 A moeda digital é considerada mais conveniente que a física. Como consumidor, você não precisa andar com dinheiro, reduzindo o risco de roubos e furtos (ver, por exemplo, Wright et al. [2014]). Para as empresas, as vantagens são ainda mais pro-

nunciadas, uma vez que não precisam mais gerenciar caixas de recebimentos e pagamentos e movimentar dinheiro físico entre as lojas. Humphrey et al. (2003) oferecem uma estimativa dos ganhos com a mudança da moeda física para a digital. Também mencionam razões de saúde como outras vantagens da moeda digital, já que alguns estudos indicam que as notas de dinheiro são contaminadas por bactérias (ver, por exemplo, Pope et al. [2002]).

4 Uma taxa de liquidez foi proposta recentemente por vários economistas; ver Goodfriend (2000), Buiter e Panigirtzoglou (2003) e Mankiw (2009). O primeiro proponente de uma taxa de liquidez foi Gesell (1916), cujas intenções eram mais amplas que apenas superar o limite inferior zero. Saiba que os termos variam. Há quem use "*dying money*", seguindo Gesell (Preparata e Elliot [2004]), ou *stamp scrip* (Fisher [1933b]). Hoje, o termo *carry tax* é muito frequente; ver Goodfriend (2000) e Buiter e Panigirtzoglou (2003). Escolhemos o termo taxa de liquidez porque o *carry tax* seria traiçoeiro. Não se trata de um instrumento destinado a gerar receita para o setor público. Como veremos, o dinheiro levantado pela taxa de liquidez retorna à economia como renda incondicional, e o setor público não pode usá-lo para financiar suas próprias atividades.

5 Ver cap. 7. Para uma análise das razões para perseguir taxas de inflação positiva, ver, por exemplo, Summers (1991) ou Fischer (1996).

6 Ver Goodfriend (2000).

7 As consequências diretas de mudanças frequentes nos preços são, por exemplo, os chamados custos de menu, ou seja, os custos de atualizar continuamente as listas de preços. Mais importantes, porém, são os custos indiretos da inflação, como ineficiências na coordenação de atividades econômicas. Ver também Lucas (2000).

8 As vantagens da taxa de liquidez também foram reconhecidas por outros economistas. Ver Goodfriend (2000), Buiter e Panigirtzoglou (2003) e Mankiw (2009). Uma proposta para implementar a taxa de liquidez na era industrial foi carimbar as notas de dinheiro todos os meses contra o pagamento de uma taxa (ver Fisher [1933b]). Mankiw (2009) propôs que a autoridade monetária escolhesse periodicamente um número ao acaso. Todas as notas de dinheiro cujos números de série terminassem com esse algarismo deixariam de ter curso forçado. Ambas as propostas mostram que antes da ascensão da tecnologia da informação teria sido impraticável.

9 A garantia de renda básica tem por objetivo possibilitar que todos os cidadãos vivam com dignidade. Geralmente, deve substituir os seguros sociais existentes. Os proponentes salientam a falta de distorção, uma vez que ela basicamente significa um subsídio de valor fixo e constante para todos.

10 Parte dos lucros gerados pelo Federal Reserve System é distribuída a instituições bancárias privadas, em consequência de uma configuração institucional especial: os bancos membros recebem um dividendo estatutário.

11 Em um sistema financeiro sem atividades bancárias, a política monetária não pode afetar determinados preços, por sua própria concepção. Não se injeta moeda mediante a compra de ativos, mas por meio de sua distribuição igualitária para toda a

população. Observe também que a criação de moeda ocorre fora do sistema contábil, ou seja, fora de balanços patrimoniais. Por isso a moeda não se qualifica como ativo financeiro para a norma de solvência sistêmica. No sistema bancário de hoje, a emissão de moeda se reflete nos balanços patrimoniais dos bancos centrais: os ativos comprados são lançados no lado do ativo e a nova moeda é lançada no lado do passivo.

12 Lembre-se de que, quando analisei as atividades bancárias com propósitos limitados, critiquei a configuração de uma única autoridade para a supervisão do monitoramento. Agora, porém, preconizo uma autoridade monetária independente com pleno controle sobre a oferta de moeda. À primeira vista, talvez pareça que não estou aplicando os mesmos padrões aos conceitos. Ocorre, porém, que o gerenciamento da oferta de moeda e a supervisão do monitoramento de todo o crédito na economia são duas coisas diferentes. A autoridade monetária que esteja sujeita às restrições constitucionais de usar somente a taxa de liquidez e a renda incondicional terá dificuldade em cometer abusos de poder. Esses instrumentos são inadequados para atender a interesses pessoais, uma vez que ambos sempre têm como alvo — por sua própria concepção — os interesses coletivos. Uma agência de monitoramento governamental, por outro lado, decide quem consegue crédito, além de quando e em que condições. Essa configuração é atraente para perseguir os interesses particulares de incumbentes ou titulares.

13 Embora os governos não sejam empresas, a norma de solvência sistêmica, como conceito, aplica-se também a eles. O crédito deve ser usado para investir em ativos reais em relação aos quais os governos esperam gerar retorno (imposto) suficiente para atender às obrigações futuras.

14 Hoje ocorre exatamente o oposto. Embora os bancos devam cumprir vasta regulação específica, as instituições financeiras "grandes demais para ir à falência" parecem estar isentas de algumas obrigações legais. Em relação à denúncia contra o HSBC por lavagem de dinheiro, o procurador-geral dos Estados Unidos, Eric Holder, admitiu que o fato de bancos desse tipo serem tão grandes "exerce influência inibidora, comprometendo nossa capacidade de tomar as decisões que seriam mais adequadas" (Nasiripour e Scanell [2013]).

11. O PANORAMA GERAL [pp. 179-87]

1 Haughwout et al. (2012) sugerem que mais de 3 milhões de unidades residenciais em excesso foram construídas durante a histeria habitacional nos Estados Unidos. Na Europa, a situação é parecida. A Espanha, por exemplo, foi atingida em cheio pela crise, com 14% dos imóveis vazios (Neate [2014]).

2 A ilusão de prosperidade gerada pelas atividades bancárias irrestritas às vezes é usada como argumento contra a regulação bancária. Alguns economistas alegam que a instabilidade é o preço do bem-estar e que a sociedade teria de sacrificar o cresci-

mento econômico para restringir o excesso de tomada de riscos. Esse argumento, em geral, é apresentado no contexto dos requisitos de capital. Executivos e lobistas alegam que o aumento dos requisitos de capital prejudicam a economia (ver, por exemplo, as análises em Admati e Hellwig [2013] e Touryalai [2013]). Em alguns dos relatórios do Goldman Sachs Global Investment Research, alega-se que as empresas de pequeno e médio porte (Ramsden et al. [2010]) e tomadores de baixa renda (Ramsden et al. [2011]) sofrem mais sob requisitos e capital mais elevados. Esses argumentos são falhos. A crise financeira de 2007-8 confirmou enfaticamente que as atividades bancárias irrestritas apenas criam a ilusão de prosperidade, que acaba se desfazendo.

3 Ver Reinhart e Rogoff (2009a, p. 466), que estudaram os efeitos negativos das crises financeiras sobre o produto e o emprego. As taxas de desemprego aumentam, em média, 7%, e o produto diminui em 9% no desfecho de crises financeiras. Um efeito prejudicial da recente crise financeira foi o aumento acentuado no desemprego de jovens. Em 2009, quase 19% dos jovens dos países da Organização para a Cooperação e o Desenvolvimento Econômico estavam desempregados (Scarpetta, Sonnet e Manfredi [2010, p. 4]). Os jovens afetados se assustam com o desemprego, principalmente por causa de seus efeitos duradouros sobre os salários e a empregabilidade no futuro.

4 Ver Taleb (2012), para quem a supressão da volatilidade em sistemas sociais, políticos e econômicos complexos, e até em nossa própria vida, aumenta a probabilidade de eventos catastróficos. Ideias semelhantes foram formuladas por Minsky (1986), a quem o aforismo "a estabilidade fomenta a instabilidade" é atribuído.

REFERÊNCIAS BIBLIOGRÁFICAS

ACHARYA, Viral V.; ÖNCÜ, T. Sabri. "The Repurchase Agreement (Repo) Market". In: ACHARYA, Viral A.; COOLEY, Thomas F.; RICHARDSON, Matthew P.; WALTER, Ingo (Orgs.). *Regulating Wall Street: The Dodd-Frank Act and the New Architecture of Global Finance*. Nova York: Wiley, 2010, pp. 319-50.

ACHARYA, Viral V.; SCHNABL, Philipp; SUAREZ, Gustavo A. "Securitization Without Risk Transfer". *Journal of Financial Economics*, v. 107, n. 3, 2013, pp. 515-36.

ACHARYA, Viral V.; YORULMAZER, Tanju. "Too Many to Fail: An Analysis of Time-Inconsistency in Bank Closure Policies". *Journal of Financial Intermediation*, v. 16, n. 1, 2007, pp. 1-31.

ADMATI, Anat R.; DEMARZO, Peter M.; HELLWIG, Martin F.; PFLEIDERER, Paul. "Fallacies, Irrelevant Facts, and Myths in the Discussion of Capital Regulation: Why Bank Equity Is Not Expensive". Working Paper 86. Stanford, CA, The Rock Center for Corporate Governance at Stanford University, 2011. Disponível em: <https://www.gsb.stanford.edu/faculty-research/working-papers/fallacies-irrelevant-facts-myths-discussion-capital-regulation-why>. [Todos os acessos foram feitos em 12 dez. 2017.]

ADMATI, Anat R.; HELLWIG, Martin F. *The Bankers' New Clothes: What's*

Wrong with Banking and What to Do about It. Princeton, NJ: Princeton University Press. 2013.

AKERLOF, George A. "The Market for 'Lemons': Quality Uncertainty and the Market Mechanism". *Quarterly Journal of Economics*, v. 84, n. 3, 1970, pp. 488-500.

AKERLOF, George A.; DICKENS, William T.; PERRY, George L.; GORDON, Robert J.; MANKIW, N. Gregory. "The Macroeconomics of Low Inflation". *Brookings Papers on Economic Activity*, n. 1, 1996, pp. 1-76.

ALCHIAN, Armen A.; KLEIN, Benjamin. "On a Correct Measure of Inflation". *Journal of Money, Credit and Banking*, v. 5, n. 1, 1973, pp. 173-91.

ALIBER, Robert Z. "International Banking: A Survey". *Journal of Money, Credit and Banking*, v. 16, n. 4, 1984, pp. 661-78.

ALLEN, Franklin; MCANDREWS, James; STRAHAN, Philip. "E-Finance: An Introduction". *Journal of Financial Services Research*, v. 22, n. 1-2, 2002, pp. 5-27.

ALLEN, William R. "Irving Fisher and the 100 Percent Reserve Proposal". *Journal of Law and Economics*, v. 36, n. 2, 1993, pp. 703-17.

ALTUNBAS, Yener; GAMBACORTA, Leonardo; MARQUÉS-IBÁÑEZ, David. "Securitisation and the Bank Lending Channel". *European Economic Review*, v. 53, n. 8, 2009, pp. 996-1009.

ANDERSON, Richard G.; GASCON, Charles S. "The Commercial Paper Market, the Fed, and the 2007-2009 Financial Crisis". *Federal Reserve Bank of St. Louis Review*, v. 91, n. 6, 2009, pp. 589-612.

ANDERSON, Richard G.; LIU, Yang. "How Low Can You Go? Negative Interest Rates and Investors' Flight to Safety". *Regional Economist*, jan. 2013, pp. 12-3.

ANDREESSEN, Marc. "Why Bitcoin Matters". *Deal Book, The New York Times*, 21 jan. 2014. Disponível em: <dealbook.nytimes.com/2014/01/21/why-bitcoin-matters>.

ARLIDGE, John. "I'm Doing 'God's Work': Meet Mr. Goldman Sachs". *Sunday Times*, 8 nov. 2009. Disponível em: <www.thesundaytimes.co.uk/sto/news/world_news/article189615.ece>.

ARTETA, Carlos; CAREY, Mark; CORREA, Ricardo; KOTTER, Jason D. "Revenge of the Steamroller: ABCP as a Window on Risk Choices". International Finance Discussion Papers, n. 1076, Board of Governors of the Federal Reserve System, 2013. Disponível em: <www.federalreserve.gov/pubs/ifdp/2013/1076/ifdp1076.pdf>.

BABA, Nahoika; MCCAULEY, Robert N.; RAMASWAMY, Srichander. "US Dollar Money Market Funds and Non-US Banks". *BIS Quarterly Review*, mar. 2009, pp. 65-81.

BAGEHOT, Walter. *Lombard Street: A Description of the Money Market*. Londres: Henry S. King, 1873.

BAIR, Sheila. "Remarks By Sheila Bair Chairman, U.S. Federal Deposit Insurance Corporation". Discurso proferido na Risk Management and Allocation Conference, Paris, França, 25 jun. 2007. Disponível em: <www.fdic.gov/news/news/speeches/archives/2007/chairman/spjun2507.html>.

BANCO DE COMPENSAÇÕES INTERNACIONAIS. "OTC Derivatives Market Activity in the Second Half of 2013". Statistical Release, 2014. Disponível em: <www.bis.org/publ/otc_hy1405.htm>.

BANERJEE, Abhijit V.; MASKIN, Eric S. "A Walrasian Theory of Money and Barter." *Quarterly Journal of Economics*, v. 111, n. 4, 1996, pp. 955-1005.

BARBER, Simon; BOYEN, Xavier; SHI, Elaine; UZUN, Ersin. "Bitter to Better: How to Make Bitcoin a Better Currency". In: KEROMYTIS, Angelos D. (Org.). *Financial Cryptography and Data Security*, 2012, pp. 399-414. Lecture Notes in Computer Science, v. 7397. Berlim: Springer, 2012.

BECK, Thorsten; DEMIRGÜÇ-KUNT, Asli; LEVINE, Ross. "A New Database on Financial Development and Structure". Set. 2013. Disponível em: <siteresources.worldbank.org/INTRES/Resources/469232-1107449512766/FinStructure_April_2013.xlsx>.

BENES, Jaromir; KUMHOF, Michael. "The Chicago Plan Revisited". IMF Working Paper n. 12/202. Washington: Fundo Monetário Internacional, 2012. Disponível em: <www.imf.org/external/pubs/ft/wp/2012/wp12202.pdf>.

BENMELECH, Efraim; DLUGOSZ, Jennifer. "The Credit Rating Crisis". In: *NBER Macroeconomics Annual 2009, Vol. 24*. Org. de Daron Acemoglu, Kenneth Rogoff e Michael Woodford. Chicago: University of Chicago Press, 2010, pp. 161-207.

BENSTON, George J. "Universal Banking". *Journal of Economic Perspectives*, v. 8, n. 3, 1994, pp. 12-43.

BERGER, Allen N.; FRAME, W. Scott. "Small Business Credit Scoring and Credit Availability". *Journal of Small Business Management*, v. 45, n. 1, 2007, pp. 5-22.

BERGER, Allen N.; UDELL, Gregory F. "Small Business Credit Availability and Relationship Lending: The Importance of Bank Organisational Structure". *Economic Journal*, v. 112, n. 477, 2002, pp. F32-F53.

BERNANKE, Ben S. "Deflation — Making Sure 'It' Doesn't Happen Here." Discurso proferido no National Economists Club, Washington, 22 nov. 2002. Disponível em: <www.federalreserve.gov/boarddocs/speeches/2002/20021121>.

_____. "The Subprime Mortgage Market". Discurso proferido na Annual Conference on Bank Structure and Competition, do Federal Reserve Bank of Chicago, Chicago, 17 maio 2007. Disponível em: <www.federalreserve.gov/newsevents/speech/bernanke20070517a.htm>.

_____. "The Crisis and the Policy Response". Discurso proferido na Stamp Lecture, London School of Economics, Londres, 13 jan. 2009. Disponível em: <www.federalreserve.gov/newsevents/speech/bernanke20090113a.htm>.

BESSEMBINDER, Hendrik; MAXWELL, William. "Markets: Transparency and the Corporate Bond Market". *Journal of Economic Perspectives*, v. 22, n. 2, 2008, pp. 217-34.

BESSEMBINDER, Hendrik; MAXWELL, William; VENKATARAMAN, Kumar. "Market Transparency, Liquidity Externalities, and Institutional Trading Costs in Corporate Bonds". *Journal of Financial Economics*, v. 82, n. 2, 2006, pp. 251-88.

BHATTACHARYA, Sudipto; BOOT, Arnoud W. A.; THAKOR, Anjan V. "The Economics of Bank Regulation". *Journal of Money, Credit and Banking*, v. 30, n. 4, 1998, pp. 745-70.

BIRDTHISTLE, William A. "Breaking Bucks in Money Market Funds". *Wisconsin Law Review*, 2010, pp. 1155-200.

BLISS, Robert R.; KAUFMAN, George G. "Derivatives and Systemic Risk: Netting, Collateral, and Closeout". *Journal of Financial Stability*, v. 2, n. 1, 2006, pp. 55-70.

BLOCK, Walter; GARSCHINA, Kenneth M. "Hayek, Business Cycles and Fractional Reserve Banking: Continuing the De-Homogenization Process". *Review of Austrian Economics*, v. 9, n. 1, 1996, pp. 77-94.

BLUM, Jürg; HELLWIG, Martin. "The Macroeconomic Implications of Capital Adequacy Requirements for Banks". *European Economic Review*, v. 39, n. 3-4, 1995, pp. 739-49.

BOARD OF GOVERNORS OF THE FEDERAL RESERVE SYSTEM. *The Federal Reserve System: Purposes & Functions*. 9. ed. Washington, DC, 2005. Disponível em: <www.federalreserve.gov/pf/pdf/pf_complete.pdf>.

_____. "Press Release: FOMC statement". 18 mar. 2009. Disponível em: <www.federalreserve.gov/newsevents/press/monetary/20090318a.htm>.

BOSSONE, Biagio. "Should Banks Be Narrowed?" IMF Working Paper n. 01/159. 2001. Disponível em: <www.imf.org/external/pubs/ft/wp/2001/wp01159.pdf>.

BOYD, John H.; GERTLER, Mark. "U.S. Commercial Banking: Trends, Cycles, and Policy". In: BLANCHARD, Olivier; FISCHER, Stanley (Orgs.). *NBER Macroeconomics Annual 1993*, v. 8, pp. 319-77. Cambridge, MA: MIT Press, 1993.

BRAITHWAITE, Tom; JENKINS, Patrick. "J. P. Morgan Chief Says Bank Rules 'Anti-US'". *Financial Times*, 2011. Disponível em: <www.ft.com/content/905aeb88-dc50-11e0-8654-00144feabdc0>.

BRICKER, Jesse; KENNICKELL, Arthur B.; MOORE, Kevin B.; SABELHAUS, John. "Changes in U.S. Family Finances from 2007 to 2010: Evidence from the Survey of Consumer Finances". *Federal Reserve Bulletin*, v. 98, n. 2, 2012, pp. 1-80.

BRUNNERMEIER, Markus K. "Deciphering the Liquidity and Credit Crunch 2007-2008". *Journal of Economic Perspectives*, v. 23, n. 1, 2009, pp. 77-100.

BRUNNERMEIER, Markus K.; CROCKETT, Andrew; GOODHART, Charles A. E., PERSAUD, Avinash D.; SHIN, Hyun. *The Fundamental Principles of Financial Regulation: Geneva Reports on the World Economy 11*. Genebra: International Center for Monetary and Banking Studies, 2009.

BRYANT, John. "A Model of Reserves, Bank Runs, and Deposit Insurance". *Journal of Banking and Finance*, v. 4, n. 4, 1980, pp. 335-44.

BUITER, Willem H.; PANIGIRTZOGLOU, N. "Overcoming the Zero Bound on Nominal Interest Rates with Negative Interest on Currency: Gesell's Solution". *Economic Journal*, v. 113, 2003, pp. 723-46.

BURTON, John; WARDROP, Robert; ZHANG, Bryan et al. *Sustaining Momentum: The 2nd European Alternative Finance Industry Report*. Cambridge Centre for Alternative Finance, set. 2016. Disponível em: <https://assets.kpmg.com/content/dam/kpmg/xx/pdf/2016/09/sustaining-momentum.pdf>.

BUSER, Stephen A.; CHEN, Andrew H.; KANE, Edward J. "Federal Deposit Insurance, Regulatory Policy, and Optimal Bank Capital". *Journal of Finance*, v. 36, n. 1, 1981, pp. 51-60.

CALOMIRIS, Charles W.; KAHN, Charles M. "The Role of Demandable Debt in Structuring Optimal Banking Arrangements". *American Economic Review*, v. 81, n. 3, 1991, pp. 497-531.

CARLSON, Mark A. "Lessons from the Historical Use of Reserve Requirements in the United States to Promote Bank Liquidity". Finance and Economics Discussion Series 2013-11. Divisions of Research and Statistics and Monetary Affairs. Washington, DC: Federal Reserve Board, 2013. Disponível em: <www.federalreserve.gov/pubs/feds/2013/201311/201311pap.pdf>.

CARRUTHERS, Bruce G.; ESPELAND, Wendy Nelson. "Accounting for Rationality: Double-Entry Bookkeeping and the Rhetoric of Economic Rationality". *American Journal of Sociology*, v. 97, n. 1, 1991, pp. 31--69.

CHAMLEY, Christophe; KOTLIKOFF, Laurence J.; POLEMARCHAKIS, Herakles. "Limited-Purpose Banking — Moving from 'Trust Me' to 'Show Me' Banking". *American Economic Review*, v. 102, n. 3, 2012, pp. 113-9.

CHARI, Varadarajan V.; KEHOE, Patrick J. "Bailouts, Time Inconsistency, and Optimal Regulation". NBER Working Paper, n. 19192. National Bureau of Economic Research, 2013. Disponível em: <www.nber.org/papers/w19192>.

CHOU, Robin K.; CHUNG, Huimin. "Decimalization, Trading Costs, and Information Transmission between ETFs and Index Futures". *Journal of Futures Markets*, v. 26, n. 2, 2006, pp. 131-51.

COMITÊ DE SUPERVISÃO BANCÁRIA DE BASILEIA. "International Convergence of Capital Measurement and Capital Standards". Basileia: Banco de Compensações Internacionais, 1988. Disponível em: <www.bis.org/publ/bcbs04a.htm>.

_____. "Basel II: International Convergence of Capital Measurement and Capital Standards: A Revised Framework". Basileia: Banco de Compensações Internacionais, 2004. Disponível em: <www.bis.org/publ/bcbs107.htm>.

_____. "Results of the Fifth Quantitative Impact Study (QIS 5)". Basileia: Banco de Compensações Internacionais, 2006. Disponível em: <www.bis.org/bcbs/qis/qis5results.pdf>.

_____. "History of the Basel Committee". Basileia: Banco de Compensações Internacionais, 2009. Disponível em: <www.bis.org/bcbs/history.htm>.

_____. "Basel III: A Global Regulatory Framework for More Resilient Banks and Banking Systems — Revised Version June 2011". Basileia: Banco de Compensações Internacionais, 2011. Disponível em: <www.bis.org/publ/bcbs189.htm>.

_____. "Regulatory Consistency Assessment Programme (RCAP) — Analysis of Risk Weighted Assets for Market Risk." Basileia: Banco de Compensações Internacionais, 2013. Disponível em: <www.bis.org/publ/bcbs240.pdf>.

COOK, Timothy Q.; DUFFIELD, Jeremy G. "Money Market Mutual Funds: A Reaction to Government Regulations or a Lasting Financial Innovation?". *FRB Richmond Economic Review*, jul.-ago. 1979, pp. 15-31.

COVAL, Joshua; JUREK, Jakub; STAFFORD, Erik. "The Economics of Structured Finance". *Journal of Economic Perspectives*, v. 23, n. 1, 2009, pp. 3-25.

COVITZ, Daniel M.; LIANG, Nellie; SUAREZ, Gustavo A. "The Evolution of a Financial Crisis: Collapse of the Asset-Backed Commercial Paper Market". *Journal of Finance*, v. 68, n. 3, 2013, pp. 815-48.

CROTTY, James. "If Financial Market Competition Is So Intense, Why Are Financial Firm Profits So High? Reflections on the Current "GoldenAge' of Finance". Working Paper n. 134. Amherst, MA: Political Economy Research Institute, University of Massachusetts

Amherst, 2007. Disponível em: <people.umass.edu/crotty/WP134. pdf>.

DANIELSSON, Jon; EMBRECHTS, Paul; GOODHART, Charles; KEATING, Con; MUENNICH, Felix; RENAULT, Olivier; SHIN, Hyun Song. "An Academic Response to Basel II". Special Paper n. 130. LSE Financial Markets Group, 2001. Disponível em: <ftp.math.ethz.ch/hg/users/embrecht/Basel2.pdf>.

DE JONG, Abe; KABIR, Rezaul; NGUYEN, Thuy Thu. "Capital Structure around the World: The Roles of Firm- and Country-Specific Determinants". *Journal of Banking and Finance*, v. 32, n. 9, 2008, pp. 1954-69.

DEMIRGÜÇ-KUNT, Asli; KANE, Edward J. "Deposit Insurance around the Globe: Where Does It Work?". *Journal of Economic Perspectives*, v. 16, n. 2, 2002, pp. 175-95.

DEMIRGÜÇ-KUNT, Asli; KANE, Edward J.; LAEVEN, Luc. *Deposit Insurance around the World: Issues of Design and Implementation*. Cambridge, MA: MIT Press, 2008.

DEMYANYK, Yuliya; HEMERT, Otto Van. "Understanding the Subprime Mortgage Crisis". *Review of Financial Studies*, v. 24, n. 6, 2011, pp. 1848-80.

DENNIS, Steven A.; MULLINEAUX, Donald J. "Syndicated Loans". *Journal of Financial Intermediation*, v. 9, n. 4, 2000, pp. 404-26.

DEWATRIPONT, Mathias; TIROLE, Jean. "A Theory of Debt and Equity: Diversity of Securities and Manager-Shareholder Congruence". *Quarterly Journal of Economics*, v. 109, n. 4, 1994, pp. 1027-54.

DIAMOND, Douglas W.; DYBVIG, Philip H. "Bank Runs, Deposit Insurance, and Liquidity". *Journal of Political Economy*, v. 91, n. 3, 1983, pp. 401-19.

DIAMOND, Douglas W.; RAJAN, Raghuram G. "Liquidity Risk, Liquidity Creation and Financial Fragility: A Theory of Banking". *Journal of Political Economy*, v. 109, n. 2, 2001, pp. 287-327.

DOMOWITZ, Ian. "Liquidity, Transaction Costs, and Reintermediation in Electronic Markets". *Journal of Financial Services Research*, v. 22, n. 1-2, 2002, pp. 141-57.

DUFFIE, Darrell; GÂRLEANU, Nicolae; PEDERSEN, Lasse Heje. "Over-the-Counter Markets". *Econometrica*, v. 73, n. 6, 2005, pp. 1815-47.

DUNKLEY, Emma. "Peer-to-Peer Lenders Morph into Traditional Banking". *Financial Times*, 27 dez. 2016. Disponível em: <https://www.ft.com/content/16a572d6-c39f-11e6-81c2-f57d90f6741a?mhq5j=e2>.

DYNAN, Karen E.; ELMENDORF, Douglas W.; SICHEL, Daniel E. "Can Financial Innovation Help to Explain the Reduced Volatility of Economic Activity?". *Journal of Monetary Economics*, v. 53, n. 1, 2006, pp. 123-50.

EBAY INC. eBay Inc. Reports First Quarter Results. 2014. Disponível em: <https://www.ebayinc.com/stories/news/ebay-inc-reports-first-quarter-results/>.

ESTRELLA, Arturo. "Securitization and the Efficacy of Monetary Policy". *FRBNY Economic Policy Review*, v. 8, n. 1, 2002, pp. 241-55.

FAMA, Eugene F. "Banking in the Theory of Finance". *Journal of Monetary Economics*, v. 6, n. 1, 1980, pp. 39-57.

FARHI, Emmanuel; TIROLE, Jean. "Collective Moral Hazard, Maturity Mismatch, and Systemic Bailouts". *American Economic Review*, v. 102, n. 1, 2012, pp. 60-93.

FEDERAL DEPOSIT INSURANCE CORPORATION. *FDIC: The First Fifty Years — A History of the FDIC 1933-1983*. 1984. Disponível em: <www.fdic.gov/bank/analytical/firstfifty>.

_____. "About FDIC — The 1930's". 2010. Disponível em: <www.fdic.gov/about/history/timeline/1930s.html>.

FEDERAL RESERVE BANK OF NEW YORK. "Administration of Relationships with Primary Dealers". 2010. Disponível em: <www.newyorkfed.org/markets/pridealers_policies.html>.

_____. "Primary Dealers List". 2014. Disponível em: <www.newyorkfed.org/markets/primarydealers_.html>.

FETTIG, David. "Lender of More Than Last Resort". *The Region — The Federal Reserve Bank of Minneapolis*. Dez. 2002. Disponível em: <www.minneapolisfed.org/publications_papers/pub_display.cfm?id=3392&>.

_____. "The History of a Powerful Paragraph". *The Region — The Federal Reserve Bank of Minneapolis*. Jun. 2008. Disponível em: <www.minneapolisfed.org/publications_papers/pub_display.cfm?id=3485>.

FISCHER, Stanley. "Why Are Central Banks Pursuing Long-Run Price Stability?". Trabalho apresentado no Achieving Price Stability, simpósio patrocinado pelo Federal Reserve Bank of Kansas City, Jackson Hole, WY, 29-31 ago. 1996. Disponível em: <http://www.kansascityfed.org/PUBLICAT/SYMPOS/1996/pdf/s96fisch.pdf>.

_____. "On the Need for an International Lender of Last Resort". *Journal of Economic Perspectives*, v. 13, n. 4, 1999, pp. 85-104.

FISHER, Irving. "The Debt-Deflation Theory of Great Depressions". Econometrica, v. 1, n. 4, 1933a, pp. 337-57.

_____. *Stamp Scrip*. Nova York: Adelphi, 1933b.

_____. *100% Money*. Nova York: Adelphi, 1935.

FREIXAS, Xavier; ROCHET, Jean-Charles. *Microeconomics of Banking*. Cambridge, MA: MIT Press, 2008.

FRENCH, George. "Estimating the Capital Impact of Basel II in the United States". Federal Deposit Insurance Corporation, 2004. Disponível: <www.fdic.gov/bank/analytical/fyi/2003/120803fyi.html>.

FRIEDMAN, Benjamin M. "The Future of Monetary Policy: The Central Bank as an Army with Only a Signal Corps?". *International Finance*, v. 2, n. 3, 1999, pp. 321-38.

_____. "Decoupling at the Margin: The Threat to Monetary Policy from the Electronic Revolution in Banking". *International Finance*, v. 3, n. 2, 2000, pp. 261-72.

FRIEDMAN, Milton. "A Monetary and Fiscal Framework for Economic Stability". *American Economic Review*, v. 38, n. 3, 1948, pp. 245-64.

_____. *A Program for Monetary Stability*. 4. ed. Nova York: Fordham University Press, 1965.

FRIEDMAN, Milton; SCHWARTZ, Anna J. "Has Government Any Role in Money?". *Journal of Monetary Economics*, v. 17, n. 1, 1986, pp. 37-62.

FROMHART, Stephen; SRINIVAS, Val. "2016 Marketplace Lenders and Banks: An Inevitable Convergence?". Deloitte Center for Financial Services. Disponível em: <https://www2.deloitte.com/content/dam/Deloitte/us/Documents/financial-services/us-deloitte-marketplace-lenders-and-banks.pdf>.

GERSCHENKRON, Alexander. *Economic Backwardness in Historical Perspective*. Cambridge, MA: Harvard University Press, 1962.

GESELL, Silvio. *Die natürliche Wirtschaftsordnung durch Freiland und Freigeld*. Les Hauts Geneveys: Silvio Gesell, 1916.

GOLDMAN SACHS. "Blockchain: The New Technology of Trust". Disponível em: <http://www.goldmansachs.com/our-thinking/pages/blockchain/index.html>.

GOODFRIEND, Marvin. "Overcoming the Zero Bound on Interest Rate Policy". *Journal of Money, Credit and Banking*, v. 32, n. 4, 2000, pp. 1007-35.

_____. "Central Banking in the Credit Turmoil: An Assessment of Federal Reserve Practice". *Journal of Monetary Economics*, v. 58, n. 1, 2011, pp. 1-12.

GOODHART, Charles. "What Weight Should Be Given to Asset Prices in the Measurement of Inflation?". *Economic Journal*, v. 111, n. 472, 2001, pp. 335-56.

_____. "The Boundary Problem in Financial Regulation". *National Institute Economic Review*, v. 206, n. 1, 2008, pp. 48-55.

GOODMAN, Lawrence. "Demand for U.S. Debt Is Not Limitless". *Wall Street Journal*, 2008. Disponível em: <www.wsj.com/articles/SB10001424052702304450004577279754275393064>.

GORTON, Gary; LEWELLEN, Stefan; METRICK, Andrew. "The Safe-Asset Share". *American Economic Review*, v. 102, n. 3, 2012, pp. 101-6.

GORTON, Gary; METRICK, Andrew. "Haircuts". *Federal Reserve Bank of St. Louis Review*, v. 92, n. 6, 2010, pp. 507-19. Disponível em: <research.stlouisfed.org/publications/review/10/11/Gorton.pdf>.

_____. "Securitized Banking and the Run on Repo". *Journal of Financial Economics*, v. 104, n. 3, 2012, pp. 425-51.

GORTON, Gary; PENNACCHI, George. "Financial Intermediaries and Liquidity Creation". *Journal of Finance*, v. 45, n. 1, 1990, pp. 49-71.

GORTON, Gary B. *Slapped by the Invisible Hand: The Panic of 2007*. Oxford: Oxford University Press, 2010.

GORTON, Gary B.; SOULELES, Nicholas S. "Special Purpose Vehicles and Securitization". In: CAREY, Mark; STULZ, René M. (Orgs.). *The Risks of Financial Institutions*. Chicago: University of Chicago Press, 2007, pp. 549-602.

GORTON, Gary B.; WINTON, Andrew. "Financial Intermediation". In: CONSTANTINIDES, G.M.; HARRIS, M.; STULZ, R.M. (Orgs.). *Handbook of the Economics of Finance, Vol. 1A: Corporate Finance*. Amsterdam: Elsevier, 2003, pp. 431-552.

GREENSPAN, Alan. "The Role of Capital in Optimal Banking Supervision and Regulation". *FRBNY Economic Policy Review*, v. 4, n. 3, 1998, pp. 163-8.

_____. "The Fed Didn't Cause the Housing Bubble". *Wall Street Journal Online*, 3 nov. 2009. Disponível em: <www.wsj.com/articles/SB123672965066989281>.

GROPP, Reint; GRUENDL, Christian; GUETTLER, Andre. "The Impact of Public Guarantees on Bank Risk-Taking: Evidence from a Natural Experiment". *Review of Finance*, v. 18, n. 2, 2014, pp. 457-88.

GROSSMAN, Richard S. "Deposit Insurance, Regulation, and Moral Hazard in the Thrift Industry: Evidence from the 1930's". *American Economic Review*, v. 82, n. 4, 1992, pp. 800-21.

GROVE, William M.; MEEHL, Paul E. "Comparative Efficiency of Informal (Subjective, Impressionistic) and Formal (Mechanical, Algorithmic) Prediction Procedures: The Clinical-Statistical Controversy". *Psychology, Public Policy and Law*, v. 2, n. 2, 1996, pp. 293-323.

HALDANE, Andrew G. "On Being the Right Size". Discurso proferido no Institute of Economic Affairs 22nd Annual Series, 2012 Beesley Lectures, Pall Mall, 25 out. 2012a. Disponível em: <www.bis.org/review/r121030d.pdf>.

_____. "Towards a Common Financial Language". Documento apresentado à Securities Industry and Financial Markets Association (Sifma). Simpósio Building a Global Legal Entity Identifier Framework, Nova York, 14 mar. 2012b.

HALDANE, Andrew G.; MADOUROS, Vasileios. "The Dog and the Frisbee". Discurso proferido no 36th Economic Policy Symposium do Federal Reserve Bank of Kansas City, The Changing Policy Landscape, Jackson Hole, WY, 31 ago. 2012.

HANCOCK, Diana; HUMPHREY, David B. "Payment Transactions, Instruments, and Systems: A Survey". *Journal of Banking and Finance*, v. 21, 1998, pp. 1573-624.

HANNOUN, Hervé; HOFMAN, Boris. "Monetary Policy in the Crisis: Testing the Limits of Monetary Policy". Discurso de Hervé Hannoun proferido no 47th SEACON Governors' Conference, Seul, Coreia, 13-14 fev. 2012. Disponível em: <www.bis.org/speeches/sp120216.pdf>.

HANSON, Samuel G.; KASHYAP, Anil K.; STEIN, Jeremy C. "A Macroprudential Approach to Financial Regulation". *Journal of Economic Perspectives*, v. 25, n. 1, 2011, pp. 3-28.

HAUBRICH, Joseph G.; WACHTEL, Paul. "Capital Requirements and Shifts in Commercial Bank Portfolios". *Economic Review — Federal Reserve Bank of Cleveland*, v. 29, n. 3, 1993, pp. 2-15.

HAUGHWOUT, Andrew; PEACH, Richard W.; SPORN, John; TRACY, Joseph. *The Supply Side of the Housing Boom and Bust of the 2000s*. Staff Report n. 556. Nova York: Federal Reserve Bank of New York, 2012.

HAYEK, Friedrich August. "The Use of Knowledge in Society". *American Economic Review*, v. 35, n. 4, 1945, pp. 519-30.

HELLWIG, Martin. "Banking, Financial Intermediation, and Corporate Finance". In: GIOVANNINI, Alberto; MAYER, Colin (Orgs.). *European Financial Integration*. Cambridge: Cambridge University Press, 1991, pp. 35-63.

HENDERSHOTT, Terrence; JONES, Charles M.; MENKVELD, Albert J. "Does Algorithmic Trading Improve Liquidity?". *Journal of Finance*, v. 66, n. 1, 2011, pp. 1-33.

HILL, Claire A. "Regulating the Rating Agencies". *Washington University Law Review*, v. 82, n. 1, 2004, pp. 43-94.

_____. "Why Did Rating Agencies Do Such a Bad Job Rating Subprime Securities?". *University of Pittsburgh Law Review*, v. 71, n. 3, 2009, pp. 585-608.

HOLMSTRÖM, Bengt; TIROLE, Jean. "Financial Intermediation, Loanable Funds, and the Real Sector". *Quarterly Journal of Economics*, v. 112, n. 3, 1997, pp. 663-91.

HUBER, Joseph; ROBERTSON, James. *Creating New Money: A Monetary Reform for the Information Age*. Londres: New Economics Foundation, 2000.

HUERTA DE SOTO, Jesús; STROUP, Melinda A. *Money, Bank Credit, and Economic Cycles*. Auburn, AL: Ludwig von Mises Institute, 2009.

HUMPHREY, David; WILLESSON, Magnus; LINDBLOM, Ted; BERGENDAHL, Göran. "What Does It Cost to Make a Payment?". *Review of Network Economics*, v. 2, n. 2, 2003, pp. 159-74.

IVASHINA, Victoria; SCHARFSTEIN, David. "Bank Lending During the Financial Crisis of 2008". *Journal of Financial Economics*, v. 97, n. 3, 2010, pp. 319-38.

JACKLIN, Charles J. "Demand Deposits, Trading Restrictions, and Risk-Sharing". In: PRESCOTT, Edward; WALLACE, Neil (Orgs.). *Contractual Arrangements for Intertemporal Trade*. Minneapolis: University of Minnesota Press, 1987, pp. 26-47.

JACKSON, Andrew; DYSON, Ben; HODGSON, Graham. *The Positive Money Proposal*. 2013. Disponível em: <https://positivemoney.org/wp-content/uploads/2013/04/The-Positive-Money-Proposal-2nd-April-2013.pdf>.

JACKSON, Patricia; FURFINE, Craig; GROENEVELD, Hans; HANCOCK, Diana; JONES, David; PERRAUDIN, William; RADECKI, Lawrence; YONEYAMA, Masao. "Capital Requirements and Bank Behaviour: The Impact of the Basle Accord". Comitê de Supervisão Bancária de Basileia, Working Paper n. 1. Basileia: Banco de Compensações Internacionais, 1999. Disponível em: <www.bis.org/publ/bcbs_wp1.pdf>.

JIANG, Wei; NELSON, Ashlyn Aiko; VYTLACIL, Edward. "Securitization and Loan Performance: Ex Ante and Ex Post Relations in the Mortgage Market". *Review of Financial Studies*, v. 27, n. 2, 2014, pp. 454-83.

JOHNSON, Roger T. *Historical Beginnings, the Federal Reserve*. Boston: Public and Community Affairs Department, Federal Reserve Bank of Boston, 2010. Disponível em: <www.bostonfed.org/about/pubs/begin.pdf>.

JONES, Claire. "ECB Unveils Radical Moves to Fight Deflation and Lift Economy". *Financial Times*, 5 jun. 2014. Disponível em: <www.ft.com/intl/cms/s/0/fd55cd1a-ec98-11e3-a754-00144feabdc0.html?siteedition=uk>.

JONES, David. "Emerging Problems with the Basel Capital Accord: Regulatory Capital Arbitrage and Related Issues". *Journal of Banking and Finance*, v. 24, n. 1, 2000, pp. 35-58.

KANE, Edward J. "Accelerating Inflation, Technological Innovation, and the Decreasing Effectiveness of Banking Regulation". *Journal of Finance*, v. 36, n. 2, 1981, pp. 355-67.

KAPSTEIN, Ethan B. "Resolving the Regulator's Dilemma: International Coordination of Banking Regulations". *International Organization*, v. 43, n. 2, 1989, pp. 323-47.

KAREKEN, John H.; WALLACE, Neil. "Deposit Insurance and Bank Regulation: A Partial-Equilibrium Exposition". *Journal of Business*, v. 51, n. 3, 1978, pp. 413-38.

KASHYAP, Anil K.; STEIN, Jeremy C. "Cyclical Implications of the Basel II Capital Standards". *Economic Perspectives*, v. 28, n. 1, 2004, pp. 18--31.

KEYS, Benjamin J.; SERU, Amit; VIG, Vikrant. "Lender Screening and the Role of Securitization: Evidence from Prime and Subprime Mortgage Markets". *Review of Financial Studies*, v. 25, n. 7, 2012, pp. 2071-108.

KIM, Daesik; SANTOMERO, Anthony M. "Risk in Banking and Capital Regulation". *Journal of Finance*, v. 43, n. 5, 1988, pp. 1219-33.

KINDLEBERGER, Charles P. *A Financial History of Western Europe*. 2. ed. Nova York: Oxford University Press, 1993.

KINDLEBERGER, Charles P.; ALIBER, Robert Z. *Manias, Panics, and Crashes: A History of Financial Crises*. 5. ed. Wiley Investment Classics. Hoboken, NJ: Wiley, 2005.

KING, Mervyn. "The Institutions of Monetary Policy". *American Economic Review*, v. 94, n. 2, 2004, pp. 1-13.

KING, Michael R.; DAGFINN, Rime. "The $4 Trillion Question: What Explains FX Growth since the 2007 Survey?". *BIS Quarterly Review*, dez. 2010, pp. 27-42. Disponível em: <www.bis.org/publ/qtrpdf/r_qt1012e.pdf>.

KING, Robert G.; LEVINE, Ross. "Finance and Growth: Schumpeter Might Be Right". *Quarterly Journal of Economics*, v. 108, n. 3, 1993, pp. 717-37.

KIYOTAKI, Nobuhiro; WRIGHT, Randall. "On Money as a Medium of Exchange". *Journal of Political Economy*, v. 97, n. 4, 1989, pp. 927-54.

KOTLIKOFF, Laurence J. *Jimmy Stewart Is Dead: Ending the World's On-

going Financial Plague with Limited Purpose Banking. Hoboken, NJ: Wiley, 2010.

KRANTZ, Matt. "Downgrade! Only 3 U.S. Companies Now Rated AAA". *America's Markets, USA Today*, 2014.

KRESS, Jeremy C. "Credit Default Swap Clearinghouses and Systemic Risk: Why Centralized Counterparties Must Have Access to Central Bank Liquidity". *Harvard Journal on Legislation*, v. 48, n. 1, 2011, pp. 49-93.

KRISHNAMURTHY, Arvind; VISSING-JORGENSEN, Annette. "The Effects of Quantitative Easing on Interest Rates: Channels and Implications for Policy". NBER Working Paper n. 17 555. National Bureau of Economic Research. 2011. Disponível em: <www.nber.org/papers/w17555>.

LAGOS, Ricardo. "Asset Prices and Liquidity in an Exchange Economy". *Journal of Monetary Economics*, v. 57, n. 8, 2010, pp. 913-30.

LAGOS, Ricardo; WRIGHT, Randall. "A Unified Framework for Monetary Theory and Policy Analysis". *Journal of Political Economy*, v. 113, n. 3, 2005, pp. 463-84.

LANGE, Oskar. "On the Economic Theory of Socialism: Part One". *Review of Economic Studies*, v. 4, n. 1, 1936, pp. 53-71.

LEVINE, Ross. "Financial Development and Economic Growth: Views and Agenda". *Journal of Economic Literature*, v. 35, n. 2, 1997, pp. 688-726.

LEVINE, Ross; ZERVOS, Sara. "Stock Markets, Banks, and Economic Growth". *American Economic Review*, v. 88, n. 3, 1998, pp. 537-58.

LEWIS, Michael. *The Big Short: Inside the Doomsday Machine*. Londres: Penguin, 2011.

_____. *Flash Boys: A Wall Street Revolt*. Nova York: Norton, 2014.

LUCAS, Louise; FEI JU, Sherry. "One of China's Biggest P2P Lenders Quits Ahead of Clampdown". *Financial Times*, 30 jul. 2017. Disponível em: <https://www.ft.com/content/e7f72aca-736a-11e7-93ff-99f383b09ff9>.

LUCAS, Robert E., Jr. "Inflation and Welfare". *Econometrica*, v. 68, n. 2, 2000, pp. 247-74.

MACEY, Jonathan. "Reducing Systemic Risk: The Role of Money Market

Mutual Funds as Substitutes for Federally Insured Bank Deposits". *Stanford Journal of Law, Business and Finance*, v. 17, n. 1, 2011, p. 131.

MAILATH, George J.; MESTER, Loretta J. "A Positive Analysis of Bank Closure". *Journal of Financial Intermediation*, v. 3, n. 3, 1994, pp. 272-99.

MANKIW, Gregory. "It May Be Time for the Fed to Go Negative". *New York Times*, 19 abr. 2009. Disponível em: <www.nytimes.com/2009/04/19/business/economy/19view.html?_r=0>.

MASSAD, Timothy G. "Acting Assistant Secretary Timothy G. Massad Written Testimony Before the Congressional Oversight Panel". Departamento do Tesouro dos Estados Unidos, 2011. Disponível em: <www.treasury.gov/press-center/press-releases/Pages/tg1091.aspx>.

MAYER, Colin. "Financial Systems, Corporate Finance, and Economic Development". In: HUBBARD, R. Glenn (Org.). *Asymmetric Information, Corporate Finance, and Investment*. Chicago: University of Chicago Press, 1990, pp. 307-32.

MCLEAY, Michael; RADIA, Amar; THOMAS, Ryland. "Money Creation in the Modern Economy". *Quarterly Bulletin*, v. 54, n. 1, 2014, pp. 14-22.

MEHRLING, Perry. *The New Lombard Street: How the Fed Became the Dealer of Last Resort*. Princeton, NJ: Princeton University Press, 2011.

MENGER, Karl. "On the Origins of Money". *Economic Journal*, v. 2, n. 6, 1892, pp. 239-55.

MINSKY, Hyman P. *Stabilizing an Unstable Economy*. New Haven, CT: Yale University Press, 1986.

MISES, Ludwig von. "Die Wirtschaftsrechnung im sozialistischen Gemeinwesen". *Archiv Für Sozialwissenschaften*, v. 47, 1920, pp. 86-121.

MISHKIN, Frederic S. "The Channels of Monetary Transmission: Lessons for Monetary Policy". NBER Working Paper n. 5464. National Bureau of Economic Research. 1996. Disponível em: <www.nber.org/papers/w5464>.

MODIGLIANI, Franco; MILLER, Merton H. "The Cost of Capital, Corporation Finance and the Theory of Investment". *American Economic Review*, v. 48, n. 3, pp. 261-97.

NAKAMOTO, Satoshi. "Bitcoin: A Peer-to-Peer Electronic Cash System". Relatório não publicado. 2008. Disponível em: <bitcoin.org/bitcoin.pdf>.

NASIRIPOUR, Shahien; SCANELL, Kara. "Holder Says Some Banks Are 'Too Large'." *Financial Times*, 3 jul. 2013. Disponível em: <www.ft.com/intl/cms/s/0/ecb0ced2-86b0-11e2-b907-00144feabdc0.html#axzz2lDoMqzlF>.

NEATE, Rupert. "Scandal of Europe's 11m Empty Homes". *The Guardian*, 23 fev. 2014. Disponível em: <www.theguardian.com/society/2014/feb/23/europe-11m-empty-properties-enough-house-homeless-continent-twice>.

NERSISYAN, Yeva; WRAY, L. Randall. "The Global Financial Crisis and the Shift to Shadow Banking." Working Paper n. 587. Annandale-on-Hudson, NY: Levy Economics Institute of Bard College, 2010. Disponível em: <www.levyinstitute.org/pubs/wp_587.pdf>.

NOSS, Joseph; SOWERBUTTS, Rhiannon. "The Implicit Subsidy of Banks". Bank of England Financial Stability Paper n. 15. Londres: Bank of England, 2012.

O'DRISCOLL, Gerald P. "Book Review: *Jimmy Stewart Is Dead: Ending the World's Ongoing Financial Plague with Limited Purpose Banking*". *Cato Journal*, v. 30, n. 3, 2010, pp. 541-6.

O'HARA, Maureen; SHAW, Wayne. "Deposit Insurance and Wealth Effects: The Value of Being 'Too Big to Fail'". *Journal of Finance*, v. 45, n. 5, 1990, pp. 1587-600.

ORTICELLI, Bryan J. "Crisis Compounded by Constraint: How Regulatory Inadequacies Impaired the Fed's Bailout of Bear Stearns". *Connecticut Law Review*, v. 42, n. 2, 2009, pp. 647-91.

P2P FINANCE ASSOCIATION. "Peer-to-Peer Finance Association Operating Principles". 2013. Disponível em: <p2pfa.info/wp-content/uploads/2015/09/Operating-Principals-vfinal.pdf>.

PADBIDRI, Sasha. "Citi, Prosper Marketing First Deal of 2016". *GlobalCapital*, 16 mar. 2016. Disponível em: <http://www.globalcapital.com/article/wyff1c0p32pp/citi-marketing-first-prosper-deal-of-2016>.

PETERSEN, Mitchell A. "Information: Hard and Soft". Working Paper. Kellogg School of Management Northwestern University. 2004. Disponível em: <www.kellogg.northwestern.edu/faculty/petersen/htm/papers/hard%20and%20soft%20information.pdf>.

PETERSEN, Mitchell A.; RAJAN, Raghuram G. "Does Distance Still Matter? The Information Revolution in Small Business Lending". *Journal of Finance*, v. 57, n. 6, 2002, pp. 2533-70.

PHILIPPON, Thomas; RESHEF, Ariell. "Wages and Human Capital in the U.S. Finance Industry: 1909-2006". *Quarterly Journal of Economics*, v. 127, n. 4, 2012, pp. 1551-609.

PLOSSER, Charles I. "Credible Commitments and Monetary Policy After the Crisis". Discurso proferido na Swiss National Bank Monetary Policy Conference, Zurique, Suíça, 24 set. 2010. Disponível em: <www.philadelphiafed.org/publications/speeches/plosser/2010/09-24-10_swiss-national-bank.cfm>.

_____. "Fiscal Policy and Monetary Policy: Restoring the Boundaries". Discurso proferido no U.S. Monetary Policy Forum, University of Chicago Booth School of Business, Nova York, 24 fev. 2012. Disponível em: <www.bis.org/review/r120228a.pdf>.

POLLACK, Lisa. "Ten Times on the Board: I Will Not Put 'Optimizing Regulatory Capital' in the Subject Line of an Email". *FT Alphaville*. 2013. Disponível em: <ftalphaville.ft.com/2013/04/09/1450202/ten-times-on-the-board-i-willnot-put-optimizing-regulatory-capital-in--the-subject-line-of-an-email>.

POPE, Theodore W.; ENDER, Peter T.; WOELK, William K.; KOROSCIL, Michael A.; KOROSCIL, Thomas M. "Bacterial Contamination of Paper Currency". *Southern Medical Journal*, v. 95, n. 12, 2002, pp. 1408-10.

POPPER, Nathaniel. "Renaud Laplanche, Ousted at Lending Club, Returns as Rival to His Old Firm". *The New York Times*, 6. abr. 2017. Disponível em: <https://www.nytimes.com/2017/04/06/business/dealbook/lending-club-renaud-laplanche-upgrade.html>.

POZSAR, Zoltan; ADRIAN, Tobias; ASHCRAFT, Adam; BOESKY, Hayley. "Shadow Banking". Federal Reserve Bank of New York Staff Report n. 458. Nova York: Federal Reserve Bank of New York, 2010.

_____. "Shadow Banking". *FRBNY Economic Policy Review*, v. 19, n. 2, 2013, pp. 1-16.

PREPARATA, Guido Giacomo; ELLIOTT, John E. "Free-Economics: The Vision of Reformer Silvio Gesell". *International Journal of Social Economics*, v. 31, n. 10, 2004, pp. 923-54.

RAJAN, Raghuram G. "The Past and Future of Commercial Banking Viewed through an Incomplete Contract Lens". *Journal of Money, Credit and Banking*, v. 30, n. 3, 1998, pp. 524-50.

_____. "Has Finance Made the World Riskier?". *European Financial Management*, v. 12, n. 4, 2006, pp. 499-533.

RAJAN, Raghuram G.; ZINGALES, Luigi. "What Do We Know about Capital Structure? Some Evidence from International Data". *Journal of Finance*, v. 50, n. 5, 1995, pp. 1421-60.

RAMSDEN, Richard; HIMMELBERG, Charles P.; GREELY, David; BRENNAN, Anne. "Higher Capital Costs Hinder Loan Growth". Global Investment Research. Nova York: Goldman Sachs, 2010. Disponível em: <www.goldmansachs.com/our-thinking/archive/higher-capital-costs.pdf>.

RAMSDEN, Richard; QUINTEROS, Julio, Jr.; WILLIAMS, John T.; FASSLER, Matthew J.; SHAPIRA, Adrianne; ARCHAMBAULT, Patrick. "Higher Bank Costs Are Affecting Low-Income Borrowers Most". Global Investment Research. Nova York: Goldman Sachs, 2011. Disponível em: <www.goldmansachs.com/our-thinking/archive/higher-bank-costs.pdf>.

REINHART, Carmen M.; ROGOFF, Kenneth S. "The Aftermath of Financial Crises". *American Economic Review*, v. 99, n. 2, 2009a, pp. 466- -72.

_____. *This Time Is Different: Eight Centuries of Financial Folly*. Princeton, NJ: Princeton University Press, 2009b.

REPULLO, Rafael; SUAREZ, Javier. "The Procyclical Effects of Bank Capital Regulation". *Review of Financial Studies*, v. 26, n. 2, 2013, pp. 452- -90.

REUTERS. "Treasury's Paulson — Subprime Woes Likely Contained". 20 abr. 2007. Disponível em: <uk.reuters.com/article/2007/04/20/usa-subprime-paulson-idUKWBT00686520070420>.

RICHARDS, R. D. *The Early History of Banking in England*. Nova York: Augustus M. Kelley, 1929.

ROSENBERG, Richard M.; GIVEN, Ronald B. "Financially Troubled Banks: Private Solutions and Regulatory Alternatives". *Banking Law Journal*, v. 104, 1987, p. 284.

SAPIENZA, Paola. "What Do State-Owned Firms Maximize? Evidence from the Italian Banks". CEPR Discussion Paper n. 3168. Centre for Economic Policy Research. 2002.

SCARPETTA, Stefano; SONNET, Anne; MANFREDI, Thomas. "Rising Youth Unemployment during the Crisis: How to Prevent Negative Long-Term Consequences on a Generation?". OECD Social, Employment, and Migration Working Paper n. 106. OECD Publishing, 2010. Disponível em: <www.oecd-ilibrary.org/social-issues-migration-health/rising-youth-unemployment-during-the-crisis_5kmh79zb2mmv-en>.

SCHOLTES, Saskia; BEALES, Richard. "Top Rating Proving Crucial to Structured Finance Sector". *Financial Times*, 17 maio 2007.

SCHUMPETER, Joseph A. *Theorie der wirtschaftlichen Entwicklung : Eine Untersuchung über Unternehmergewinn, Kapital, Kredit, Zins und den Konjunkturzyklus*. 2. ed. Munique: Duncker & Humblot, 1926.

_____. *Capitalism, Socialism, and Democracy*. 3. ed. Nova York: Harper and Brothers, 1950.

SCHWARTZ, Anna J. "The Misuse of the Fed's Discount Window". *Federal Reserve Bank of St. Louis Review*, v. 74, n. 5, 1992, pp. 58-69.

SHIN, Hyun Song. "Reflections on Northern Rock: The Bank Run That Heralded the Global Financial Crisis". *Journal of Economic Perspectives*, v. 23, n. 1, 2009, pp. 101-19.

SIEG, Linda; TAKENAKA, Kiyoshi. "Japan's Abe Taps Allies for Cabinet, Deflation". *Reuters*, 26 dez. 2012. Disponível em: <www.reuters.com/article/2012/12/26/japan-politics-idUSL4N0A00CN20121226>.

SILBER, William L. "Why Did FDR's Bank Holiday Succeed?". *FRBNY Economic Policy Review*, v. 15, n. 1, 2009, pp. 19-30.

SIMONS, Henry C. "Rules versus Authorities in Monetary Policy". *Journal of Political Economy*, v. 44, n. 1, 1936, pp. 1-30.

SINGH, Manhoman. "Collateral, Netting and Systemic Risk in the OTC Derivatives Market". IMF Working Paper n. 10/99. Washington: International Monetary Fund, 2010. Disponível em: <www.imf.org/external/pubs/ft/wp/2010/wp1099.pdf>.

SJOSTROM, William K., Jr. "The AIG Bailout". *Washington and Lee Law Review*, v. 66, n. 3, 2009, p. 943.

STARR, Ross M.; OSTROY, Joseph M. "Money and the Decentralization of Exchange". *Econometrica*, v. 42, n. 6, 1974, pp. 1093-113.

STIGLITZ, Joseph E.; WEISS, Andrew. "Credit Rationing in Markets with Imperfect Information". *American Economic Review*, v. 71, n. 3, 1981, pp. 393-410.

SUMMERS, Lawrence. "How Should Long-Term Monetary Policy Be Determined?". *Journal of Money, Credit and Banking*, v. 23, n. 3, 1991, pp. 625-31.

TALEB, Nassim N. *The Black Swan: The Impact of the Highly Improbable*. Nova York: Random House, 2007.

_____. *Antifragile: Things That Gain from Disorder*. Nova York: Random House, 2012.

TAYLOR, John B. "Expectations, Open Market Operations, and Changes in the Federal Funds Rate". *Federal Reserve Bank of St. Louis Review*, v. 83, n. 4, pp. 33-48.

THE ECONOMIST. "Banking without Banks", 1º mar. 2014. Disponível em: <www.economist.com/news/finance-and-economics/21597932--offering-both-borrowersand-lenders-better-deal-websites-put-two>.

THOMAS, Lyn C. "A Survey of Credit and Behavioural Scoring: Forecasting Financial Risk of Lending to Consumers". *International Journal of Forecasting*, v. 16, n. 2, pp. 149-72.

TOBIN, James. "Financial Innovation and Deregulation in Perspective". *Cowles Foundation Paper*, v. 635, 1985, pp. 19-29.

_____. "A Case for Preserving Regulatory Distinctions". *Challenge*, v. 30, n. 5, 1987, pp. 10-7.

TOURYALAI, Halah. "Big Banks Warn Regulators: Tougher Capital Rules Will Hurt Everyone". *Forbes*, 2013. Disponível em: <www.forbes.com/sites/halahtouryalai/2013/07/09/big-banks-warn-regulators-tougher-capital-rules-will-hurt-everyone/#27c811666e8d>.

U.S. BUREAU OF ECONOMIC ANALYSIS. "Table 6.16B. Corporate Profits by Industry". Revisado em 7 ago. 2013. Disponível em: <www.bea.gov/>.

_____. "Table 6.16D. Corporate Profits by Industry". Revisado em 25 jun. 2014.

U.S. SECURITIES AND EXCHANGE COMMISSION. "Summary Report of Issues Identified in the Commission Staff's Examination of Select

Credit Rating Agencies". 2008. Disponível em: <www.sec.gov/news/studies/2008/craexamination070808.pdf>.

U.S. SENATE PERMANENT SUBCOMMITTEE ON INVESTIGATIONS. "J. P. Morgan Chase Whale Trades: A Case History of Derivatives Risks and Abuses". Majority and Minority Staff Report. Senado dos Estados Unidos. Disponível em: <www.gpo.gov/fdsys/pkg/CHRG-113shrg85162/pdf/CHRG-113shrg85162.pdf>.

VAN DUYN, Aline; BREWSTER, Deborah; TETT, Gillian. "The Lehman Legacy: Catalyst of the Crisis". *Financial Times*, 10 dez. 2008. Disponível em: <www.ft.com/intl/cms/s/0/ea92428c-9887-11dd-ace3-000077b07658.html#axzz1z5Fzs52s>.

VON THADDEN, Ernst-Ludwig. "Intermediated versus Direct Investment: Optimal Liquidity Provision and Dynamic Incentive Compatibility". *Journal of Financial Intermediation*, v. 7, n. 2, 1998, pp. 177-97.

WALL, Larry D.; PETERSON, David R. "The Effect of Continental Illinois' Failure on the Financial Performance of Other Banks". *Journal of Monetary Economics*, v. 26, n. 1, 1990, pp. 77-99.

WALLACE, Neil. "Narrow Banking Meets the Diamond Dybvig Model". *Federal Reserve Bank of Minneapolis Quarterly Review*, v. 20, n. 1, 1996, pp. 3-13.

WALTER, John R. "The 3-6-3 Rule: An Urban Myth?". *Federal Reserve Bank of Richmond Economic Quarterly*, v. 92, n. 1, 2006, pp. 51-78.

WHITE, Lawrence J. "Markets: The Credit Rating Agencies". *Journal of Economic Perspectives*, v. 24, n. 2, 2010, pp. 211-26.

WRIGHT, Richard; TEKIN, Erdal; TOPALLI, Volkan; MCCLELLAN, Chandler; DICKINSON, Timothy; ROSENFELD, Richard. "Less Cash, Less Crime: Evidence from the Electronic Benefit Transfer Program". NBER Working Paper n. 19996. National Bureau of Economic Research. 2014. Disponível em: <www.nber.org/papers/w19996>.

ÍNDICE REMISSIVO

Os gráficos, tabelas e ilustrações estão indicados em itálico.

AAA, produtos de finanças estruturadas, 200n14
abordagem macroprudencial à regulação bancária, 201n19
abordagem microeconômica à regulação bancária, 201n19
ação oculta, problema, 30
acordos de recompra (repos): atividades bancárias paralelas, boom e uso de, 99; como ferramenta de atividades bancárias paralelas, 80; exemplo sintético de atividades bancárias paralelas usando, 84-90; legislação falimentar especificando títulos admitidos em, 198n6; operações de mercado aberto por meio de, 54; pânico nas atividades bancárias paralelas (2007), impacto sobre, 99, 101-2; pior situação financeira de, *165*; títulos usados pelo Fed para, 194n12; *ver também* garantia
Admati, Anat R., 107
agências de classificação de risco de crédito: classificação de títulos privados pelas, 127, 207n9; efeitos não antecipados pelos modelos de risco das, 201n25; *emitente paga*, modelo vigente, 93; enfrentando problemas de obtenção de cópias de manuais de classificação, 200n8; falhas de classificação de produtos de atividades bancárias paralelas pelas, 93-4, 96, 127, 200n12; *investidor paga*, modelo (antes de 1970), 93; Moody's Corporation, 200n11; risco moral introduzido no negócio de, 95; Standard & Poor's Corporation,

201n15, 212n33; *ver também* classificação de risco de crédito
agregação: comparação entre diversificação e, 72; descrição de, 72; empréstimo desintermediado e, 123-4; fundos mútuos (ou de investimentos), 123; securitização como combinação de diversificação, estruturação e, 77-9
algoritmos de transações, 136, 209n29
alívio quantitativo, 115
American International Group (AIG): estratégia de risco de cauda de derivativos de CDS vendidos pelo, 109, 111; Goldman Sachs como contraparte em contratos de CDS, 205; operação de resgate governamental depois da falência do, 110; seguro de produtos de atividades bancárias paralelas pelo, 201n23
aperto de crédito, 51
aprimoramento do crédito, 198n3
arbitragem do capital regulatório, 69-70
armadilha de liquidez (ou limite inferior zero), 114
"arriscar a própria pele", 57, 69, 93, 203n6, 213n42
atividades bancárias: alocações indevidas resultantes do descontrole das, 179-81; com reserva fracionada, 40; como provedores de serviços de pagamento, 33-4; continuam a dominar, embora não sejam mais necessárias, 141-3; definidas como criação de moeda por meio do crédito, 17, 21, 41-8, 51, 188; desgovernadas, crise financeira (2007-8) como prenúncio de, 17; dificuldade de definir em termos legais, 23, 67-70, 154; economistas da Escola Austríaca, sobre as distorções do sistema de preços pelas, 191n6; exame da possibilidade de um sistema financeiro sem, 17; exemplo sintético de atividades bancárias paralelas, 84-90; falhas graves das, 22; funções da moeda e do crédito nas atuais, 170, 181-2; garantias do governo como incentivos para que todos participem das, 143; maneira de organizar o sistema financeiro, 18, 29; modelo 3-6-3 de, 195n21; *originar para distribuir*, modelo de negócios, 198n2; problema da inconsistência temporal em, 210n2; propósitos limitados, 25, 153, 167; restritas, 24-5, 151, 153, 167; subsídio implícito às instituições que conduzem, 106, 203n3; técnicas financeiras de, 71-5; transformação do risco de crédito e da taxa de juros em risco de liquidez, 142; *ver também* atividades bancárias na era digital; fim das atividades bancárias; sistema financeiro sem atividades bancárias; empréstimos; atividades bancárias paralelas; atividades bancárias tradicionais
atividades bancárias (depois de 2008): descontroladas, 105-11; domínio das instituições "grandes demais para ir à falência", 106-7; necessidade de acabar com, para evitar outras crises financeiras, 189

atividades bancárias com reserva fracionada, 40
atividades bancárias descontroladas: alocações indevidas às, 179-81; como causas das crises financeiras de 2007-8, 98-9, 101-2; distorções do sistema de preços e das funções da moeda e do crédito, 181-3; e o problema de fronteira da regulação financeira, 68, 70; ilusão de prosperidade criada pelas, 216n2; levando a corridas aos bancos e a pânicos bancários na era industrial, 49-52
atividades bancárias na era digital: desenvolvimento de atividades bancárias paralelas como consequência, 23, 66-7; destruição criativa das atividades bancárias pela tecnologia da informação, 24, 191n7; perigo da natureza descontrolada das, 24-5, 180-1; problemas de fronteira mais prementes nas, 121; proposta de um sistema financeiro sem, 121-2, 136-40; requisitos de capital cada vez mais ineficazes, 108; *ver também* atividades bancárias; fim das atividades bancárias; tecnologia da informação
atividades bancárias paralelas: bancos centrais incapazes de conter o boom insustentável das, 113; boom das, 99-100; canal de recompra das, *82*; compreensão da mecânica das, 76-84; crise financeira de 2007-8 como pânico em, 90, 100-2, 193n2; cronologia dos eventos que levaram à crise financeira de 2007-8, 98-104; descrição e definição de, 23, 67; e-mails da SEC como resumo das práticas de classificação de produtos das, 200n12; evolução do passivo, como porcentagem do PIB, *68*; exemplo sintético das, 84-90; falhas de classificação dos produtos de, 93-6; falta de regulação antes da crise financeira de 2007-8, 91; operações de resgate governamental e consequências para, 102-4; problema de fronteira da regulação financeira e origem das, 68, 70; revolução digital e ascensão das, 66-7; técnicas de aprimoramento do crédito usadas em, 198n3; *ver também* atividades bancárias; crise financeira (2007-8); inovação financeira
atividades bancárias restritas: deficiências das, 167-8; movimento da moeda positiva em apoio às, 152, 211n26; norma de solvência sistêmica e, 25, 167; proibição de liquidez contratual em, 151; proposta de Fisher de 100% de cobertura em dinheiro, 152, 210n24; visão geral da proposta, 151-2
atividades bancárias tradicionais: aplicações simples de técnicas financeiras em, 157; combinação de empréstimos e guarda segura, 21; como a transação de ativos permite a criação de moeda interna, 42-8; criação de moeda por meio do crédito, 17, 21, 41-8; destruição de moeda pelas, *47*; informação soft usada pelas, 128,

243

131; método das partidas dobradas como pré-requisito, 21, 36-7; oriundos da guarda segura e da transferência de moedas, 21, 33, 191n5; *tomar e segurar*, modelo de negócios, 198n2; transformação de ativos pelas, 39-41; *ver também* atividades bancárias; era industrial

ativos: balanço patrimonial, lista de itens de cada lado do, *36-7*; balanços patrimoniais contêm passivos e, 37, 39; bancos criam depósitos líquidos, transformando depósitos sem liquidez, 210n23; contratos financeiros denotando passivos e, 162; descrição de, 37; diversificação de, 39, 72; empresa tecnicamente insolvente, *37*; empresa tecnicamente solvente, *36*, 38; estruturação, 73; exemplo sintético de atividades bancárias paralelas, comparando passivos e, 84-90; financeiros × reais, 158; liquidez de mercado de um, 75; perfil de risco de, 39; proposta de atualização da norma de solvência técnica de, 158-61; reais, 158, 167

autoridade monetária: independente, necessidade de, 216n12; pode se comprometer, de maneira confiável, em não resgatar governos, 176-7

balanço patrimonial implícito, 212n34

balanços patrimoniais: comparação de, implícitos e explícitos, 212n34; comparação entre seguir e infringir a norma de solvência, *160*; criação de moeda pelas atividades bancárias tradicionais, *45-6*; de uma empresa tecnicamente insolvente, *37*; destruição de moeda pelas atividades bancárias tradicionais, *47*; diferenças nas características dos ativos e passivos nos, 38; elaborado no fim de todo exercício social, 192n4; intermediação, 123, 125; lado do ativo e lado do passivo dos, 36; sintéticos, *36*; *ver também* contabilidade; método das partidas dobradas

banca (mesa de troca de moedas), 191n5

Banco de Compensações Internacionais, estudo de impacto quantitativo do, 93

bancos: ações do governo para evitar falências de, 202n39; arbitragem do capital regulatório pelos, 69-70; ascensão de, globais, 96-7; comportamentos de concessão de empréstimos de bancos italianos estatais e privados, 212n30; função de provedores de serviços de pagamento, 33; normas que restringem a criação de moeda interna pelos, 193n11; "quem vigia o vigia", problema do, 58; requisitos de capital dos, 60-1, 196n26, 196n31; reserva de liquidez mantida pelos, 40; sistema contábil de trocas oferecido pelos, 34; tendência declinante dos índices de capitalização nos Estados Unidos, 59; tomada de riscos excessivos a partir dos anos 1970, 59; troca de moeda como origem dos, 21, 33, 191n5; *ver também* regulação bancária; empresas financeiras; moeda interna

bancos centrais: atividades bancárias paralelas e política monetária convencional dos, 112-3; como emprestadores de última instância, 53-4; mandato para manter a estabilidade de preços, 214n1; mercado de fundos federais, bancos emprestando entre si no overnight reservas do Banco Central, 112; perda de controle depois da crise financeira (2007-8), 112-7; política monetária não convencional e flexibilização quantitativa pelos, 115; politização dos, 116-7; previsões de Friedman (1999) sobre ameaças ao, 206n23; *ver também* Federal Reserve System (Fed)

bancos estatais (Itália), 212n30

bancos globais, 195n24

Bank Holding Company Act, 195n20

Basileia I, 60-1, 196n31

Basileia II: ascensão de grandes bancos sob, 96-7, 200n7; como tentativa fracassada de fortalecer os requisitos de capital, 92, 199n3; modelos de gerenciamento do risco interno promovidos por, 97-8

Basileia III: bancos continuam a "otimizar" a ponderação de riscos sob, 203n5; descrição, 107

Bear Stearns, 202n36

Bernanke, Ben, 201n27

bitcoin, 193n9, 209n28

blockchain, 149

bolha imobiliária nos Estados Unidos: classificação de crédito de MBS de agências afetadas pela, 100; crise de imóveis vazios subsequente ao fim da, 216n1; pânico das atividades bancárias paralelas subsequente ao estouro em 2007 da, 100-1; *ver também* crise financeira (2007-8)

capital: industrialização exige maior uso de capital, 21-2; papel do sistema financeiro na acumulação de, 191n5

capitalismo, 21

CDS (swap de crédito), 109, 111, *165*, 205n14

"cisnes negros", 204n11

Citibank, 148

classificações de risco de crédito: classificação AAA da Stanford & Poor's para empresas não financeiras, 212n33; *emitente paga*, modelo vigente, 93; falhas de classificação de produtos das atividades bancárias paralelas, 94, 96; *investidor paga*, modelo (antes de 1970), 93; risco moral com, 95; *ver também* agências de classificação de risco de crédito

cláusulas de contrato de empréstimo, 31

Comitê de Supervisão Bancária de Basileia: Basileia I, 60-1, 196n31; Basileia II, 92-9, 199n3; Basileia III, 107, 203n5-6; descrição do, 59; fracasso dos requisitos de capital recomendados pelo, 69-70

comprar uma opção de venda, *165*
conceito de pior situação financeira: definições relacionadas com, 162, 164; descrição, 164-6; exemplos de diferentes contratos financeiros e sua remuneração na, *165*
confiança: confie, mas confirme, monitorando os tomadores, 31; necessária para o crédito, 20, 29, 31, 191n1
conflitos de interesses: empréstimos desintermediados e, 126-7; revelados durante a crise financeira de 2007-8, 126; sistema financeiro sem atividades bancárias lidando com, 125-31; tecnologia da informação para melhorar o monitoramento e mitigar os, 128-30
conhecimento oculto, problema, 30
contabilidade: acabar com os bancos começando pelo nível fundamental da, 154-5, 169; proposta de atualização da norma de solvência técnica, 158-61; valor de substituição positivo, 213n41; *ver também* balanços patrimoniais; método das partidas dobradas
Continental Illinois National Bank and Trust Company, 106
contrato financeiro contingente: com componentes contingentes e não contingentes, 213n38; diferenciação entre não contingentes e, 162; tipo de swap de taxa de juros, 166
contratos financeiros: cláusulas de contrato de empréstimos, 31; com componentes contingentes e não contingentes, 213n38; contingen-

tes, 163, 166; descrição e componentes dos, 162; eventos financeiros alterando o pagamento dos, 163; não contingentes, 162; pior situação financeira para tipos específicos de, *165*
corrida silenciosa aos bancos (crise financeira de 2007-8), 102, 202n30
corridas aos bancos: ao Northern Rock (2007), 51; como calcanhar de aquiles das atividades bancárias, 49-52; crise financeira (2007--8) como corrida às atividades bancárias paralelas, 102; descrição de, 22, 50; estrutura regulatória do governo para controlar, 22; garantias do governo que previnem, 52, 54, 142; modelo analítico de, 193n1; risco de liquidez e condições que resultam em, 50-2; *ver também* depositantes; risco de liquidez
crédito: aperto do crédito nos pânicos bancários, efeitos sobre, 51; atividades bancárias definidas como criação de moeda por meio do, 17, 21, 41-8, 51, 188; atividades bancárias trocam risco de crédito e de taxa de juros por risco de liquidez, 142; atribuição de funções adequadas à moeda e, 183, *184*; como as atividades bancárias descontroladas distorcem o sistema de preços e as funções da moeda e do, 181-3; como entesourar moeda limita os gastos e o, 115; confiança necessária para o, 20, 29, 31, 191n1; definição de, 29; dimensão temporal como ca-

246

racterística definidora do, 20, 30; função de pagamentos diferidos do, 18; funções do crédito e da moeda no atual sistema bancário, 170, *182*; impacto do conflito entre tomadores e emprestadores sobre o, 20; liquidez contratual para resgatar, 75, 198n17; organização do, 21; organização privada do, 177-8; problemas associados a informações assimétricas, 30-1; sistema financeiro sem garantias de crédito pelo governo, 177-8; tranquilidade financeira e "sem risco", 74, 198n15; transformação do risco de crédito, 72-4; vantagem das posições em moeda interna comparadas com posições em outras formas de, 141; *ver também* empréstimos

criação de moeda: atividades bancárias definidas como criação de moeda por meio do crédito, 17, 21, 41-8, 51, 188; balanços patrimoniais mostrando as atividades bancárias tradicionais, *45-6*; externa, 42, 135, 174, 193n9; lucros de senhoriagem oriundos de, 54, 194n13; pelas atividades bancárias paralelas, 76-90; pelas atividades bancárias tradicionais, 41-8; *ver também* moeda interna

crise das hipotecas subprime: Bernanke relatando inexistência de problemas no mercado subprime (2007), 201n27; calotes durante a, 100, 201n24; *ver também* bolha imobiliária nos Estados Unidos

crise financeira (1907), 197n8

crise financeira (2007-8): boom das atividades bancárias paralelas antes da, 99; como prenúncio de atividades bancárias descontroladas, 17; comprovando a relevância sistêmica da moeda interna, 108; conflitos de interesses revelados durante a, 126; conhecida como "corrida silenciosa aos bancos", 102, 202n30; crise das hipotecas subprime durante a, 100-1, 201n24; cronologia dos eventos, 98-104; destruição de moeda interna durante a, 102; disparada da dívida pública, 104; efeitos negativos sobre o produto e o emprego, 217n3; falhas dos reguladores, resultando na, 23, 91-8; Fed como emprestador de última instância durante a, 202n38; mudança da norma de repo antes da, 198n6; opacidade impedindo que os políticos demandem mudanças radicais depois da, 188; pânico nas atividades bancárias paralelas durante a, 90, 100-2, 193n2; perda de controle pelos bancos centrais depois da, 112-7; rebaixamento de produtos de finanças estruturadas AAA durante a, 201n14; redução da oferta de moeda durante e depois da, 114; *ver também* pânicos bancários; Grande Depressão; atividades bancárias paralelas

crise financeira (2007-8), políticas: ações adotadas pelo governo para evitar falências bancárias, 202n39; falta de transparência

247

como impedimento às reformas radicais necessárias, 188; mudanças na política monetária, 115; operações de resgate governamental em grande escala, 102-4; Troubled Asset Relief Program (Tarp), 104; *ver também* governos
crise habitacional *ver* bolha imobiliária nos Estados Unidos
custodiantes que oferecem serviços de pagamento, 209n27
custos de menu da inflação, 215n7

deflação: armadilha de liquidez e, 114; descrição de, 52; teorias sobre, 193n4; *ver também* inflação
delegação do monitoramento (monitor designado): definição de, 207n5; efeito reputação em, 130; papel da informação hard na qualidade da, 128-9; por emprestadores, 125, 127, 207n5; títulos privados como exemplo de superação de conflitos de interesses em, 127-8
depositantes: bancos como provedores de serviços de pagamento, 34; como as garantias do governo mudam o comportamento dos, 55; condições que provocam corridas aos bancos, 50; implicações da transformação de ativos para, 39, 41; *ver também* corridas aos bancos
depósitos: como forma de moeda interna, 42; Escola Austríaca, sobre "fraude" nos contratos de, 192n7; implicações da transformação de ativos para, 39, 41; transformação de ativos sem liquidez em com liquidez, 210n23
derivativos: descrição e propósitos dos, 109; estatísticas sobre valor nominal de derivativos de mercado de balcão, 205n18; estratégias de risco de cauda dos usuários, 109, 204n11; swaps de crédito (CDS) vendidos pela AIG, 109-10; tomada de riscos excessivos com, 108, 110-1; *ver também* risco de contraparte; swaps de crédito (CDS)
destruição criativa, processo de, 24, 191n7
dimensão temporal: como característica definidora do crédito, 30; da estruturação e do seguro, 197n11; dos preços, 190n2; problema de inconsistência temporal das operações de resgate governamental, 210n2
distribuição da riqueza, 116-7
diversificação: comparação de agregação com, 72; de ativos cujos riscos não se relacionam uns com os outros, 39; empréstimos desintermediados e riscos, 123-4; gerenciamento do risco de crédito com, 72, 74, 197n12; securitização como combinação de agregação, estruturação e, 77-9
dívida: crise financeira (2007-8) e disparada da dívida pública, 104; de empresas não financeiras, 156; *ver também* dívida pública
dívida pública: argumento de Plosser sobre o risco de hiperinflação no caso de excesso de, 206n30; crise

financeira (2007-8) e disparada da, 104; redução das taxas de juros pelo Fed ajuda a financiar a, 206n28; sistema financeiro sem atividades bancárias permite o calote da, 177; *ver também* dívida

economia: atividades bancárias descontroladas e a ilusão de prosperidade, 216n2; como a moeda possibilita a descentralização, 18; composta de dois sistemas interdependentes (real e financeiro), 18; crédito como fundamento de uma economia intensiva em capital, 18; função-chave dos preços na, 19, 171; intensiva em capital, 19, 22, 155; *ver também* sistema financeiro; economia real

economia descentralizada: descrição de 190n3; moeda como requisito da, 19, 171; propósito do sistema financeiro de sustentar uma, 18

economia intensiva em capital: crédito como fundamento da, 19; industrialização se caracterizando por, 21; propósito do sistema financeiro de capacitar a, 19, 155

economia real: descentralizada, moeda possibilitando, 18; descrição de, 18; intensiva em capital, atividades bancárias possibilitando, 21-2; interdependência do sistema financeiro e da, 19; *ver também* economia

economias de mercado, 190
efeito reputação, 130
Emergency Banking Act (1933), 194n7
emitente paga, modelo, 93

empresas fiduciárias, 197n8
empresas financeiras: comparação de empresas não financeiras e, 155-6, 158; distribuição de riscos entre partes interessadas de, 72; fundos de investimento em renda fixa (MMMF); garantias pelo governo do passivo das, 23; em sistema financeiro sem atividades bancárias, papel das, 125; *ver também* bancos

empresas não financeiras: ativos não financeiros das, 155; balanços patrimoniais médios de empresas de países do G7 (1991), 213n43; classificação AAA da Standard & Poor's concedido a três, 212n33; como aplicam técnicas financeiras, 156; de capital aberto, estudo sobre estrutura de capital das, 213n43; diferenças setoriais das estruturas de capital de, 214n44; empresas financeiras e, 155-7; vencimento das emissões de crédito das, 212n32; *ver também* empresas financeiras

emprestador de última instância, facilidades: ampliação do acesso durante a crise financeira de 2007-8 a, 202n38; bancos centrais como, 52-4; como o comportamento dos depositantes é alterado pelo, 55; princípio de Bagehot para, 195n16

emprestadores: conciliando as necessidades de tomadores e, 21, 32-3; de última instância, bancos centrais como 52, 54; definição de, 29; delegação do monitoramento pelos, 125, 127, 207n5; estruturação para transferir para os acionistas o risco dos, 73; fator confiança na concessão de crédito pelos, 20, 29, 31, 191n1; garantias para mitigar o risco de crédito para os, 73, 197n11; informações assimétricas entre tomadores e, 30; intermediação de balanços patrimoniais para superar conflitos de interesses entre tomadores e, 123, 125; sistema financeiro sem atividades bancárias e serviços financeiros para, 136-8; transformação de ativos concilia conflitos de interesses entre tomadores e, 40-1

empréstimos: atenuação do risco pela diversificação dos, 72, 197n12; atividades bancárias tradicionais como combinação de guarda segura e, 21; balanço patrimonial mostrando destruição de moeda pelo pagamento de, 47; balanços patrimoniais mostrando criação de moeda pela concessão de, 46; de bancos italianos, comparação dos estatais com os privados, 212n30; definição de, 29; desintermediados, 123-30; dificuldade de avaliar a qualidade usando informação soft, 132; dimensão temporal de um, 30; estudo sobre taxas de inadimplência mais altas para empréstimos securitizados que continuam nos balanços patrimoniais do que para os vendidos a terceiros, 207n7; garantidos, 31; intermediados, 123-4; pelo Fed via repos, 54; pior situação financeira de um, *165*; razões para a concessão, 30; risco de liquidez e necessidade de vender os de longo prazo, 50; securitizados em ABS, 77-8, *79*, 80-1, 147; vencimento dos, 29; *ver também* atividades bancárias; crédito

empréstimos à base de relacionamentos, 208n14

empréstimos desintermediados: agregação e diversificação do risco em, 123-4; como a revolução digital aumenta a viabilidade dos, 129-30; diferenças em relação à securitização, 123; lidando com conflitos de interesses nos, 123-7; para superar os conflitos de interesses entre tomadores e emprestadores, 123

empréstimos ponto-a-ponto: como forma de empréstimo desintermediado, 125; dados a posteriori sobre o desempenho de alguns empréstimos, 130; marketplaces virtuais constituídos por, 134; obtenção de transparência em, 131, 144; ofertas de diferentes plataformas, 144-6, 207n4; surgimento dos, 24; *ver também* empréstimos

entesourar moeda, 114

"era de ouro das finanças", 204n12

era industrial: atividades bancárias restritas propostas pela primeira vez durante a, 24; características da economia e das atividades bancárias durante a, 20-1; mecânicas das atividades bancárias tradicionais durante a, 66; modelos de negócios de bancos durante a, 66; *ver também* atividades bancárias tradicionais

Escola Austríaca, 191n6, 192n7

estabilidade de preços: como objetivo da política monetária, 172; custos de menu das mudanças de preços frequentes, 215n7; efeitos de pânicos bancários sobre, 52; injeção de moeda com renda incondicional para prover, 174; mandato dos bancos centrais para manter, 214n1; mudança para moeda digital, 172

estratégias de risco de cauda: descrição de, 109, 204n11; uso pela American International Group (AIG), 109-11

estruturação: aumento evolutivo do risco de crédito total em consequência da, 197n11; descrição de, 73; securitização como combinação de agregação, diversificação e, 77-9; *ver também* trancheamento

estruturas de capital: de empresas de capital aberto, 213n42; diferenças setoriais em, 214n44

eventos financeiros: definição de, 163; pior situação financeira, 164-7

eventos reais: avaliação de contratos financeiros contingentes de, 164; definição de, 163

exemplo de atividades bancárias paralelas: criação de moeda pelas atividades bancárias paralelas; parte 1, *85*; parte 2, *87*; destruição de moeda pelas atividades bancárias paralelas, *89*; simples e estilizado, 84-90

falência: ações governamentais para evitar a falência de bancos, 202n39; dissuasão de forçar a falência de uma instituição "grande demais para ir à falência", 106-7; eventos catastróficos provocados pela falência do Lehman Brothers, 104, 202n37; leis que especificam os títulos incluídos em repos durante, 198n6; operação de resgate governamental da AIG depois da, 110; risco de contraparte de derivativos de, 110-1

falência de bancos: como o nível de preços é afetado pela, 52; entre 1929 e 1933, 51; entre 1990 e 2009, 96; processo de pânico bancário levando à, 51

Federal Deposit Insurance Corporation (FDIC): comentários do presidente sobre problemas com os requisitos de, 93; Continental Illinois National Bank and Trust Company resgatada em 1984 pela, 106; primórdios da regulação bancária, papel da, 59; sobre mudança comportamental dos banqueiros na década de 1960, 195n23

Federal Financial Authority (FFA), 153, 212n29

Federal Reserve Act, seção 13.3, 194n14

Federal Reserve System (Fed): constituição do, 53; crise financei-

251

ra (1907) levando à criação do, 197n8; dividendo estatutário pago aos bancos pelo, 215n10; incapaz de atenuar a expansão da moeda interna em 2007, 113; influência nas taxas de juros da dívida pública pelo, 206; operação de resgate governamental e injeção de liquidez pelo, para evitar corrida aos MMMF, 103; operações de mercado aberto realizadas pelo, 54; papel do, nos primórdios da regulação bancária, 59; política monetária conduzida pelo, 53; presidente Bernanke afirmando não haver problemas no mercado subprime (2007), 201n27; sobre desconexão entre política monetária e taxas hipotecárias, 206n24; *ver também* bancos centrais

FICO, score, 208n12

fim das atividades bancárias: começando no nível fundamental da contabilidade, 154, 169; como escopo deste livro, 26; exame da proposta de atividades bancárias com propósitos limitados, 25, 153-4, 167; exame da proposta de atividades bancárias restritas, 24-5, 151-2, 167; exame da proposta de norma de solvência sistêmica, 162-7; exortações crescentes pelo, 24, 150; funcionalidade do sistema financeiro restabelecida pelo, 25; por que a proposta de norma de solvência sistêmica deve ser aplicada ao, 167, 169, 186, 189; proposta de atualização da norma de solvência técnica, 158-61; *ver também* atividades bancárias; atividades bancárias na era digital

fintech, empresas, 143, 149

Fisher, Irving, 152

Folio Investing, 209n25

Friedman, Benjamin M., 206n23

Funding Circle, 144, 207n4

fundo de investimento em índice de mercado (ETFs), 134

fundos de investimento em renda fixa (MMMF): como mecanismo de atividades bancárias paralelas, 81, *82*, 207n1; descrição e funções dos, 68; exemplo sintético de atividades bancárias paralelas, incluindo, 84-90; operações de resgate governamental de, 102-4; regulação dos, pela SEC, 199n8; *ver também* empresas financeiras

fundos federais, mercado de, 112

fundos federais, taxa: cobrada pelo empréstimo de reservas do Banco Central, 112; descrição, 202n33; limite inferior zero da, 113-4

fundos mútuos (ou de investimentos): como intermediários financeiros não bancários, 123; não sendo afetados pela norma de solvência atualizada, 161

futuros de milho, 204n10

garantia de renda básica, 174, 215n9

garantias: atenuação do risco de contraparte em derivativos, 110; contratos de empréstimo exigindo que tomadores ofereçam, 58; definição de, 31; empresas não financeiras usando técnicas financeiras como, 156; legislação falimentar especificando o que pode ser usado em repos, 198n6; para transferir o risco do emprestador para o tomador, 73, 197n11; *ver também* acordos de recompra (repos)

garantias do governo: atividades bancárias sem regulação eficaz, mas com, 24-5; capaz de garantir apenas o valor nominal da moeda interna, 142; como emprestadores de última instância, 52, 54; como forma de seguro, 74; como incentivo para que todos participem das atividades bancárias, 143; como mudam o comportamento dos depositantes, 55; de instituições, 106; em relação aos passivos da instituição, 23-4; operação de resgate governamental em grande escala depois da crise financeira (2007-8), 102-4; prevenindo corridas aos bancos, 52-4, 142; risco moral na forma de tomada de riscos excessivos como custo de, 55-8, 194n6; seguro de depósito como tipo de, 53, 55, 96, 194n6; sistema financeiro sem atividades bancárias e sem, 177-8; *ver também* regulação bancária

Glass-Steagall Act, 195n20

Goldman Sachs, 205n14

governos: ações dos, para prevenir falências bancárias (2007-8), 202n39; debate sobre pagamento da AIG ao, 205n13; lucro com a criação de moeda externa canalizado tipicamente para os, 174; papel do setor público num sistema financeiro sem atividades bancárias, 170-8; proposta de norma de solvência sistêmica aplicada aos, 216n13; subsídio implícito aos bancos pelos, 106, 203n3; *ver também* crise financeira (2007-8), políticas

Grande Depressão: Emergency Banking Act (1933) para debelar o pânico bancário durante a, 194n7; gravidade e impacto duradouro da, 194n8; modelo 3-6-3 de atividades bancárias depois da, 195n21; política monetária não convencional durante a de 2007-8 para evitar deflação, 115; pressões pelo fim das atividades bancárias depois da, 150; *ver também* crise financeira (2007-8)

grande moderação (meados dos anos 1980), 98, 199

grandes bancos: Basileia II e ascensão dos, 96-7, 200n7; promoção do seguro de depósito, 96

Greenspan, Alan, 206n24

guarda segura: antecessores dos bancos oferecendo serviços de pagamento e, 21, 33, 191n5; atividades bancárias tradicionais como combinação de empréstimos e, 21

Haldane, Andrew G., 141

Hellwig, Martin, 107

hiperinflação, 206n30

HSBC, acusação de lavagem de dinheiro, 216n14

índice de capitalização: Basileia I re-

quisitos de, 60-1, 196n31; descrição de, 57; do tomador e assunção de riscos excessivos, 58; entre os bancos americanos, tendência declinante contínua do, 59
inflação: argumento de Plosser sobre grandes déficits fiscais e hiperinflação, 206n30; meta de inflação positiva dos bancos centrais, 173; mudanças de preços frequentes e custos indiretos da, 215n7; problema de lidar com o limite inferior zero tentando provocar, 173; regulação Q para controlar as taxas de juros durante, 68; *ver também* deflação
informação hard: descrição de, 128; distinção entre soft e, 207n10; redução do uso de relacionamentos e aumento do uso de, 208n14; relatórios financeiros como forma de, 128-9; score de crédito, 129, 145, 147
informação privilegiada: descrição, e ameaça para os mercados secundários, 132; medidas adotadas para reduzir os problemas decorrentes da, 132
informação soft: dificuldade em avaliar a qualidade dos empréstimos negociados nos mercados secundários usando, 132; distinção entre hard e, 207n10; ultrapassada para a avaliação do risco de crédito na era digital, 131, 145; usada pelas atividades bancárias tradicionais, 128
informações assimétricas: como a tecnologia da informação facilita o manejo das, 127, 129-30; descrição de, 30; prática das empresas de internet de implementar mecanismos para atenuar, 208n15; problemas de crédito associados a, 30-1; problemas de solução adversa como implicação da, 191n3; risco moral devido a, 30, 191n3; sistema financeiro sem atividades bancárias, no manejo de conflitos de interesses e de, 125-31

inovação financeira: como meio para contornar a regulação, 23; grande moderação (meados dos anos 1980) provocada pela, 199n1; percebida de início como fator de estabilização, 91, 199n1; *ver também* atividades bancárias paralelas

insensibilidade da informação, 197n10

insolvência de balanços patrimoniais, 192n6

instituições grandes demais para ir à falência: domínio do sistema financeiro depois de 2008, 106; fracasso dos reguladores em restringir, 107-8; garantias pelo governo de todos os passivos das, 106; interligadas demais para ir à falência, designação alternativa, 203n1; isentas de obrigações legais comuns, 216n14; subsídio implícito para, 106, 203n3

intermediários financeiros: fundos mútuos como entidades não bancárias, 123; intermediação de balanços patrimoniais para superar conflitos de interesses entre, 123;

problema do duplo risco moral, 207n6
investidor paga, modelo, 93

J. P. Morgan: aquisição do controle do Bear Stearns pelo, 202n36; relatórios sobre as operações "whale" feitas pelo, 203n5
juros: definição de, 29; sobre depósitos bancários, 34

Lehman Brothers, falência, 103, 202n37
Lending Club, 144, 147, 207n4, 209n25
Lending Robot, 146
Libor (London Interbank Offered Rate), 213n39
limite inferior zero: armadilha de liquidez e, 114; descrição de, 113-4; inflação como ferramenta menos que ideal para lidar com, 173; propostas anteriores de taxa de liquidez para lidar com, 215n4; taxa de liquidez para lidar com, 173
liquidez: algoritmos de transações facilitando o acesso ao mercado, 136, 209n29; comparação entre liquidez de mercado e contratual, 75; contratual, 40, 75, 151, 209n26; definição de, 198n16; fornecimento de liquidez em um sistema financeiro sem atividades bancárias, 131-4; luminária a óleo vitoriana, 133, 208n19; marketplaces virtuais aumentando o mercado total, 24, 133-4, 208n19
liquidez contratual: como eliminação do risco de taxa de juros, 198n17; comparação com liquidez de mercado, 75; comparação com serviços de pagamento, 209n26; depósitos bancários e, 40; proibição pelas atividades bancárias restritas, 151; transformação do vencimento com a oferta de, 74; *ver também* liquidez de mercado
liquidez de mercado: algoritmos de transação facilitam o acesso a, 136, 209n29; comparação com liquidez contratual, 75; luminária a óleo vitoriana, 133, 208n19; *ver também* liquidez contratual
London Interbank Offered Rate (Libor), 213n39
lucros: da criação de moeda externa (senhoriagem) tipicamente canalizado para o governo, 54, 174, 194n13; "era de ouro das finanças" e atividades bancárias, 109, 204n12; Federal Reserve System, dividendo estatutário, 215n10; movimento da moeda positiva sobre "lucros especiais das atividades bancárias", 211n27
luminárias a óleo vitorianas, exemplo de liquidez de mercado, 133, 208n19

marketplace lending, 146-9
marketplaces virtuais: aumento da liquidez e da transparência em consequência dos, 133-4, 208n19; como a tecnologia da informação possibilitou os, 133; para empréstimos ponto-a-ponto, 134; surgimento dos, 24

255

mercados financeiros: como provedores de liquidez, 131-3; hipótese de que a acumulação de capital se relaciona estreitamente com o desenvolvimento dos, 191n5

método das partidas dobradas: advento do, 21; descrição de, 36-7; na formulação de decisões racionais e do racionalismo econômico, 192n3; para a criação de moeda pelas atividades bancárias tradicionais, *45-6*; para a destruição de moeda pelas atividades bancárias tradicionais, *47*; para a transformação de ativos, 38-41; proposta de atualização da norma de solvência técnica, 158-61; *ver também* contabilidade

modelo 3-6-3 de atividades bancárias, 195n21

modelos de equilíbrio geral, 190n1

modelos internos de gestão de riscos, 97-8

moeda: atividades bancárias descontroladas distorcem o sistema de preços e as funções do crédito e da, 181-3; atribuição de funções adequadas ao crédito e à, 183, *184*; contribuição para a formação de preços, 190n2; definição de atividades bancárias como concessão de crédito para criar, 17, 21, 41-8, 51, 188; descrição e função da, 18, 171; determinação do nível de preços pelas moedas interna e externa, 112; *fiat*, 192n8; fim das atividades bancárias e redefinição do papel do setor público, 25; modelos sobre as funções da, como meio de troca, 190n1; modelos sobre surgimento endógeno da, 190n4; organização da, 20, 171-7; sistema financeiro com atividades bancárias e a organização do crédito e da, 185; vantagens da digital sobre a física, 214n3; *ver também* moedas digitais; moeda interna

moeda eletrônica *ver* moedas digitais

moeda externa: descrição e criação de, 42; lucros de senhoriagem tipicamente canalizados para os governos, 174; privada comparada com moeda interna privada, 193n9; privada, bitcoin como exemplo de, 193n9; virtual, moedas digitais como, 135; *ver também* moeda interna

moeda interna: ausência de flutuações de preços na, 142; balanços patrimoniais mostrando as atividades bancárias paralelas criando, *85-7*, 88; balanços patrimoniais mostrando as atividades bancárias tradicionais criando, *45-7*; canais de transmissão monetária que influenciam a criação de, 112; como a transformação de ativos cria, 42-8; como o entesouramento de reservas do Banco Central inibe a criação de, 115; comparação de moeda externa privada com moeda interna privada, 193n9; crise financeira (2007-8) comprovando a relevância sistêmica da, 108; depósitos como forma de, 42; descrição de,

42, 71, 197n10; destruída pela crise financeira (2007-8), 102; fatores que limitam a criação pelos bancos, 193n11; garantia governamental do valor nominal da, 142; nível de preços determinado pela moeda externa e pela, 112; principais determinantes para a criação pelas atividades bancárias de, 76, 99, 112-3; sistema financeiro sem atividades bancárias como sistema financeiro sem, 122; *ver também* bancos; moeda; criação de moeda; moeda externa; atividades bancárias paralelas

moedas digitais: bitcoin, 193n9, 209n28; como moeda externa virtual, 135; conveniências em comparação com a moeda física, 214n3; desenvolvimento de, 24; estabilidade de preços decorrente da mudança de papel-moeda para, 172; preocupações com a privacidade relacionadas com, 172; sistemas de pagamento em sistema financeiro sem atividades bancárias, 134-6; *ver também* moeda

monitoramento: abordagem das atividades bancárias com propósitos limitados, 153; confie, mas confirme, por meio de, 31; definição de, 31; inclusive triagem, 191n4; por delegação, 125-30, 153, 207n5; tecnologia da informação para atenuar conflitos de interesses e aprimorar o, 128-30

monitoramento antecipado, 191n4

Moody's Corporation, 200n11

movimento de moeda positiva, 152, 211n26

M-Pesa, 209n27

norma de solvência sistêmica (proposta): aplicação aos governos, 216n13; conceitos de pior situação financeira usados em, 162, 164, 166; definição, 162; para evitar técnicas de seguro em atividades bancárias, 162-7; para resolver o problema de fronteira da regulação, 25; por que deve ser implementada para acabar com as atividades bancárias, 168-9, 186, 189; prevenção de pânicos bancários nos mercados de crédito com a, 186

norma de solvência técnica: atividades bancárias usando técnicas de seguro permitidas pela norma atualizada, 161; balanço patrimonial de uma empresa que cumpre a, 37; balanços patrimoniais que comparam a observância e a inobservância da norma atualizada, *160*; definição de, 37; proposta de atualização da, 158-61

notas promissórias comerciais lastreadas em ativos (ABCP): boom das atividades bancárias paralelas, 99; como forma sofisticada de notas promissórias comerciais, 199n12; como mecanismo de atividades bancárias paralelas, *83*, 84; comparação entre obrigação de dívida garantida (CDO) e, 83; garantia de patrocinador para

257

canais de ABCP, 199n13; operação de resgate governamental do Lehman, 103; pânico das atividades bancárias paralelas (2007), impacto sobre, 101-2

obrigações de dívidas garantidas (CDO): boom das atividades bancárias paralelas e papel das, 99; comparação entre notas promissórias comerciais lastreadas em ativos (ABCP) e, 82; declínio durante a crise financeira (2007-8), 103-4; dificuldade de avaliar com exatidão, 200n13; emitidas por sociedades de propósitos específicos (SPE), 78, *79*; empréstimos sem liquidez securitizados em, 81; falhas de classificação das, 93-4; pânico das atividades bancárias paralelas e impacto sobre, 100-2; risco de contraparte de, 110-1; swaps de crédito (CDS), 109

oferta de moeda: operações de mercado aberto usadas para afetar a, 54; redução durante e depois da crise financeira (2007-8), 114

opção de compra sobre ações, 213n40

opção de venda, *165*

operações de mercado aberto, 54

operações de resgate pelo governo: da AIG, 110, 205n13; descrição e escopo da crise financeira (2007-8), 102-4; e subsídio implícito para os bancos, 106, 203n3; impossibilidade de evitar o risco das atividades bancárias em caso de financiamento por impostos, 210n3; observações de Henry Paulson sobre o Lehman Brothers e, 202n37; problema de inconsistência temporal, 210n2

Orchard, 146

originar para distribuir, modelo de negócios, 198n2

P2P Finance Association, 210n30

pânicos bancários: 1907/1929, 22; aperto de crédito e deflação como resultados de, 52, 193n4; bancos centrais como emprestadores de última instância, 53-4; descrição de, 22, 51; Emergency Banking Act (1933) para acabar com a Grande Depressão, 194n7; garantias do governo para evitar, 52, 54, 142; prevenção pela norma de solvência sistêmica proposta, 186; *ver também* crise financeira (2007-8)

passivos: atualização da norma de solvência técnica e valor dos, 158; contrato financeiro como ativo financeiro e, 162; de instituições "grandes demais para ir à falência", garantias dos, 106; definição e descrição de, 37, 159; diferenças no balanço patrimonial entre ativos e, 38-9; dos bancos e das instituições de atividades bancárias paralelas ao longo do tempo, como porcentagem do PIB, *68*; empresa tecnicamente insolvente, *37*; empresa tecnicamente solvente, *36*, 37; estruturação de sociedade de propósito específico (SPE) por tranches, 77; lista de itens de cada lado do balanço patrimonial, 36; norma de solvência sistêmica e valor na pior situação financeira dos, 162-3; perfil de risco de, 39

patrimônio líquido (capital próprio): descrição do, 37; negativo, insolvência técnica como, *37*; lançado no lado do passivo do balanço patrimonial, 37; posições estratégicas em subsidiárias consideradas como, 213n35; proposta de atualização da norma de solvência técnica para, 158-61; solvência técnica como patrimônio líquido positivo, *36*, 37; valor contábil do, 37; valor de mercado × valor contábil, 192n5; valor na pior situação financeira, *165*

patrocinadores: constituição de sociedades de propósitos específicos, 77-8; garantias de canais de ABCP pelos, 199n13

Paulson, Henry, 202n37

perfil de risco, 39

política fiscal: impacto da politização dos bancos centrais sobre, 116-7; políticas não convencionais obscurecendo a distinção entre política monetária e, 116; relações da política monetária com a, 176-7

política monetária: canais de transmissão, 112; como o Federal Reserve System conduz a, 53; convencional, 112; crise monetária (2007-8) e mudanças na, 194n11; estabilidade de preços como objetivo da, 172; flexibilização quantitativa, 115; não convencional, 116, 206n29; necessidade de independência política da, 175-6; necessidade de reconsiderar, 172; relações com a política fiscal, 176-7; renda incondicional como instrumento de, 25, 174-5; senhoriagem como subproduto da, 54, 194n13; taxa de liquidez como instrumento de, 25

políticas monetárias não convencionais: adoção precursora pelo Japão, 206n29; obscurecendo a distinção entre políticas monetária e fiscal, 116

prazo de vencimento, 29

preço nominal, rigidez do, 214n1

preços: como a moeda contribui para a formação de, 190n2; como as falências de bancos podem afetar o nível de, 52; controlados por moeda interna e externa, 112; coordenação de atividade econômica descentralizada, 19; deflação como fenômeno de queda no nível dos, 52, 193n4; dimensão temporal dos, 190n2; moeda interna como crédito que não apresenta flutuações nos, 142; refletindo, idealmente, as condições econômicas, sem distorções oriundas do sistema financeiro, 171; taxas de juros implícitas em nossa noção de, 190n2

preocupações com a privacidade da moeda digital, 172

principal, 191n2

Princípio de Bagehot, 195n16

problema de fronteira da regulação: abordagem de atividades bancárias com propósitos limitados ao,

153, 167-8; descrição e causas do, 68, 70; não funcionamento da solução de Admati e Hellwig, 108; soluções de atividades bancárias restritas não aplicáveis, 152, 211n25; tecnologia da informação agravando o, 121
problema do duplo risco moral, 207n6
problemas de seleção adversa, 191n3
produtos de atividades bancárias paralelas: American International Group (AIG), seguro de, 201n23; fundos de investimento em renda fixa, 81, *82*, 84-90, 98-104, 207n1, 199n8; notas promissórias comerciais lastreadas em ativos (ABCP), 82, *83*, 84, 86, 88, 90, 94-5, 199n12-13; obrigações de dívidas garantidas (CDO), 78, *79*, 80, 82, 94, 98-104, 110-1, 200n13; papel nos acordos de recompra (repos), 80, 84-90, 99, 101-2; securitização como parte do processo de criação, 77-8, *79*, 81, 123; técnicas de aprimoramento de crédito usadas em, 198n3; títulos lastreados em ativos (ABS) ou swaps de crédito, 77-8, 80, 84-90, 94, 98-104; trabalho ruim das agências de classificação de risco de crédito, 93-6, 127, 200n12
proposta de atividades bancárias de propósitos limitados: deficiências da, 167-8; proposta de norma de solvência sistêmica e, 25, 168; visão geral da, 153-4
proposta de Fisher de 100% de cobertura em dinheiro, 152, 210n24

Prosper, 209n25
provedores de serviços de pagamento: atividades bancárias oriundas de, 33; instituições bancárias como, 33-4

"quem vigia o vigia", problema, 58

RateSetter, 207n4, 209n24
regime de moeda fiduciária, 41, 142, 192n8
regulação bancária: abordagem microeconômica à, 201n19; altos custos da, para a sociedade, 200n4; atividades bancárias paralelas não sujeitas a, 23; Bank Holding Company Act, 195n20; Basileia I, 60-1, 196; Basileia II, 92-9; Basileia II, 107, 199n3, 203n5, 203n6; como proteção inadequada contra a próxima crise financeira, 189; dos fundos de investimento em renda fixa (MMMF), 199n8; em resposta ao pânico (1907 e 1929), 22; Emergency Banking Act (1933), 194n7; Glass-Steagall Act, 195n20; incapacidade de prevenir crises financeiras (2007-8), 23; não aplicação às instituições "grandes demais para ir à falência", 106-8; norma de solvência para resolver o problema de fronteira da, 25; notas promissórias comerciais, isentas da SEC, 199; opacidade como obstáculo à reforma radical da, 188; papel do Fed e do FDIC nos primórdios da história da, 59; problema das garantias do governo na falta de

regulação eficaz, 24-5; problema de fronteira da, 68, 70, 108, 121, 152-3, 167-8, 210n24; regulação Q, 68; restrição à criação de moeda interna, 193n11; *ver também* bancos; garantias do governo
regulação financeira *ver* regulação bancária
regulação Q, 68
relatórios financeiros, 128-9
renda: básica, garantia de, 174, 215n9; incondicional, 25, 174-6
renda incondicional: como instrumento de política monetária para sustentar o sistema de preços, 25, 174; como subproduto da política monetária, 175; diferente da garantia de renda básica, 174, 215n9
requisitos de capital: acordo de capital de Basileia (Basileia I), 60-1, 196n31; acordo de capital de Basileia (Basileia II), consequências para, 92-3, 96-8, 199n3; acordo de capital de Basileia (Basileia III) sobre, 107; arbitragem do capital regulatório para contornar os, 69-70; argumentos falhos contra, 216n2; comentários do presidente da FDIC sobre, 93; considerações políticas que influenciam, 196n31; descrição, 59; dimensão internacional dos, 195n26; falhas dos modelos internos de gestão de riscos para a determinação dos, 98; ineficazes na era digital, 108; ponderação do risco, 60, 204n8; proposta de aumentos drásticos nos, por Admati e Hellwig, 107; regulação depois de 2008 sobre, 107-8; restrições à criação de moeda interna pelos bancos, 193n11; securitização como meio de contornar os, 78

reservas de liquidez, 40
responsabilidade limitada: descrição de, 55; tomada de riscos excessivos e, 56-8
revolução digital: agravamento do problema de fronteira da regulação financeira, 68, 70; ascensão das atividades bancárias paralelas e a, 66-7; impacto sobre as atividades bancárias, 22, 65-6; primórdios da, 22; *ver também* tecnologia da informação
rigidez de preços, 214n1
risco: análise de como o seguro de depósito induz os bancos a assumir mais, 195n18; como as garantias do governo atenuaram o risco dos depositantes, 55; de contraparte, 110-1, 205n14-5, 17n; garantia e impacto sobre, 73, 197n11; mercado de derivativos e tomada de riscos excessivos, 108, 110-1; problema de inconsistência temporal ao lidar com atividades bancárias, 210n2; risco moral na forma de tomada de riscos excessivos, 55-8; *ver também* risco de crédito
risco de contraparte: de compradores × vendedores de derivativos, 205n15; descrição do, 110; do Goldman Sachs nos contratos de CDO da AIG, 205n14; exemplo de CDO com, 110-1; mitigado por uma contraparte central, 205n17;

261

ver também risco de crédito; derivativos
risco de crédito: como um evento pessoal pode mudar o, 213n37; definição de, 31; diversificação para gerenciar, 72, 74, 197n12; do acionista, 73; estruturação e seguro aumentando o risco de crédito total na economia, 197n12; estruturar e redistribuir, 73; informações assimétricas que aumentam o, 30-1; seguro para reduzir, 74; técnicas financeiras para a transformação do, 72-5; títulos lastreados em ativos (ABS), 77-8; *ver também* risco de contraparte; risco
risco de liquidez: atividades bancárias trocando risco de crédito e de taxa de juros por risco de liquidez, 142; como o preço da conciliação de tomadores e emprestadores com atividades bancárias, 49; corridas aos bancos como materializações do, 49-2; Federal Reserve Act, seção 13.3, sobre, 194n14; *ver também* corridas aos bancos
risco moral: definição de, 30; garantias do governo como fontes de, 55-8, 106, 194n6; informações assimétricas que podem criar, 30, 191n3; problema do duplo risco moral, 207n6; regulação bancária primordial para atenuar o, 58-9; serviços de avaliação de crédito e, 95

score de crédito, 129, 208n12
Securities and Exchange Commission (SEC): e-mails como resumo das práticas de classificação de produtos, 200n12; MMMF regulados pela, 199n8; notas promissórias comerciais isentas de regulação pela, 199n12; *ver também* regulação das atividades bancárias
securitização: combinação de agregação, diversificação e estruturação, 77-8; diferente de empréstimo desintermediado, 123; processo de, 78, *79*
seguro de depósito: análise do aumento do risco dos bancos devido ao, 195n18; descrição e funções do, 53; estabelecimento do FDIC e, 59; questões de risco moral decorrentes do, 55, 194n6; *ver também* técnicas de seguro
serviços financeiros: para emprestadores em sistema financeiro sem atividades bancárias, 137-8; para tomadores em sistema financeiro sem atividades bancárias, 138-40
setor privado: crédito organizado dentro do, em um sistema financeiro sem atividades bancárias 177; organização do sistema financeiro e relação com o setor público, 185-6
setor público: moeda organizada pelo, em um sistema financeiro sem atividades bancárias, 170-7; fim das atividades bancárias e redefinição do papel do, 25; organização do sistema financeiro e relação com o setor privado, 185-6; Simons sobre a segurança do sis-

tema monetário como objetivo do, 214n2
sistema contábil de trocas: como oferta dos bancos, 34, 135; descrição de, 34
sistema de escambo: comércio com moeda como superior ao, 18; modelos de equilíbrio geral que descrevem, 190n1
sistema de preços: como as falências de bancos podem afetar o, 52; como atividades bancárias descontroladas distorcem o, 181-3; como função do sistema financeiro, 190n2; Escola Austríaca, sobre como as atividades bancárias distorcem o, 191n6; funcional, como bem público clássico, 171
sistema financeiro: atividades bancárias como maneira de organizar o, 18, 29; como os pânicos bancários prejudicam a funcionalidade do, 22; funções da moeda e do crédito em um sistema financeiro com atividades bancárias, 170, *185*; funções da moeda e do crédito em um sistema financeiro sem atividades bancárias, *187*; interdependência da economia real e, 19; necessidade de reforma radical do, 188-9; organização do, 19-20; politização dos bancos centrais e déficits públicos crescentes podem derrubar o, 117; preços como ligação entre a economia real e o, 19; sistema de preços como função do, 190n2; situação decorrente da crise financeira de 2007-8, 105-17; viabilização de uma economia intensiva em capital como propósito do, 19, 21-2, 155; *ver também* economia
sistema financeiro (pós-2008): perda de controle pelos bancos centrais, 112-7; proposta para restaurar a funcionalidade, 121-40; serviços financeiros descontrolados, 105-11
sistema financeiro sem atividades bancárias: descrição de, 122; funções da moeda e do crédito em um, 183, *184*; manejo de informações assimétricas e conflitos de interesses, 125-31; papel das instituições financeiras em um, 124; proposta deste livro para um, 121; provisão de liquidez em um, 131-4; remoção confiável das garantias do governo, 177-8; serviços financeiros para emprestadores em um, 137-8; serviços financeiros para tomadores em um, 138-9; sistemas de pagamentos para a era digital em um, 134-6; *ver também* atividades bancárias
sistemas de pagamento: comparação de liquidez contratual e, 209n26; moedas digitais usadas em, 24, 135, 193n9, 209n28; M-Pesa, exemplo de oferta de custódia, 209n27; na era digital, 134-6; sistema contábil de trocas, 34, 135
sociedades de propósitos específicos (SPE): exemplo sintético de atividades bancárias paralelas envolvendo, 84-90; obrigações de dívidas garantidas (CDO) emitidas

por, 78, *79*, 80, 98-104; securitização em, 77-8; títulos lastreados em ativos (ABS) emitidos por, 77-81, 84-90, 94, 98-104; tranches denotando a estrutura do lado do passivo das, 77-8
Stanford & Poor's Corporation, 201n15, 212n33
Survey of Consumer Finances (SCF), 195n15
swaps de crédito (CDS), 109; *ver também* derivativos

taxa de liquidez: como instrumento de política monetária para sustentar o sistema de preços, 25; descrição de, 173; manejando o limite inferior zero com, 173; propostas anteriores de, 215n4; transparência da, 176; vantagens reconhecidas da, 215n8
taxas de desemprego (2007-8), 217n3
taxas de inadimplência de empréstimos securitizados, 207n7
taxas de juros: como distorção de preços no sistema bancário de hoje, 179-81; controle da regulação Q sobre, 68; crédito com liquidez contratual como insensível às mudanças nas, 198n17; definição de, 29; implícitas em nossa noção de preços, 190n2; janela de desconto, 202n33; referência, 213n39; taxa dos fundos federais, 202n33
técnicas de seguro: aumento do risco de crédito total, com o passar do tempo, pelas, 197n11; conceito de pior situação financeira e, 162,

164, *165*, 166; garantias do governo como forma de, 74; proposta de norma de solvência sistêmica para prevenir o uso de, pelas atividades bancárias, 162-7; *ver também* seguro de depósito
técnicas financeiras: agregação, 39, 71, 77-8, *79*; atividades bancárias paralelas como aplicações de uma ou de todas, 75-8, *79*; comparação de como empresas financeiras e não financeiras usam as, 155-7; diversificação, 40, 72, 74, 77-8, *79*, 197n12; estruturação, 73, 77-8, *79*, 197n11; liquidez contratual, 40, 74, 198n17; oferta de garantias, 73, 197n11; para transformação do risco de crédito, 72-4; para transformação do valor nominal, 71; para transformação do vencimento, 74; seguro, 53-4, 74, 161-7, 197n11; visão geral das, 71-5; *ver também* técnicas de seguro
tecnologia da informação: como mudança nas regras do jogo, agravando o problema de fronteira, 121; desenvolvimento de atividades bancárias paralelas e o papel da, 22, 66-7; efeitos de destruição criativa sobre as atividades bancárias provocados pela, 24, 191n7; história e problemas das atividades bancárias, e uso da, 22-3; influência sobre a liquidez dos títulos privados, 124; marketplaces virtuais possibilitados por, 24, 133-4; novas possibilidades de atividades bancárias relacionadas com novas, 24; para aprimo-

264

rar o monitoramento e atenuar conflitos de interesses, 128-30; *ver também* atividades bancárias na era digital; revolução digital
Tesouro dos Estados Unidos, 54, 194n13
títulos hipotecários (MBS): compras em grande escala pelo Federal Reserve criando pressão ascendente sobre os preços de, 116; estouro da bolha imobiliária dos Estados Unidos (2007) e queda dos preços de, 100-1; impacto dos preços dos imóveis sobre as avaliações de crédito de, 100; swaps de crédito (CDS) com subprime, 109-10; Troubled Asset Relief Program (Tarp) e a compra de, 104
títulos lastreados em ativos (ABS): boom das atividades bancárias paralelas, 99; CDO lastreadas em, 78, 79; emitidos por sociedades de propósitos específicos (SPE), 77-8; empréstimos sem liquidez securitizados em, 80; exemplo sintético de atividades bancárias paralelas usando, 84-90; falhas de classificação de, 94; garantias do governo a, 102-4; pânico das atividades bancárias paralelas (2007), impacto sobre, 102; tranches de risco mais alto, 78
títulos privados: como a tecnologia da informação influenciou os, 124; conflitos de interesses na classificação de, 127-8, 207n9; descrição de, 124; relatórios financeiros sobre, 128-9
tomada de riscos excessivos: análise de como o seguro de depósitos induz os bancos à, 195n18; "arriscar a própria pele" para desencorajar, 57; derivativos como instrumentos para, 108-9, 111; exemplo de, 56-8; garantias do governo e, 55-8; medidas dos governos para dissuadir os bancos de, 58-60; pelos bancos desde a década de 1970, 59; *ver também* risco
tomadores: cláusulas que exigem garantias por parte dos, 58; conciliação das necessidades de emprestadores e, 20-1, 32-3; conflitos de interesses entre emprestadores e, 20; definição de, 29; delegação do monitoramento dos, 207n5; fator confiança na concessão de crédito a, 20, 29, 31, 191n1; índices de capitalização para minimizar a tomada de riscos excessivos pelos, 57-8; informações assimétricas entre emprestadores e, 30-1; intermediação de balanços patrimoniais para conciliar preferências conflitantes de emprestadores e, 123, 125; monitoramento ou triagem antecipada, 191n4; oferta de garantias transferindo o risco dos emprestadores para os, 73, 197n11; problema do conhecimento oculto relativo aos, 30; sistema financeiro sem atividades bancárias e serviços financeiros para, 139-40; transformação de ativos conciliando conflitos de interesses entre emprestadores e, 40-1; verificação dispendiosa da situação dos, 30

tomar e segurar, modelo de negócios, 198n2

trancheamento: de ABS de maior risco, 78; descrição e função do, 78; *ver também* estruturação

tranquilidade financeira, 74, 198n15

Transaction Reporting Engine, 209n23

transformação de ativos: como se cria moeda interna por meio de, 42-8; descrição de, 39; processo e implicações para os depositantes, 40-1

transparência: empréstimos ponto-a-ponto para conseguir, 132; estudo sobre empréstimos sindicalizados e, 208n18; mercado virtual como fator que aumenta a, 133

triagem de tomadores, 191n4

Troubled Asset Relief Program (Tarp), 104

valor contábil, 37, 192n5
valor de mercado, 192n5
valor de substituição positivo, 213n41

valores nominais: agregação para transformar o, 39, 71; definição de, 29; dos derivativos de mercado de balcão, estatísticas sobre, 205n18; preferência dos tomadores por grandes, 33; saldo de CDS da AIG, 111; também denominados valores principais ou nocionais, 191n2

vencimento: como as empresas não financeiras podem transformar, 156; de ativos e passivos em que balanços patrimoniais diferem, 38; de crédito emitido por empresas não financeiras, 212n32; definição de, 29; oferta de liquidez contratual para transformar, 74; prazo de, 29; preferência dos tomadores por longo prazo, 32; transformação de, 74

venda a descoberto de opção de compra/venda, *165*

verificação dispendiosa da situação, 30

Zopa, 144, 148, 207n4, 209n24

TIPOGRAFIA Arnhem Blond
DIAGRAMAÇÃO acomte
PAPEL Pólen Soft, Suzano Papel e Celulose
IMPRESSÃO RR Donnelley, abril de 2018

A marca FSC® é a garantia de que a madeira utilizada na fabricação do papel deste livro provém de florestas que foram gerenciadas de maneira ambientalmente correta, socialmente justa e economicamente viável, além de outras fontes de origem controlada.